解答・解説

JN115848

公立高校　2023年度

英語 ●解答と解説

【解答・配点】

問題番号			解　答　例			配点(100)
1	A		No.1　a 正 ㊤　b ㊤ 誤　c 正 ㊤ No.2　a ㊀ 誤　b 正 ㊤　c 正 ㊤			各3
	B	No.1	ア	No.2	エ	各3
	C	Part1	No.1 ア　No.2 イ　No.3 ア			各3
		Part2	No.1	the train		3
			No.2	cannot stop　など		3
			No.3	He will listen to music.　など		3	30
2	問1	①	(X) ウ	(Y) イ		3
		②	(X) オ	(Y) ア		3
		③	(X) オ	(Y) エ		3
	問2		(略)			3	12
3	問1	あ イ　い エ　う ア				各2
	問2	A エ	B ア			各2
	問3	(1)	one of the new videos　など			3
		(2)	a list of homestay programs　など			3
	問4		ウ			2
	問5		For example（for example）			2
	問6		(略)			4
	問7		ウ　オ			各3	30
4	問1	A イ	B エ	C ウ		各2
	問2		ウ			2
	問3	（第1文）エ → （第2文）ウ → （第3文）ア → （第4文）イ				4
	問4		(略)			2
	問5		イ			2
	問6	(a)	making products young people want to use　など			3
		(b)	(略)			8	28

【解説】

1　リスニング【大意】

A-No.1
A：やあTim, 野球は好き？
B：うん。僕の大好きなスポーツだよ。なんで？
A：来週、野球の試合に行くんだ。
[Q] Timは次に何といいますか。
[A] b. 楽しそうだね。

A-No.2
A：今週の金曜日はスーザンの誕生日です。マーク、誕生日パーティをしよう。
B：しよう。彼女は甘いものが好きだから、私はチョコレートケーキを作ろうと思う。
[Q] マークはパーティに何を持ってきますか。
[A] A. チョコレートケーキ。

B-No.1
A：Alex, 午後にこの部屋を掃除してくれる？
B：ごめん、お母さん。宿題をしないといけないんだ。その後に、友達と買い物に行く。
A：明日はどう？
B：午前中にギターを練習するけど、午後にはできるよ。

[Q] 明日、Alexは何をしますか。

B-No.2
B：おー！ 庭にきれいな花がある。
A：ありがとう。日曜日に大きい木の下のベンチに座って、読書を楽しみます。
B：いいですね。
A：来月、桜の木を植えようと思っています。桜の木が好きだけど、ここにはありません。
B：そのプラン好きです。あら、かわいい犬小屋！
[Q] 彼らは庭で何を見ますか。

C-Part1 【大意】（前略）最初に、いつ勉強すべきかを考えてください。高校生のとき、私は朝早く勉強しました。5時に起きて、学校に行く前に2時間勉強しました。放課後にテニスをして、夜眠くなるので、朝勉強することが私にはベストでした。いつ最も効果的に勉強するのかを学ぶべきです。

次に、長時間勉強するとき、休憩を取って、何か好きなことをした方がいい。たとえば、私は疲れたら歩きました。友達はフルーツが好きだったから、食べるのを楽しみました。休憩のとき、楽しめる何かを見つけるべきです。（後略）
Question：
[No.1] 主題は何ですか。
[No.2] 先生が学生のとき、いつ勉強したか。
[No.3] 先生の友達が休憩するとき、何をしたか。

C-Part2 【大意】
K：先生の話は楽しかった。中学生のとき、たくさんの生徒が電車で勉強していたので、私は驚いた。
M：先生の話からたくさん学びました。勉強するとき、休憩を取ることは重要だ。恭子、休憩するとき、何をしますか。
K：40分勉強して、10分踊る。これを繰り返します。ポップスを聞いて踊ると、熱心に勉強する力になります。
M：へぇ。私は休憩のときゲームをします。でも始めたら、やめられなくて長時間し続けます。だから、いいアイディアだとは思わない。（後略）
Question：
[No.1] 中学生のとき、恭子さんはたくさんの高校生が勉強しているのを見た。どこで勉強していたか。
[No.2] 雅史さんは彼にとってゲームをすることは良い考えだと思っていないが、なぜか。
[No.3] 次に休憩するとき、雅史さんは何をするか。

2

問1　① That <u>helped</u> me <u>feel</u> better.
help 人＋動詞の原形「人が〜するのを助ける」
② is <u>waiting for</u> me <u>in front of</u> my house
③ I <u>want</u> my father <u>to</u> know
want 人 to 動詞の原形「人に〜してほしい」
問2　I wish ＋ 主語 動詞（過去形）…仮定法

3 対話文【大意】

[前略] H：1年間アメリカで勉強することを考えているけど、そこでの生活を想像できない。外国へ行くのは初めて。

Mo：本当？私は外国に行ったことがなくて、私も1年ぐらい勉強することに興味がある。

L：いいサイトがあるよ。[イ：見て！]留学についてたくさん学べるよ。アメリカをクリックしよう。

Mo：このサイトで動画が見られるよ。

Mi：アメリカで勉強している何人かがそこでの生活について話している。彼らはみんな[A：他の国]出身。

H：えっと、私はバスケットボールクラブに入りたい。Satoko のビデオを見ると、アメリカでのクラブ活動について学べる。

L："What's New?"を見てみよう。[(1)新しい動画の1つ]も見るべきだ。"Try-Outs"のこと。

H：Try-Outs？聞いたことない。[エ：それは何？]

L：クラブに入るために受けなければならないテスト。私は学校のバレーボールのメンバーになるために3回受けたよ。

H：①好きなことを楽しむためにテストを受けなければならないの？なぜ？理解できない。でも…分かった。ベストを尽くすよ。

Mi：洋人、頑張れ。桃子、知りたいことある？

Mo：現地の家族と住むのと、学生寮に住むのはどちらがいい？

H：ホームステイがいいと思う。家族として、アメリカの日常を経験できるから。家庭料理を食べたり、休日の活動ができたりするよ。

Mi：長く滞在するなら寮の方がいい。世界中の生徒に会って友達になれる。生徒が開くイベントも楽しめる。クリスマス会みたいな。

Mo：おもしろそう。寮生活がより魅力的かな。

L：でもアメリカ生活についてあまり知らないなら、ホームステイがいいと思うな。

M：それか、最初の2、3カ月アメリカの家族と過ごして、それから、寮に引っ越すこともできるよ。おっと、後で Kaira のビデオを見るのを忘れずに。

Mo：うん。違いを知るのに役立ちそう。でも、どうやってホームステイプログラムを見つけられるの？

L：サイトの最新情報をチェックしたら、[(2)ホームステイプログラムのリスト]が得られるよ。あなたにベストなプログラムが選べる。

H：[ア：なるほど。]今、チェックする。（後略）

4 長文【大意】

「智香、誕生日おめでとう！」祖母が15歳の誕生日のプレゼントに、小さな漆塗りの鏡をくれました。（中略）私はもっと漆製品について知りたくなりました。

しかし、私はインターネットで事実を学んで悲しくなりました。グラフ1を見てください。この調査によると、若くなればなるほど日本の伝統工芸品を買っていません。なぜ彼らが買わないのか考えてみてください。祖母は言います。「良さを知らないのではないか。もし使ってみたら、どんなに役立つのかが分かり興味を持つはず。」(1) エ：もし若い人が、それらにあまり興味がないまま歳を重ねたら、どうなるだろう。ウ：彼らは伝統工芸品を買わなくなり、さらに多くの漆職人が仕事を失うだろう。ア：そして、最終的にこの素晴らしい日本の伝統は失われるだろう。イ：このことは決して起こるべきではないが、どのようにすれば、若い人たちに、それを止めることにもっと興味を持ってもらえるだろうか。私がこれらの素晴らしい製品を守るために何ができるだろうかということについて私は考え始めました。

グラフ2を見てください。それは全ての世代の人々が現代デザインの伝統工芸品の方をより好むことを示しています。先週、祖母は家の近くの博物館に連れて行ってくれました。そこで、私はたくさんの現代デザインの漆製品を見つけました。アニメのキャラクターや可愛い動物が描かれている、漆のお椀があった。キーホルダーやスマートフォンケースもありました。(2) 私は、それらを一度も見たことがなかったから、私は驚きました。それらはすべて私にとって新しく見えました。たくさんの若い人々がそれらを見て楽しんでいて、それらを買ってもいました。実は、私はかわいい子供のパンダの絵のお椀を買いました。私が会った若い女性は言いました。「伝統工芸品は普段使いではないと思っていたけど、これらのデザインのなら使えると思う。とてもかわいい。」(3) 現代的なデザインは、若い人々に、伝統工芸品にもっと興味を持たせるでしょう。

新しい工芸品を見た後で、それらを作った若い漆職人と話す機会がありました。彼は伝統的な日本の工芸品が好きで、それらをもっと魅力的にするために何かしようとしていると話してくれました。

祖母の鏡が私に漆塗りに興味を持たせました。そして今は漆職人になり、若い人が使いたくなる製品を作りたいと思っています。この方法で、私が漆製品を守れると信じています。私たちの生活は時と共に変化し、伝統工芸の作家は、何を人々が欲しいのかを、いつもチェックして、時代の変化についていかないといけません。（後略）

問6【解答例】I want to introduce kimonos. They are very beautiful, so many foreign people will like them. It is not so easy to wear kimonos. I will try to teach foreign people how to wear kimonos.

英語 ●放送による問題

〔チャイムⅠ〕 これから，聞くことの検査を始めます。問題用紙の1ページと2ページを見て下さい。（3秒）問題は，A，B，Cの3つに分かれています。英語は，すべて2回繰り返します。メモを取ってもかまいません。答えはすべて解答用紙に記入しなさい。（3秒）

それでは，Aの問題を始めます。Aでは，2つの場面の英文を読みます。それぞれの英文の後に質問とその答えを読みますから，答えが正しいか，誤っているかを判断して，記入例のようにマルで囲みなさい。なお，各質問に対する正しい答えは1つです。

では，始めます。

〔No. 1〕　A：Hi, Tim! Do you like baseball?

　　　　　B：Yes, it's my favorite sport. Why?

　　　　　A：I'm going to a baseball game next week.

（間1秒）

Question: What will Tim say next?

　Answer:　a．It was a great game.

　　　　　b．That sounds fun.

　　　　　c．You look sad.

繰り返します。

(Repeat)

（間2秒）

〔No. 2〕　A：This Friday is Susan's birthday. Let's have a birthday party, Mark!

　　　　　B：Yes, let's. She likes sweet things, so I'll make a chocolate cake for her.

　　　　　A：That's nice. Then, I'll get some drinks.

　　　　　B：Thank you. Susan likes donuts, too. Can you bring some?

　　　　　A：Sure. I can.

（間1秒）

Question: What will Mark bring to the party?

　Answer:　a．A chocolate cake.

　　　　　b．Some donuts.

　　　　　c．Some drinks.

繰り返します。

(Repeat)

（間2秒）

次に，Bの問題に移ります。Bでは，2つの場面の英文を読みます。それぞれの英文の後に質問を読みますから，問題用紙にあるア〜エの中から，質問の答えを表す絵として最も適切なものを1つ選び，その符号を書きなさい。

では，始めます。

〔No. 1〕

　　A：Alex, will you clean this room in the afternoon?

　　B：Sorry, Mom. I have to do my homework. After that, I'm going to go shopping with my friend.

　　A：What about tomorrow?

　　B：I'll practice the guitar in the morning, but I can clean the room in the afternoon.

　　A：Thank you.

（間1秒）

Question: What will Alex do tomorrow morning?

繰り返します。

(Repeat)

（間2秒）

〔No. 2〕

　　A：Welcome to my garden!

　　B：Wow! There're beautiful flowers in your garden.

　　A：Thank you. On Sundays, I sit on that bench under the big tree and enjoy reading books.

　　B：Nice!

　　A：I'm thinking about planting a cherry blossom tree next month. I like cherry blossoms, but I don't have one here.

　　B：I like that plan. Oh, what a pretty dog house! Do you have a dog?

　　A：Yes. He loves to play in the garden.

（間1秒）

Question: What do they see in the garden?

繰り返します。

(Repeat)

（間2秒）

次に，**C**の問題に移ります。**C**は**Part 1**，**Part 2**の2つの問題に分かれています。

Part 1では，ALTのミラー（**Miller**）先生が，高校1年生の最初の英語の授業で生徒たちに話しています。英文のあとに3つの質問を読みますから，問題用紙にある**ア〜ウ**の中から，その答えとして最も適切なものを1つずつ選び，その符号を書きなさい。
では，始めます。

Hello, everyone! Welcome to my English class. Now, you are high school students and many of you have decided to study harder. Every morning, I see some students studying even on the bus. Today, I'm going to give you some advice to study effectively.

First, think about when you should study. When I was a high school student, I studied early in the morning. I got up at five o'clock and studied for two hours before I left for school. I played tennis after school and felt very sleepy at night, so studying in the morning was best for me. You should learn when you study most effectively.

Next, when you study for a long time, you should take a rest and do something you like. For example, I took a walk when I felt tired. My friend liked fruit, so he chose a fruit for the day and enjoyed eating it. You should find something you can enjoy when you take a rest.

Everyone has his or her own way of studying. Let's find the best way for us.

(間1秒)

Question:

〔**No. 1**〕　What is the main topic of Ms. Miller's talk?

(間4秒)

〔**No. 2**〕　When did Ms. Miller study when she was a student?

(間2秒)

〔**No. 3**〕　What did Ms. Miller's friend do when he took a rest?

(間2秒)

繰り返します。

(Repeat)

(間1秒)

Part 2では，雅史（**Masashi**）さんと恭子（**Kyoko**）さんが，ミラー先生の話を聞いた後に話し合っている場面の英文が流れます。そのあと3つの質問を読みますから，問題用紙の指示に従ってそれぞれ答えなさい。
では，始めます。

Kyoko: I enjoyed Ms. Miller's talk. When I was in junior high school, I was surprised because many high school students were studying on the train.

Masashi: I learned a lot from Ms. Miller's talk. Taking a rest is important when we study. Kyoko, what do you do when you take a rest?

Kyoko: I usually study for forty minutes and then, dance for ten minutes. And I repeat this. You may be surprised, but by dancing to popular music, I get energy to work harder.

Masashi: Oh, do you? When I take a rest, I play video games. But if I start playing games, I cannot stop and I keep playing for a long time. So, I don't think it's a good idea.

Kyoko: I agree. You should find something different to take a rest.

Masashi: You're right.

Kyoko: How about dancing?

Masashi: Mmm... I'm not good at that.

Kyoko: Then, what about listening to music? Music helps you when you're tired. I think you can remember more after you listen to music.

Masashi: Oh, really? That's great. I'll try that next time.

(間1秒)

Question:

〔**No. 1**〕　Kyoko saw many high school students studying when she was in junior high school.
　　　　　Where were they studying?

(間5秒)

〔**No. 2**〕　Masashi doesn't think playing video games is a good idea for him. Why?

(間5秒)

〔**No. 3**〕　What will Masashi do when he takes a rest next time?

(間5秒)

繰り返します。

(Repeat)

以上で，聞くことの検査を終わります。〔**チャイムⅡ**〕

－ 7 －

数学 ●解答と解説

【解答・配点】

問題番号		解答例	配点
1	(1) ア	9	3
	イ	10	3
	ウ	$12x^2$	3
	エ	$\dfrac{7a-11b}{12}$	3
	オ	$2\sqrt{6}$	3
	(2)	$y=-\dfrac{12}{x}$	3
	(3)	$n=15$	4
	(4)	$a-7b<200$	4
	(5)	イ，エ	4	30
2	(1)	3 通り	4
	(2) 【確率】	$\dfrac{3}{5}$	

【考え方】
O，P，Qを線分で結んだ図形が三角形になるのは、1回目と2回目で異なる色の玉を取り出したときである。
赤玉を①，②，③，白玉を1，2として樹形図をかくと

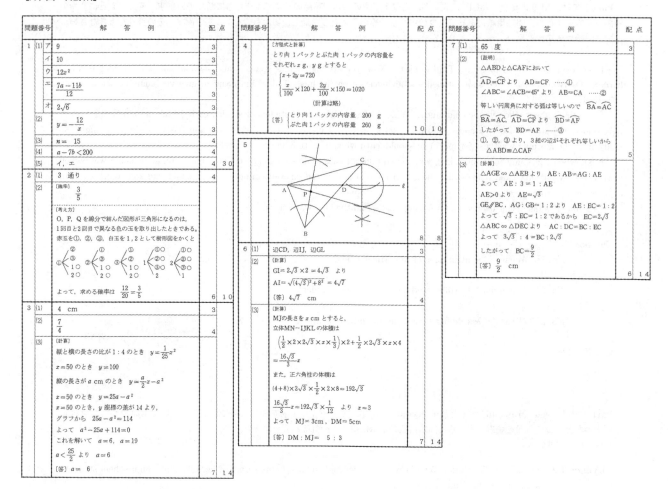

よって、求める確率は $\dfrac{12}{20}=\dfrac{3}{5}$ ／ 6 ｜ 10

3	(1)	4 cm	3
	(2)	$\dfrac{7}{4}$	4

(3)【計算】
縦と横の長さの比が1:4のとき $y=\dfrac{1}{25}x^2$
$x=50$ のとき $y=100$
縦の長さが a cm のとき $y=\dfrac{a}{2}x-a^2$
$x=50$ のとき $y=25a-a^2$
$x=50$ のとき、y 座標の差が14より、
グラフから $25a-a^2=114$
よって $a^2-25a+114=0$
これを解いて $a=6$，$a=19$
$a<\dfrac{25}{2}$ より $a=6$
〔答〕$a=6$ ／ 7 ｜ 14

4			

【方程式と計算】
とり肉 1パックとぶた肉 1パックの内容量を
それぞれ x g，y g とすると
$$\begin{cases} x+2y=720 \\ \dfrac{x}{100}\times120+\dfrac{2y}{100}\times150=1020 \end{cases}$$
（計算は略）
〔答〕 とり肉 1パックの内容量 200 g
ぶた肉 1パックの内容量 260 g ／ 10 ｜ 10

5			8 ｜ 8

6	(1)	辺CD，辺IJ，辺GL	3

(2)【計算】
$GI=2\sqrt{3}\times2=4\sqrt{3}$　より
$AI=\sqrt{(4\sqrt{3})^2+8^2}=4\sqrt{7}$
〔答〕$4\sqrt{7}$ cm ／ 4

(3)【計算】
MJの長さを x cm とすると、
立体MN−IJKLの体積は
$\left(\dfrac{1}{2}\times2\times2\sqrt{3}\times x\times\dfrac{1}{3}\right)\times2+\dfrac{1}{2}\times2\sqrt{3}\times x\times4$
$=\dfrac{16\sqrt{3}}{3}x$
また、正六角柱の体積は
$(4+8)\times2\sqrt{3}\times\dfrac{1}{2}\times2\times8=192\sqrt{3}$
$\dfrac{16\sqrt{3}}{3}x=192\sqrt{3}\times\dfrac{1}{12}$ より $x=3$
よって MJ=3cm、DM=5cm
〔答〕DM:MJ＝ 5:3 ／ 7 ｜ 14

7	(1)	65 度	3

(2)【証明】
△ABDと△CAFにおいて
$\overset{\frown}{AD}=\overset{\frown}{CF}$ より AD=CF ……①
∠ABC=∠ACB=45° より AB=CA ……②
等しい円周角に対する弧は等しいので $\overset{\frown}{BA}=\overset{\frown}{AC}$
$\overset{\frown}{BA}=\overset{\frown}{AC}$，$\overset{\frown}{AD}=\overset{\frown}{CF}$ より $\overset{\frown}{BD}=\overset{\frown}{AF}$
したがって BD=AF ……③
①、②、③ より、3組の辺がそれぞれ等しいから
△ABD≡△CAF ／ 5

(3)【計算】
△AGE∽△AEB より AE:AB=AG:AE
よって AE:3=1:AE
AE>0より AE=$\sqrt{3}$
GE//BC，AG:GB=1:2 より AE:EC=1:2
よって $\sqrt{3}$:EC=1:2であるから EC=$2\sqrt{3}$
△AEC∽△DEC より AC:DC=BC:EC
よって $3\sqrt{3}$:4=BC:$2\sqrt{3}$
したがって BC=$\dfrac{9}{2}$
〔答〕$\dfrac{9}{2}$ cm ／ 6 ｜ 14

【解説】

1.

(1) ア 与式＝5+4=9

　　イ 与式＝9×2−8=18−8=10

　　ウ 与式＝$\dfrac{15x^3y^2\times8}{2\times5xy^2}=12x^2$

　　エ 与式＝$\dfrac{4(4a-2b)-3(3a+b)}{12}$
　　　　　　$=\dfrac{16a-8b-9a-3b}{12}$
　　　　　　$=\dfrac{7a-11b}{12}$

　　オ 与式＝$3\sqrt{6}-\dfrac{2\sqrt{3}\times\sqrt{2}}{\sqrt{2}\times\sqrt{2}}=3\sqrt{6}-\dfrac{2\sqrt{6}}{2}$
　　　　　　$=3\sqrt{6}-\sqrt{6}=2\sqrt{6}$

(2) $y=\dfrac{a}{x}$ に $(2,-6)$ を代入する
　　$-6=\dfrac{a}{2}$　$a=-12$　$y=\dfrac{-12}{x}$

(3) $60=2^2\times3\times5$　指数が偶数になれば
　　ルートをはずせるのでn=3×5=15

(4) 残りは $(a-7b)$ ㎖
　　不等式で表わして　$a-7b<200$

(5) ア　平均値は不明
　　イ　2組の第3四分位数は8冊
　　　　1組の第3四分位数は7冊
　　ウ　1組の四分位範囲は4冊
　　　　2組の四分位範囲は5冊
　　エ　31人の第3四分位数から最大値までの
　　　　人数が8人になる。
　　オ　2組は10冊読んだ人がいるが1組は不明

2.

(1) 赤1−赤3，赤2−白2，赤3−白1の3通り

(2) 樹形図を作ると

赤1〈赤2 ×／赤3 ×／白1 ○／白2 ○〉　赤2〈赤1 ×／赤3 ×／白1 ○／白2 ○〉

赤3〈赤1 ×／赤2 ×／白1 ○／白2 ○〉　白1〈赤1 ○／赤2 ○／赤3 ○／白2 ×〉

白2〈赤1 ○／赤2 ○／赤3 ○／白1 ×〉　よって $\dfrac{12}{20}=\dfrac{3}{5}$

3.

(1) 縦をacmとすると横は(a＋3)cm

$a+(a+3)=\frac{22}{2}$ $2a+3=11$

$2a=8$ $a=4$

(2) x＝8のとき1辺は8÷4＝2

正方形の面積　$y=2^2=4$

x＝20のとき1辺は20÷4＝5

$y=5^2=25$

変化の割合$=\frac{25-4}{20-8}=\frac{21}{12}=\frac{7}{4}$

(3) 1:4の長方形では縦をtにすると横は4t

周の長さは10t　10t＝50　t＝5

面積y＝5×4×5＝100cm²

よって縦がacmの長方形の面積は

100＋14＝114cm²となる

縦がacmならば横は$\frac{50}{2}-a=25-a$

$a(25-a)=114$　$25a-a^2=114$

$a^2-25a+114=0$　$(a-6)(a-19)=0$

$a=6,19$　$a<\frac{25}{2}$より　$a=6$

4. とり肉1パックとぶた肉1パックを

それぞれxg,ygとすると

重さ　x＋2y＝720　─①

金額　$\frac{x}{100}×120+\frac{2y}{100}×150=1020$　─②

②×10　　12x＋30y＝10200

①×12　−)12x＋24y＝8640

　　　　　　　　6y＝1560

　　　　　　　　y＝260　─③

③を①に代入　x＋2×260＝720

　　　　　　　x＋520＝720　　x＝200

5. ②の条件∠ABP＝CBPより点Pは

∠ABCの二等分線上にある。

③の条件∠DAP＝∠DACより∠DACと同じ

大きさの角を直線ℓの下側に作る。点Cから

垂線を引き点Cから直線ℓまでと同じ距離の

点をとり点Aと結ぶ。それらの交点がPになる。

6.

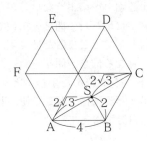

(2) △ABSは1:2:$\sqrt{3}$ の直角三角形

AB:AG＝2:$\sqrt{3}$ より

4:AS＝2:$\sqrt{3}$　AS＝$2\sqrt{3}$

よってAC＝$2×2\sqrt{3}=4\sqrt{3}$

AI＝$\sqrt{(4\sqrt{3})^2+8^2}=\sqrt{48+64}$

＝$\sqrt{112}=4\sqrt{7}$cm

(3) 図3

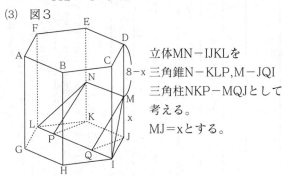

立体MN−IJKLを

三角錐N−KLP,M−JQI

三角柱NKP−MQJとして

考える。

MJ＝xとする。

△QIJは上の正六角形の△SBCと合同

三角錐　$\frac{2×2\sqrt{3}}{2}×x×\frac{1}{3}$

三角柱　$\frac{2\sqrt{3}×x}{2}×4$

正六角柱　$\frac{4×2\sqrt{3}}{2}×6×8=192\sqrt{3}$

よって　$\frac{2×2\sqrt{3}}{2}×x×\frac{1}{3}×2+\frac{2\sqrt{3}×x}{2}×4=$

$192\sqrt{3}×\frac{1}{12}$

$\frac{4\sqrt{3}x}{3}+4\sqrt{3}x=16\sqrt{3}$　$\frac{x}{3}+x=4$

x＋3x＝12　4x＝12　x＝3

DM＝8−3＝5

よってDM:MJ＝5:3

7.

(1) $∠BAE＝82×\frac{1}{2}=41°$

$∠AED＝41＋24＝65°$

(3) 図3

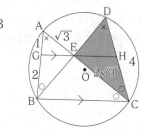

△AGE∽△AEBより　　AE:3＝1:$\sqrt{3}$

AE＝$\frac{3}{\sqrt{3}}×\frac{\sqrt{3}}{\sqrt{3}}=\frac{3\sqrt{3}}{3}=\sqrt{3}$

GE//BCより　AE:EC＝1:2

$\sqrt{3}$:EC＝1:2　EC＝$2\sqrt{3}$

△ABC∽△DECより

AC:BC＝DC:EC

$3\sqrt{3}$:BC＝4:$2\sqrt{3}$

BC＝$\frac{3\sqrt{3}×2\sqrt{3}}{4}=\frac{6×3}{4}=\frac{9}{2}$cm

国語 ●解答と解説

【解答・配点】

問題番号		解答例	配点
一 問1		(1) ほうそう　(2) す(る)　(3) あいまい　(4) おごそ(か)	各2
一 問2		(1) 急(ぐ)　(2) 宿舎　(3) 散策　(4) 垂(らす)	各2
		（一 小計）	**16**
二 問1		イ	2
二 問2		何をやるにも道具は大事なので、自分に合う、いいものを買うべきだと考えているから。	6
二 問3		ウ	2
二 問4		射に集中できる	4
二 問5		狂いがあっても先輩に調整してもらう	4
二 問6		エ	4
二 問7		やり終える前に意識が次に向くから、やることが雑になると言われ、ほかの人の道具を見たところ、自分はものの扱いが雑だと気づいて恥ずかしくなり、直そうと決めたから。	7
		（二 小計）	**29**
三 問1		ウ	2
三 問2	(1)	エ	2
三 問2	(2)	知識を文字に表した	4
三 問3		正当化された、真なる信念	6
三 問4		経験のない段階で教わっても分からなかったことが、成長し、経験を重ねた時、記憶にあったおかげで意味を持つことがあるから。	4
三 問5		伝えられた事柄や本で読んだ事柄について、カバーする範囲や他の知識との関係、使われる場面を考える作業を行い、知識として自分で構成すること。	7
三 問6		C	4
		（三 小計）	**29**
四 問1		看二友人一疾	2
四 問2		巨伯	2
四 問3		ウ	3
四 問4		人が皆いなくなった状態。	2
四 問5	A	自分が病気の友人の身代わりになろう。	4
四 問5	B	義	3
		（四 小計）	**16**
五		（略）	10
		（五 小計）	**10**
		（配点）	**(100)**

【解説】

一　漢字

その他マスターしておきたい漢字

問1　(3)包含　装備　(2)刷新　(4)厳粛　厳密

問2　(2)駅舎　(3)散歩　策略　(4)垂直

二　小説

※正解したい………「基本」問1、3、6。

※部分点を狙いたい「記述」問2、4、5、7。

★対話が多い小説が出題される。誰の発言か押さえるため人物名にしるし（○、△、□など）をつけながら読むことをお勧めする。

人物・場面「キーワード」に線を引いて読もう

高校生の楓　弓道　道具を祖母に買ってもらう

家の中は…雑然としたところは…ない…問1

「道具は大事…自分に合う…いいもの買いなさい」

「くれぐれも安物買いはしないように」…問2

カケと矢を購入…射に集中できる…問4

管理すべきことが増える

狂いがあれば先輩に調整…そうもいかない…問5

「すみません」３回…「前田さん…めんどくさい」…問6

「やり終える前に…意識が次に…雑になる」

雑にものを扱って…恥ずかしくなった…問7

直さねば

問1【語彙】「几帳面」物事をすみずみまできちんとする様子。

問2【理由】40字②の４行前～。

問3【語彙】「キリがない」＝無限。

問4【心情】７字抜出④の７行後。

問5【指示語】⑤の１行前。

問6【心情】⑥の９行前～。

問7【理由】80字記述。

コツ１：条件を守る。

「理由」「前田の指摘内容にふれ」

コツ２：キーワード、キーフレーズを見つける。

コツ３：字数（80字×8割以上）。

三　論理的文章

※正解したい………「基本」問1、2、4。

※部分点を狙いたい「記述」問3、5。

本は知識の泉…隠喩「～のような」等がない比喩

書物…知識を文字に現した…問2…知識ではない

単に記憶、情報としてとどまるだけ

正統化された、真なる信念…問4

伝えられた事柄、本で読んだ事柄…どの範囲をカバー…他の知識とどう関係…どこで使われる…知識として構成…「自分で考えて」

しかし、成長し、経験を重ね…意味を持つ…問3
知識を作る
問2【説明・抜出】①2つ後の段落。
問3【理由】60字記述。最後から2段落目。
問4【指示語】抜出。③の6行前。
問5【詳しく説明】70字④の5段落前。

四 古文

（先に問5を見るのもヒントになる）
1、わかる部分をつなぎ、大まかな意味をつかむ。
2、主語の省略を補いながら。
3、「」をつけながら。
4、古文重要単語は暗記する。
★登場人物を抑えよう。
★省略されている主語を補いながら読む。
★「歴史的仮名遣い→現代仮名遣い」
「ゐ・ゑ・を」→「い・え・お」
「ぢ・づ」→「じ・ず」
語頭以外「は・ひ・ふ・へ・ほ」
→「わ・い・う・え・お」
「くわ・ぐわ」→「か・が」「む」→「ん」
「ア段＋ふ（う）→「オ段＋う」
「イ段＋ふ（う）→「イ段＋ゅう」
「エ段＋ふ（う）→「オ段＋ょう」
例 「けふ→きょう」「てふ→ちょう」
★「古今異義語」に慣れよう
「年ごろ」長年、「つとめて」早朝
「あやし」不思議だ「うつくし」かわいい
「かなし」いとしい「ありがたし」珍しい
「あはれ」しみじみとした趣がある
「をかし」趣がある「なつかし」心ひかれる
「ののしる」騒ぐ「ゐる」座っている
大意
巨伯、遠く友人の病気見舞いに行き、胡賊が郡を攻
めるのに出くわした。友人は巨伯に「私はもう死ぬ、
君は逃げろ。」巨伯「遠くから君に会いに来たのに、
君は私に立ち去らせようとする。義を捨ててまで生
きることを求めるなんて、どしてこの巨伯にできよ
うか」盗賊たちが既に来て、巨伯に「大軍が来て、
一郡みなからっぽだ。お前はいったいどういう男な
のか、敢えて独りとどまっているとは」巨伯「友人
が病気で、見捨てるに忍びない。いっそのこと私の
身をもって友人の命の代わりになろう」賊「我々
は義など無い者だが、義の有る国に入ってしまった」
軍を返して帰った。

五 作文

複数の資料から、条件を満たして書く。

■目標　上位高校「8分」、その他「10分」
採点基準例
石川県公立高校入試では「高校別採点基準」。
上位高は厳しく、その他は標準レベル。
各項目2点×5項目（英検ライティング参考）
「字数」
A：176字〜　B：151字〜　C：150未満（採点終了）
「内容」
A：印象深い具体例、体験が書かれている。
B：条件違反がなく「合格レベル」。
C：条件違反があるまたは弱い。
「構成」
A：「接続語」「序論・結論」「文末の工夫」。
B：読みやすい流れで「合格レベル」。
C：「接続語」「序論・結論」等が無い。
「語彙」
A：工夫した語（ことわざ・四字熟語など）の使用。
B：漢字や語彙のミスが無く「合格レベル」。
C：漢字や語彙のミスが目立つ。
「文法」
A：原稿用紙や文法・言葉のルール違反が無い。
B：ルール違反が1つある。
C：ルール違反が複数ある。
○文体（「だ・である」「です・ます」）
○原稿用紙ルール（段落最初の一マス目・句読点）
○話し言葉　○主語と述語が合っていない。

解答例1
　「ユニクロの服はリーズナブル」という話を母と
していた。祖母は不思議そうな表情を浮かべて聞い
ていた。「お手頃で素材も良いってことだよ」と説
明を加えた。
　外来語や和製英語は急激に増加している。若い人
の会話ならよいが、年配の人がいるときは、相手の
反応を見て、説明を加える配慮が必要だと考える。
今後、世代を超えた人とのコミュニケーション（意
思疎通）の機会も必然的に増える。外来語だけでな
く、若者言葉などについても相手の立場に立って利
用したい。

理科 ●解答と解説

【解答・配点】

問題番号		解答例	配点	
1	問1	(1) 分解	2	
		(2) イ、エ	2	
	問2	(1) 偏西風	2	
		(2) ア	2	
	問3	(1) イ → エ → ウ → ア	2	
		(2) 600 倍	2	
	問4	(1) 光源	2	
		(2) エ	2	16
2	問1	栄養生殖	2	
	問2	子は親の染色体をそのまま受けつぐから。（子は親と同じ遺伝子を受けつぐから。）	3	
	問3	あ 減数		
		い 半分	2	
	問4	(1) ウ	3	
		(2) AA	2	
		(3) エ	4	16

問題番号		解答例	配点	
3	問1	断層	2	
	問2	ウ	2	
	問3	① 0		
		② 10	2	
	問4	ア	3	
	問5	記録紙は動くが、おもりについたペンはほとんど動かないから。	3	
	問6	26.7 秒	4	16
4	問1	水素	2	
	問2	$ZnSO_4 \rightarrow Zn^{2+} + SO_4^{2-}$	3	
	問3	溶液中の銅イオンが減少したから。	3	
	問4	(1) ウ	3	
		(2) エ	2	
		(3) ① イ	2	
		② ア	2	18

問題番号		解答例	配点	
5	問1	直流	2	
	問2	イ	2	
	問3	(1) 80 mA	3	
		(2) 9 J	3	
		(3) イ	3	
	問4	(符号) ア		
		(理由) コイルの下部には、左向きに力がはたらき、また、コイルの上部には、流れる電流の向きと磁石による磁界の向きが両方ともコイルの下部とは反対向きになるため、左向きに力がはたらくから。	4	17
6	問1	位置エネルギー	2	
	問2	アルミニウム	3	
	問3	(1) 感覚器官	2	
		① 鼓膜		
		② うずまき管	2	
	問4	1.5 m/s	3	
	問5	(符号) ア		
		(理由) 物体は点A、Bどちらの位置で離しても点Cの位置を通過するとき、等速直線運動をしていると考えられることから、物体にはたらく摩擦力は、物体にはたらく斜面に平行な重力の分力と等しく、また、点Cの位置で離すと静止することから、物体にはたらく摩擦力は、物体にはたらく斜面に平行な重力の分力と等しいから。	5	17

【解説】

1 [小問総合]

問1 (1) 1種類の物質が2種類以上の物質に分かれる化学変化を分解という。逆に2種類以上の物質が結びついて1種類の物質になる化学変化を化合という。
(2)分子はいくつかの原子が集まって一つの粒子をつくる。金属である銅やマグネシウムはそれぞれの原子が規則正しく並んだ構造をしていて、一つの粒子をつくるわけではない。

問2 (1)低気圧や移動性高気圧は偏西風によって西から東へ移動する。このため、日本付近の天気は西から東へ変化する。
(2)中心から縦線の伸びている向きが風向、縦線から枝分かれしている線の数が風力を表す。

問3 (1)イとエの順番に注意しよう。ルーペや双眼実体顕微鏡も頻出なので確認しておこう。
(2)顕微鏡の倍率＝接眼レンズの倍率×対物レンズの倍率だから、15×40＝600（倍）。

解説図①

問4 (1)光を出す物体を光源という。
(2)ガラス中から空中へ光が進むとき、光は境界面で屈折し、入射角＜屈折角になる。[解説図①]

2 [生殖と遺伝]

問1 イモやムカゴによるふえ方を栄養生殖という。
問2 特徴（形質）は遺伝子によって伝えられる。そのため、親と全く同じ遺伝子をもつ子は、その特徴が親の特徴と同じになる。
問3 体細胞の染色体の数を2n本とすると、生殖細胞の染色体の数はn本になるが、それぞれn本の染色体をもつ卵細胞と精細胞が受精することで受精卵の染色体の数は2n本にもどる。
問4 (1)自家受粉を防ぐためには花粉を取り除けばよい。花粉は雄しべのやくに入っている。
(2)すべての種子が丸になったので、個体Pは丸い種子をつくる遺伝子だけをもっていたといえる。
(3)③の実験でできた丸い種子には、AAの遺伝子をもつものとAaの遺伝子をもつものが1:2の割合で含まれる。数字を小さくするために、AAの遺伝子をもつ種子1個と、Aaの遺伝子をもつ種子が2個あったとし、それぞれが成長し、自家受粉によって4つの種子をつくったとする。AAの個体を自家受粉させてできる4つの種子はすべてAAの遺伝子をもつ。Aaの個体を自家受粉させてできる4つの種子はAAが1つ、Aaが2つ、aaが1つできる。したがって、全体では、12個の種子のうち、AAが6つ、Aaが4つ、aaが2つできる。よって、丸い種子:しわの種子＝(6＋4):2

= 10：2 ＝ 5：1。全体の$\frac{5}{6}$が丸い種子だと考えられるので、$18000 \times \frac{5}{6} = 15000$（個）

3 ［地震と地層］

問1 地層が断ち切られ、ずれたものを断層という。

問2 大陸プレートの下に海洋プレートが潜り込む。

問3 震度は0から7まであるが、震度5と6には強と弱があるので、全体では10階級ある。

問4 小さい揺れを伝えるP波は、大きな揺れを伝えるS波より速く伝わる。地震が発生すると震源からP波とS波が同時に出発するが、観測地にはP波が先に伝わり初期微動が始まる。その後S波が伝わると主要動が始まる。

問5 図は地震の上下動を記録する地震計である。地面が揺れると地震計が揺れるので記録紙も揺れるが、バネにつるされているおもりは動かないので、記録紙に上下の揺れが記録される。

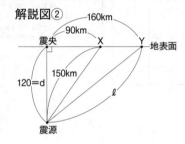
解説図②

問6 ［解説図②］震源の深さをd（km）とする。地点Xは震源までの距離が150km、震央までの距離が90kmだから、三平方の定理より、

$90^2 + d^2 = 150^2$ ∴d＝120

震源までの距離をℓkmとする。震源の深さは120km。地点Yは震央までの距離が160kmだから、三平方の定理より、

$ℓ^2 = 120^2 + 160^2$ ∴ℓ＝200

地点Yでの初期微動継続時間をx秒とすると、初期微動継続時間は震源からの距離に比例するので、

$200：x = 150：20$ ∴x＝26.66…≒26.7

4 ［イオン］

問1 金属は酸性の水溶液に溶けて、水素が発生する。これは、金属がイオンとなって水溶液中に溶けるとき、電子を水素イオンに与えるためである。

問2 硫酸亜鉛（$ZnSO_4$）が電離して硫酸イオン（SO_4^{2-}）と亜鉛イオン（Zn^{2+}）になる。

問3 硫酸銅水溶液が青色なのは、銅イオンが存在するからである。実験Ⅲでは水溶液中の銅イオンが減少するので、青色が薄くなる。

問4 (1)セロハンには小さい穴があり、イオンは通過できる。

(2)亜鉛は銅より＋イオンになりやすい。そのため、実験Ⅳでは亜鉛が＋イオンになり、硫酸亜鉛水溶液中に溶けだす。

$Zn \rightarrow Zn^{2+} + 2e^-$

イオンになるときに手放した電子は導線を通って銅板

へと移動する。移動した電子は硫酸銅水溶液中の銅イオンと結びつき、銅イオンは銅原子に変化する。

$Cu^{2+} + 2e^- \rightarrow Cu$

(3)実験Ⅱから、マグネシウムは亜鉛よりイオンになりやすいことがわかる。そのため、電圧は亜鉛のときよりも大きくなる。このとき、マグネシウム板が−極、銅板が＋極になるので、これらを入れ替えると、電圧計の針は逆に振れる。

5 ［電流と磁界］

問1 向きが一定である電流を直流、周期的に向きが変わる電流を交流という。

問2 モーターは電流が磁界から受ける力で回転する。

問3 (1)図2では500mAの端子を使用している。

(2)$20Ω$の抵抗に300mA（＝0.3A）の電流を流すと、電圧は$20 \times 0.3 = 6$（V）。したがって、電力は$6 \times 0.3 = 1.8$（W）。よって、電力量は$1.8 \times 5 = 9$（J）。

(3)スイッチを入れた状態で電流を流すと、90°から270°の間では、黒く塗った部分に流れる電流の向きは逆になり、コイルの回転を止める力がはたらく。

問4 コイルの下部では、電流が左向き、磁界が下向きなので、図1のときと同じように手前向きに力がはたらく。コイルの上部では、電流が右向き、磁界が上向きなので、こちらでも手前向きに力がはたらく。

6 ［融合問題］

問1 高いところにある物体がもつエネルギーを位置エネルギーという。

問2 物体Xは体積が$2 \times 2 \times 2 = 8$（cm^3）で質量が21.6gだから、密度は、$\frac{21.6}{8} = 2.7$（g/cm^3）。したがって、$2cm^3$では$2.7 \times 2 = 5.4g$。

問3 (1)外界の刺激を受け取る器官を感覚器官という。
(2)感覚器官である目のつくりも頻出なので、確認しておこう。

問4 1秒間に60回打点する記録タイマーのテープを6打点ごとに切ったので、それぞれの記録テープの長さは0.1秒間での移動距離を表す。0.1秒間に15cm（＝0.15m）移動しているので、$\frac{0.15}{0.1} = 1.5$（m/秒）。

問5 図2、図3から、物体Xは摩擦のある斜面上では等速直線運動をしていることがわかる。したがって、点A、点Bのどちらから動き始めても、物体Xが摩擦のある斜面から受

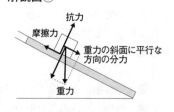
解説図③

ける摩擦力は、物体Xにはたらく重力の斜面に平行な方向の分力とつり合っている。また点Cに置いた物体が静止したことから、このときの摩擦力も重力の斜面に平行な方向の分力とつり合っているといえる。

社会 ●解答と解説

【解答・配点】

問題番号		解答例	配点	
1	問1	(1) 北アメリカ 州	2	
		(2) イ	2	
	問2	(ロサンゼルスの太平洋岸) ウ	2	
		(ブエノスアイレス) ア	2	
	問3	a ×　　b ○	2	
	問4	Y国のとうもろこしの産地は、うの地域の港に続く水路の上流にあり、水運を利用すれば安く大量に運べるから。	4	
	問5	自国民の雇用を守りながら、多くの手作業が必要となる短い期間に労働力を確保できるようにするため。	5	17
2	問1	執権	2	
	問2	(1) エ	2	
		(2) 清がイギリスに敗れたことを知り、薪や水を与えることで、外国との争いを避けようと考えたから。	3	
	問3	(符号) ウ	3	
		(名称) 石見 銀山		
		(2) 武士と農民の身分の区別が明確になったから。	2	
	問4	大宝律令が制定されたときは、人々が納める税は戸籍によって決められていたが、Dの時期は、税は国司が決め、朝廷に納めた残りを自分のものにできたから。	4	
	問5	D → A → C → B	3	19

問題番号		解答例	配点	
3	問1	国事行為	2	
	問2	エ	2	
	問3	プライバシーの権利	2	
	問4	(理由) 最高裁判所は、法律などが憲法に違反していないかどうかを、最終的に決定するから。		
		(Xの語句) 国民審査	5	
	問5	地方交付税交付金は、地方公共団体の収入の不足分を補うために国から配分されているが、景気が回復したことにより、多くの地方公共団体で地方税による収入が増えたから。	4	15
4	問1	リアス海岸	2	
	問2	イ	2	
	問3	ウ	2	
	問4	山を切り開いてニュータウンを建設し、出た土で海を埋め立てて市街地を広げた。	4	
	問5	X市とY市が道路で結ばれたので、併設されている自転車道を活用することにより、観光客を増やすため。	4	
	問6	ア E　　オ C	4	18

問題番号		解答例	配点	
5	問1	征韓論	2	
	問2	(国名) ロシア		
		(符号) イ	3	
	問3	(1) 国際連盟	2	
		(2) ドイツが占領していた山東省の権益を日本が引きつぐこと。	3	
	問4	イ、エ	2	
	問5	高い関税をかけて、自国の植民地以外の国からの輸入品をしめ出そうとした	4	16
6	問1	クーリング・オフ	2	
	問2	ア　　ウ	4	
	問3	(1) 均衡価格	2	
		(2) 生産者から直接仕入れる	3	
	問4	株主総会で経営者以外の自社の株主の様々な意見に左右されずに、経営者が自社の経営方針を決められるから。	4	15

【解説】

1 問1 世界の6つの州は、大きい順にアジア、アフリカ、北アメリカ、ヨーロッパ、南アメリカ、オセアニアである。X国はメキシコ。メキシコを含め、中南米のほとんどの国はかつてスペイン領だったので、スペイン語が使われている。　**問2** ロサンゼルスは西海岸にあり地中海性気候なので7月頃に気温は高く、降水量は少ない。ブエノスアイレスの気候区分は日本と同じ温帯湿潤気候であるが、南半球にあるので気温と降水量は日本の逆になる点に注意する。　**問3** Y国のピッツバーグは誤りで、デトロイトが正しい。　**問4** アメリカの五大湖南部に広がる地帯はコーンベルトと呼ばれ、とうもろこし栽培が盛んである。　**問5** アメリカの農業は、中南米特にメキシコからの雇用期間が決まった季節労働者によって支えられている。資料3から入国の外国人は定住のためではないという点、そして資料4から農場で手作業を必要とする仕事に就くという点。この2点を考慮し記述する。

2 問1 執権は鎌倉幕府で、将軍を助け政治を行う最高の職。侍所、政所の長官を兼ねた北条氏が代々この執権になった。　**問2** (1) 水野忠邦が行った改革は天保の改革。ここではエの株仲間の解散になる。アは明治政府、イとウは享保の改革の内容。　(2) 幕府はアヘン戦争で清がイギリスに敗れたことを知ると、異国船打

払令をやめ、日本に寄港した外国船には燃料のまきや水を与えるよう命じた。　**問3** (1) 石見と書いて「いわみ」と読む。新たな技術で石見銀山（島根県）の銀の産出量は増加し、ヨーロッパでも知られるようになった。アは佐渡金山（新潟県）、イは足尾銅山（栃木県）、エは別子銅山（愛媛県）。　(2) 武士と農民の身分をはっきりと分けることを兵農分離という。織田信長と豊臣秀吉がこの政策をさらにすすめた。　**問4** 律令制度が崩壊してくると、地方政治は国司に任せられるようになり、税の徴収により私腹をこやす国司も現れた。　**問5** 時代の流れは、D平安→A鎌倉→C安土桃山→B江戸。

3 問1 天皇の国事行為には主なものに、①内閣総理大臣の任命、②最高裁判所長官の任命、③憲法改正の公布、④国会の召集、⑤衆議院の解散などがある。**問2** 自由権の種類には、身体の自由（イ）、精神の自由（ア）、経済活動の自由（ウ）の3種類がある。エは社会権の中の労働基本権（労働三権）に関する権利。　**問3** この資料によれば「A氏は生活をのぞき見されたかのような…精神的苦痛を与えられた」とある。原告が裁判で主張したのは、プライバシーの権利である。これは、私生活をみだりに公開されない権利のこと。
問4 裁判所は、国会で作られた法律が憲法に違反していないかどうかを判断する権限を持つ。下級裁判所もこの権限を持つが、最高裁判所は最終的な決定権を持つの

で、憲法の番人と呼ばれる。　**問5**　景気が回復し地方税が十分に入ってくるようになると、その地方公共団体は国からの交付金は必要なくなる。

4　**問1**　略地図あの地域は、若狭湾（福井県、京都府）。リアス海岸で対馬海流が流れ、漁業が盛んである。原子力発電所が集中していることも覚えておく。リアス海岸のことはよく入試で問われるが、日本で代表的な場所は、三陸海岸、若狭湾、志摩半島の3つ。　**問2**　P−Q間は大阪、奈良、三重を通っている。その断面を考えると、大阪平野、奈良盆地、そしてこの地域で標高が一番高くなる紀伊山地がある。その断面は、4つの中ではイが適切である。　**問3**　A県の米の収穫量を調べる場合、ア「米の消費量」、イ「県の総面積と耕地面積」、エ「農業従事者数」の3つは不要である。よってウが正解となる。
　問4　略地図いは神戸市。神戸市は海と山に挟まれ都市の発展に限界があったので、1960年代から丘陵地を切り開く開発を進めた。けずられた大量の土は埋め立てに利用された。「山（が）、海へ行く」とは山の土を削り、海の埋め立てに利用するという意味。　**問5**　本州と四国を結ぶ橋のひとつ、瀬戸内しまなみ海道（尾道市・今治市ルート）には、2か所を横断する自転車サイクリングロードがある。　**問6**　B〜Gは、B鳥取県−カ、C岡山県−オ、D広島県−イ、E香川県−ア、F愛媛県−エ、G高知県−ウとなる。

5　**問1**　鎖国を続ける朝鮮に対して、西郷隆盛と板垣退助は征韓論を唱えた。1873年に、使節として西郷を派遣することが決定されたが、欧米の視察から帰国した岩倉具視や大久保利通らは国内の充実が先であるとして、派遣を延期させた。その結果政府は分裂し、西郷と板垣は政府を去った。　**問2**　1875年、政府はロシアとの間で樺太・千島交換条約を結び、樺太（サハリン）をロシア領、千島列島を日本領とした。略地図のアは樺太、イは千島列島、ウは琉球、エは台湾である。　**問3**　この会議の出席者の一人で、（1）の提案をしたのはアメリカのウィルソン大統領。大統領は秘密外交の禁止、軍備縮小、民族自決、国際機関の設立などの「十四か条の平和原則」を唱えた。提案をもとにつくられた組織は国際連盟。　**問4**　イのロンドン海軍軍縮条約は1930年、エの盧溝橋事件は1937年なので、④の期間に入る。アの韓国併合は1910年に始まり、ウのアジア・アフリカ会議は1955年なので、④よりもずっと後である。　**問5**　世界恐慌の後、英仏のとったブロック経済が第二次世界大戦を引き起こす原因のひとつになった。その反省から⑤の協定では、貿易で高い関税の障壁を設け、第三国の参入を妨害しないことという規定が盛り込まれた。

6　**問1**　訪問販売や電話勧誘などで商品を購入した場合に、購入後8日以内であれば消費者側から無条件で契約を解除できる。この制度をクーリング・オフという。英語のcooling-offは、「頭を冷やして考え直す」という意味。**問2**　かつての公害は企業が社会に与えた負の影響であるが、現代では教育や文化、環境保全などは企業が果たすべき責任であると考えられるようになった。このことを企業の社会的責任（CSR）と言う。企業数では、日本全体の約99パーセントが中小企業である。よって、アとウは正しい。労働基準法では、労働時間は週40時間、1日8時間以内、そして少なくとも週1日の休日が規定されている。また男女同一賃金も定められている。イの「1日7時間以内」は誤り。国や地方公共団体が資金を出して運営する企業が公企業。法人企業とは法律上の権利・義務を持つ主体（法人）と認められた企業。つまり、ひとつの組織を各種規制や税金などの面で、一人の「人」のように扱うということ。株式会社は法人企業ということになる。　**問3**　小売業者が生産者から直接仕入れることで、流通にかかる費用を抑えることができる。これを流通の合理化と言う。今日多くの人々が利用しているインターネット・ショッピングも、流通の合理化の一つと言える。　**問4**　証券会社での自社の株式の売買をとりやめることにより、会社の外部から経営に関与されるリスクを減らせる。そして、経営者は株主の評価を気にせずに済むので、中長期的な視点で経営に打ち込むことができる。

英語 ●解答と解説

2022

【解答・配点】

問題番号			解　　答　　例						配点(100)
1	A		No.1 a 正 ⓐ b ⓔ 誤 c 正 ⓔ						各3
			No.2 a 正 ⓔ b 正 ⓔ c ⓘ 誤						
	B	No.1	エ		No.2		イ		各3
	C	Part1	No.1 イ	No.2 ウ		No.3	イ		各3
		Part2	No.1	Twice　など					3
			No.2	eight　など					3
			No.3	I like Masami's family rule because I feel good when I clean my room.　など					4	31
2		① エ	② ア	③ イ	④ ウ				各3	12
3	問1	あ	ウ	い		ア			各2
	問2		watching performances is not as good as performing						3
	問3		ア						2
	問4	A	イ	B		ウ			各2
	問5	(1)	why don't you join us　など						3
		(2)	our group has people from different countries　など						3
	問6		（略）						4
	問7		ア			ウ			各3	29
4	問1		エ						2
	問2	（第1文） ア → （第2文） ウ → （第3文） エ → （第4文） イ							4
	問3		ア						3
	問4		ウ						3
	問5		I met in the store on the beach　など						3
	問6	A	カ	B	ア	C	オ	D イ	3
	問7	(a)	ウ						2
		(b)	（略）						8	28

【解説】

1 リスニング

A-No.1

Aは「宿題が難しい」と言い、やり終わったBに「手伝って。今、時間ある？」と聞いている。

[Q] Tom は次に何といいますか。

[A] b. 喜んで。

A-No.2

昼食にピザを食べたいAに対し、Bはコンビニでサンドイッチを買おうと提案。サンドイッチなら空港近くのカフェがおいしいと言うAに、Bは「お腹がペコペコ」と答えている。

[Q] 何について話している？

[A] c.ランチに何を食べるか。

B-No.1

駅から図書館までの行き方を尋ねている。

B：この通りを真っすぐ進むと、ホテルの隣に銀行があります。2番目の信号まで直進し、右に曲がります。左に図書館が見えます。

[Q] どのビルが図書館ですか？

B-No.2

10時の映画に遅れないようバスの時刻を確認中。

A：今、9時10分。次のバスは9：15だけど、9：25のバスに乗るのはどう？近くの店で水を買いたい。

B：ここから映画館まで40分かかるよ。

[Q] どのバスに彼らは乗りますか？

C-Part1　ジョンソン先生は15歳の時の家族のルールを紹介している。夕食は全員で話をしながら食べること、日曜日に姉の選んでくれた本を読むこと。夏休み中には野菜を育てたと言っている。

C-Part2　ジョンソン先生は第1、第3金曜日に家族全員で夕食を食べたそうだと話している。雅美は毎朝掃除をしたり料理をしたりすること、浩二はインターネットを使う時刻と寝る時刻、家族でサイクリングをすることのルールがあると話している。

2 適する文を補充

M：毎回の英語の授業の後に、ALTのスミスさんに話しかけます。[①友達の多くはミスすることを恐れます。]そして、彼に話そうとしません。

M：英語で自分を表現することは時々、難しいです。[②しかしいつも私は何か言おうとします]。そしてその時スミス先生は助けてくれます。

M：ミスなく英語を話そうとすることは、外国の人とのコミュニケーションにおいて重要です。[③しかし、それよりもっと重要なことがあります。]

M：人と話すのを楽しむべきべきだと思います。相手は英語をチェックしているのではなく、私と話す楽しい時間をすごしたいのです。[④ 私はスピーキングのテストを受けているのではありません。]

3 資料つきの対話文（大意）

O：今週の土曜日に、わくわくするイベントが私たちの地域で開かれる。一緒に行って、楽しもう。

E：グリーンフェスティバル。私の好きなところは、[あ．たくさんの文化の演技コンテスト]。去年、ブラジル出身の生徒が伝統的なダンスを踊り、1位になった。

M：おもしろそう！異文化の演技を見ることは楽しいでしょうね。

A：①でも、ただ演技を見ること（just watching performances）は、演じること（performing）ほどよくない。雅樹、私とコンテストに出るのはどう？日本文化について何かしようよ。

M：いいよ。②何か考えていることがあるの？

A：書道パフォーマンスはどう？

（中略）

M：もっと多くの人と一緒にやれば、私たちのパフォーマンスはよりエキサイティングになるでしょう。エミリー、[(1) 一緒にやらない]？

（中略）

M：私たちのパフォーマンスは、どんな種類のパフォーマンスになる？

A：たぶん、ダンス…やっているとき、音楽がかかっているんでしょ。[B. どう思う？]

O：うーん、わからない。明日聞いてみる。

A：ありがとう。エミリー、景品はチェックした？

E：いいえ。ええと…おお、[い．グリーンオーケストラのコンサート]に行きたい。ヴァイオリンのトップ奏者の大ファンなの。

A：私にとって、Star Amusement Park の観覧車がもっと魅力的。ここに来る前、雑誌でそれを見たわ。賞をとったら乗りに行きましょう。

M：いいね！ルールによると、私たちはより簡単に景品が取れます。なぜなら [(2) 私たちのグループは違う国出身の人がいるから]。

（中略）

E：同じパフォーマンスで、異文化の人と演じると、私たちはたくさん学びます。

M：何を学べますか。1つ例をください。

（以下省略）

問6 解答例 For example, we can learn how to get along with people from different cultures. When there is a problem, it is important to talk about it well.

4　資料つきの長文問題（大意）

　晴れた夏の日、海岸沿いを散歩していたとき、かわいい小さな店に行きました。そして、海の動物のように見える芸術作品を見つけました。それらはとてもかわいくて、いくつか買いました。ある女性がやって来て、彼女がそれらを作ったのだと言いました。彼女は海でプラスチックごみを拾って、それらでイルカを作りました。彼女はたくさんのプラスチックごみを見たとき、何かしなければいけないと思いました。彼女は言いました。「海のプラスチックごみは、世界で深刻な問題の原因になっています。もっと多くの人々がこの事実を知るべきです。」

　私は、そのゴミ問題に興味を持つようになり、彼女が私にくれた雑誌を読みました。(1) ア．その中に「海の動物の災害」という表現を見つけました。ウ．海でプラスチックごみを食べたことが原因で、死んでしまう海の動物と魚がどんどん増えていることを意味します。 エ．その記事には、2050 年には魚よりプラスチックごみが多くなるとも書いてありました。 イ．さらに続きます。「もし私たちがこの状態を止めなければ海には動物や魚がいなくなるだろう。」 雑誌を読んだ後、この問題を解決するため、熱心に働かなければならないと思いました。

　まず、海に流れるかもしれないので、私たちはプラスチックごみを捨てるのをやめるべきです。しかし、もっと重要なことは、私たちが使うプラスチックの量を減らすことです。日本政府は 2020 年7月、新たな制度を始めました。今、私たちはビニールのレジ袋に料金を支払わなければなりません。グラフ1を見てください。1週間で何人が買い物でレジ袋をもらっているのかを示しています。このグラフから、この制度は成功だったといえます。3月より 11月にレジ袋をもらった人は減っているからです。他の調査では、人々はレジ袋をもらったら、80%の人がもう一度使うことを示しています。

　では、グラフ2を見てください。制度開始から、人々がどのように変化したかを示しています。有名なコーヒーショップは、プラスチックストローの代わりに紙ストローを使い始めました。しかし [ウ 40%以上の人はまだ何も行動していません。] どうすればそのような人々を変えられるでしょうか。

　海の店で会った女性は言いました。「私は芸術が好きです。だから芸術作品を作ることが私にとって、より多くの人に海のプラスチックごみについて知ってもらう最も簡単な方法なのです。」この問題を解決する最も良い方法は、私たちが楽しめることから始めることです。

　よい例を紹介します。去年、私は兄と姉と「スポゴミ」に参加しました。このイベント中に、人々はスポーツとして、海のごみを拾って楽しみました。3〜5人のグループを作って、1時間ごみを集めます。勝者は、どれくらい、何の種類のゴミかによって決められます。思った以上にプラスチックごみがあることを学んで驚きました。

学校の近くの海で「スポゴミ」を開催することを私は考えています。みんなが楽しく過ごし、プラスチックごみの問題に興味を持つことを、私は望みます。それを（A 解決する）には多くの時間がかかるでしょう。だから、私たちは（B 続け）られることをするべきです。私たちの行動は（C 小さい）かもしれない。しかし、もしより多くの人々が私たちに加われば、海の未来は（D 違う）でしょう。海の動物と魚のために、あなたは何ができますか。海の生き物を守るために、最初の一歩を踏み出しましょう。

問7b 解答例 We have to save energy. I can ride a bike instead of using a car. I can also turn off the electricity I don't use. I will talk about these things to my friends tomorrow.

英語 ●放送による問題

〔チャイムⅠ〕　これから，聞くことの検査を始めます。問題用紙の1ページと2ページを見て下さい。（3秒）問題は，**A**，**B**，**C**の3つに分かれています。英語は，すべて2回繰り返します。メモを取ってもかまいません。答えはすべて解答用紙に記入しなさい。（3秒）

　それでは，**A**の問題を始めます。**A**では，2つの場面の英文を読みます。それぞれの英文の後に質問とその答えを読みますから，答えが正しいか，誤っているかを判断して，記入例のようにマルで囲みなさい。なお，各質問に対する正しい答えは1つです。では，始めます。

〔No. 1〕　**A：** Hi, Tom! Today's homework is very difficult.
　　　　　B： Yes, but I finished it just now.
　　　　　A： Really? I need your help. Do you have time now?

(間1秒)

Question: What will Tom say next?
　Answer:　**a**．Yes. It's five o'clock.
　　　　　b．Yes. I'm glad to help you.
　　　　　c．Yes. You are kind.

繰り返します。

(Repeat)

(間2秒)

〔No. 2〕　**A：** I want to have some pizza for lunch. Let's try the Italian restaurant near the city hall.
　　　　　B： Pizza? I had it last night. How about going to a convenience store to get some sandwiches?
　　　　　A： OK. But I hear the sandwiches at the cafeteria near the airport are delicious.
　　　　　B： But it's too far. I'm too hungry.

(間1秒)

Question: What are they talking about?
　Answer:　**a**．What their favorite food is.
　　　　　b．What they will eat tonight.
　　　　　c．What to eat for lunch.

繰り返します。

(Repeat)

(間2秒)

　次に，**B**の問題に移ります。**B**では，2つの場面の英文を読みます。それぞれの英文の後に質問を読みますから，問題用紙にある**ア，イ，ウ，エ**から正しい答えを1つずつ選び，その符号を書きなさい。では，始めます。

〔No. 1〕

　　A： Hello. This is Mike. I'm at the station. I don't know how to get to the library.
　　B： Do you see a big hotel in front of you?
　　A： Yes.
　　B： OK. Go straight along the street and you'll see a bank next to the hotel. Keep going straight to the second traffic light and turn right. You'll see the library on your left.
　　A： Thank you.

(間1秒)

Question: Which building is the library?

繰り返します。

(Repeat)

(間2秒)

〔No. 2〕

　　A： Kevin, we should not be late for the movie. It'll start at 10:00. Let's check the bus schedule.
　　B： What time will the next bus leave?
　　A： It's 9:10 now. Let's see...the next bus is at 9:15. But how about taking the bus at 9:25? I want to get some water at the store near here.
　　B： Do you remember it takes forty minutes from here to the movie theater?
　　A： You're right. I'll buy water there.

(間1秒)

Question: Which bus will they take?

繰り返します。

(Repeat)

(間2秒)

次に，**C**の問題に移ります。**C**では，ALTや生徒が授業中に話している場面の英文が流れます。なお，**C**は，**Part 1**と**Part 2**の，2つの問題に分かれています。

それでは，**Part 1**を始めます。**Part 1**では，ALTのジョンソン（**Johnson**）先生の，授業の始めの場面の英文が流れます。そのあと**No. 1**から**No. 3**まで3つの質問を読みますから，各質問に対する答えとして最も適切なものを，問題用紙にある**ア**，**イ**，**ウ**から1つずつ選び，その符号を書きなさい。では，始めます。

Today, I'm going to talk about some rules we had in my family when I was fifteen.

One of them is about dinner. We thought spending time together was important, but at that time, we didn't have time to talk with each other. So, we decided to have dinner together. During dinner time, we didn't watch TV or listen to music, but enjoyed talking about the day.

Let me talk about another rule. My mother likes reading books. She learned many things from books when she was young. So, she told my sister and me to read books every Sunday morning after breakfast. I didn't know what to read, so my sister chose books for me. The books she chose for me were interesting and I learned reading was fun.

Finally, I'll talk about an interesting rule for summer vacation. My friends did the dishes or walked their dogs to help their families, but I grew vegetables in our garden. I gave them water every morning and evening. My grandfather taught me how to take care of them. I felt I was an important person in my family.

What kind of family rules do you have? Please talk with your partner.

(間1秒)

Question:

    〔**No. 1**〕 What did Mr. Johnson enjoy during dinner time?

(間2秒)

    〔**No. 2**〕 Who chose the books Mr. Johnson read?

(間2秒)

    〔**No. 3**〕 What did Mr. Johnson do to help his family during summer vacation?

(間2秒)

繰り返します。

(Repeat)

(間1秒)

次に，**Part 2**に移ります。**Part 2**では，雅美（**Masami**）さんと浩二（**Koji**）さんが，ジョンソン（**Johnson**）先生の話を聞いた後に話し合っている場面の英文が流れます。そのあと，**No. 1**から**No. 3**まで3つの質問を読みますから，問題用紙の指示に従ってそれぞれ書きなさい。では，始めます。

Masami: Mr. Johnson's talk was interesting.
   Koji: Yeah. I like their rule about eating dinner together.
Masami: I agree. He talked to me about that rule before. He said everyone in his family came home before 7:00 and had dinner together on the first and third Friday every month.
   Koji: What a good rule! Do you have some family rules, Masami?
Masami: My mother tells me to clean my room before breakfast.
   Koji: I had the same rule when I was in elementary school. Now, I have different rules. I cannot use the Internet after 8:00. I also have to go to bed before 11:00.
Masami: I see. Do you have some interesting rules?
   Koji: Well, we go cycling together and enjoy the beautiful views three times a month. How about you, Masami?
Masami: My family members enjoy cooking together on the last Sunday every month. Trying a new recipe is fun.
   Koji: Sounds interesting!

(間1秒)

Question:

    〔**No. 1**〕 According to the rule, how often did Mr. Johnson's family have dinner together?

(間5秒)

    〔**No. 2**〕 What time does Koji have to stop using the Internet?

(間5秒)

    〔**No. 3**〕 In the dialogue, Masami and Koji talked about their family rules.
               Which rule do you like the best? And why?

(間5秒)

繰り返します。

(Repeat)

以上で，聞くことの検査を終わります。〔**チャイムⅡ**〕

数学 ●解答と解説

【解答・配点】

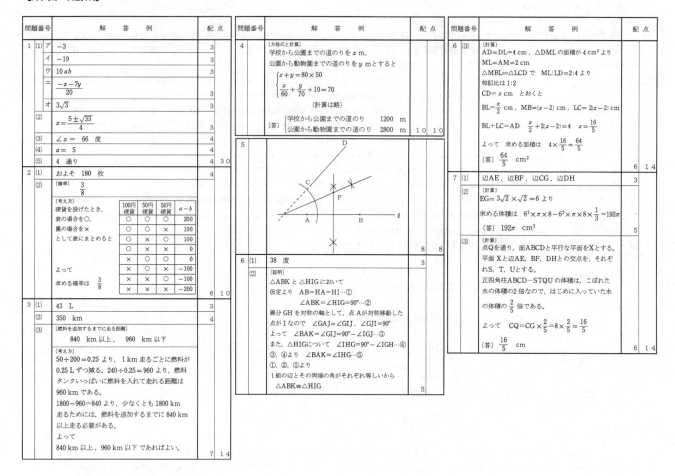

問題番号			解　答　例	配点
1	(1)	ア	−3	3
		イ	−19	3
		ウ	$10ab$	3
		エ	$\dfrac{-x-7y}{20}$	3
		オ	$3\sqrt{3}$	3
	(2)		$x=\dfrac{5\pm\sqrt{33}}{4}$	3
	(3)		$\angle x=$　66　度	4
	(4)		$a=$　5	4
	(5)		4　通り	4	30

問題番号		解　答　例	配点
2	(1)	およそ　180　枚	4
	(2)	〔確率〕　$\dfrac{3}{8}$	

〔考え方〕

硬貨を投げたとき、
表の場合を○、
裏の場合を×
として表にまとめると

	100円硬貨	50円硬貨	50円硬貨	$a-b$
	○	○	○	200
	○	○	×	100
	○	×	○	100
	○	×	×	0
	×	○	○	0
	×	○	×	−100
	×	×	○	−100
	×	×	×	−200

よって
求める確率は　$\dfrac{3}{8}$

6　10

3	(1)	43　L	3
	(2)	350　km	4
	(3)	〔燃料を追加するまでに走る距離〕	
		840　km 以上、　960　km 以下	

〔考え方〕
50÷200＝0.25 より、1 km 走るごとに燃料が
0.25 Lずつ減る。240÷0.25＝960 より、燃料
タンクいっぱいに燃料を入れて走れる距離は
960 km である。
1800−960＝840 より、少なくとも 1800 km
走るためには、燃料を追加するまでに 840 km
以上走る必要がある。
よって
840 km 以上、960 km 以下であればよい。

7　14

問題番号	解　答　例	配点
4		

〔方程式と計算〕
学校から公園までの道のりを x m,
公園から動物園までの道のりを y m とすると

$$\begin{cases} x+y=80\times50 \\ \dfrac{x}{60}+\dfrac{y}{70}+10=70 \end{cases}$$

（計算は略）

〔答〕学校から公園までの道のり　1200　m
　　公園から動物園までの道のり　2800　m

10　10

5		8　8

6	(1)	38　度	3

〔証明〕
△ABK と △HIG において
仮定より　AB＝HA＝HI…①
　　　　　∠ABK＝∠HIG＝90°…②
線分 GH を対称の軸として、点 A が対称移動した
点が I なので　∠GAJ＝∠GIJ、∠GJI＝90°
よって　∠BAK＝∠GIJ＝90°−∠IGJ…③
また、△HIG について　∠IHG＝90°−∠IGH…④
③、④より　∠BAK＝∠HIG…⑤
②、①、⑤より
1組の辺とその両端の角がそれぞれ等しいから
　△ABK≡△HIG

5

問題番号	解　答　例	配点
6	(3)	

〔計算〕
AD＝DL＝4 cm、△DML の面積が 4 cm² より
ML＝AM＝2 cm
△MBL∽△LCD で　ML：LD＝2：4 より
相似比は 1：2
CD＝x cm　とおくと
BL＝$\dfrac{x}{2}$ cm、MB＝($x-2$) cm、LC＝2($x-2$) cm
BL＋LC＝AD　$\dfrac{x}{2}+2(x-2)=4$　$x=\dfrac{16}{5}$
よって　求める面積は　$4\times\dfrac{16}{5}=\dfrac{64}{5}$
〔答〕$\dfrac{64}{5}$　cm²

6　14

7	(1)	辺AE、辺BF、辺CG、辺DH	3
	(2)		

〔計算〕
EG＝$3\sqrt{2}\times\sqrt{2}=6$ より
求める体積は　$6^2\times\pi\times8-6^2\times\pi\times8\times\dfrac{1}{3}=192\pi$
〔答〕192π　cm³

5

7	(3)	

〔計算〕
点Qを通り、面ABCDと平行な平面をXとする。
平面 X と辺AE、BF、DHとの交点を、それぞ
れS、T、Uとする。
正四角柱ABCD−STQUの体積は、こぼれた
水の体積の2倍なので、はじめに入っていた水
の体積の $\dfrac{2}{5}$ 倍である。
よって　CQ＝CG$\times\dfrac{2}{5}=8\times\dfrac{2}{5}=\dfrac{16}{5}$
〔答〕$\dfrac{16}{5}$　cm

6　14

【解説】

1.

(1) イ　与式＝$-3-16=-19$

ウ　与式＝$\dfrac{6a^2b^3\times5}{3ab^2}=10ab$

エ　与式＝$\dfrac{4(x+2y)-5(x+3y)}{20}$
　　　　＝$\dfrac{4x+8y-5x-15y}{20}=\dfrac{-x-7y}{20}$

オ　与式＝$2\sqrt{3}+2\sqrt{6}\times\dfrac{1}{2\sqrt{2}}=2\sqrt{3}+\sqrt{3}$
　　　　＝$3\sqrt{3}$

(2) 解の公式より
$x=\dfrac{-(-5)\pm\sqrt{(-5)^2-4\times2\times(-1)}}{2\times2}$
　＝$\dfrac{5\pm\sqrt{25+8}}{4}=\dfrac{5\pm\sqrt{33}}{4}$

(3) $\overset{\frown}{AB}=2\overset{\frown}{CD}$ より円周角も2倍になる
$\angle ACB=22°\times2=44°$
$\angle x=44°+22°=66°$

(4) x の和に比例定数をかけたものが変化の割合に
なることを利用して
$\{a+(a+3)\}\times1=13$　　$2a+3=13$
$2a=10$　　$a=5$

(5) 中央値が2回になる場合を検討する

2回	0	1	2	3	4	5
3回	5	4	3	2	1	0
中央値	3	2.5	2	2	2	2
			○	○	○	○

以上　4通り

2.

(1) 100円硬貨をx枚とすると
$27:(27+21)=x:320$
$48x=8640$　　$x=180$枚

(2)

100円	50円1	50円2	$a-b$	
○	○	○	200	☆
		×	100	☆
	×	○	100	☆
		×	0	
×	○	○	0	
		×	−100	
	×	○	−100	
		×	−200	

$a-b\geqq100$ は3通り　よって $\dfrac{3}{8}$

3.

(1) $50-0.1\times70=50-7=43L$

(2) x km走ったとき

$50-0.1x=80-0.2x+5$

$0.1x=35$　　$x=350$ km

(3) C車は200kmで燃料を50L使う

$50\div200=0.25$ L/km　　$240\div0.25=960$ km

$1800-960=840$ km以上走る必要がある

4.

分速80mで50分かかることで

学校から動物園までの距離が

$80\times50=4000$ mと分かる

動物園から公園までの時間は $\dfrac{y}{70}$ 分

公園から学校までの時間は $\dfrac{y}{60}$ 分

これより

$$\begin{cases} x+y=4000 \\ \dfrac{x}{60}+10+\dfrac{y}{70}=70 \end{cases}$$

5.

PA＝PBで点Pは点Aと点Bの垂直二等分線上①にある

三角形の面積を等しくするには底辺AB＝CDより高さが等しくなればよい

よって直線ABと直線CDの交点から角の二等分線②をひけば　辺からの距離が等しくなる

それで　点Pは①②の交点で求める

6.

(1) BDで折ったので∠ADB＝∠EDB

平行線の錯角は等しいので

∠ADE＝∠DFC＝76°

よって∠BDF＝76°÷2＝38°

(3) 図3

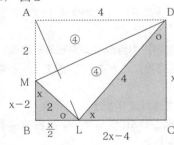

DC＝xとすると

△MBL∽△LCD

相似比1:2より

$BL=\dfrac{x}{2}$

MB＝x−2より

$LC=2(x-2)$

$=2x-4$

BL＋LC＝4より　$\dfrac{x}{2}+2x-4=4$

$x=\dfrac{16}{5}$　求める面積は $4\times\dfrac{16}{5}=\dfrac{64}{5}$ cm²

7.

(2) △AEGを直線CGを軸として1回転させると

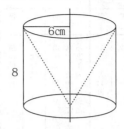

円柱から円錐を引いた図形となる

$AC=3\sqrt{2}\times\sqrt{2}=6$ cm

$\pi\times6^2\times8-\dfrac{1}{3}\times\pi\times6^2\times8$

$=36\pi\times8\times\dfrac{2}{3}=192\pi$ cm³

(3) 図4

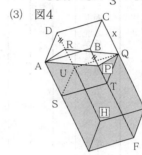

左図のように面QUSTで切って考える

こぼれた水は $\dfrac{1}{5}$ なので

正四角柱ABCD−STQUの体積は2倍の $\dfrac{2}{5}$ に相当する

よって　$CQ=CG\times\dfrac{2}{5}=8\times\dfrac{2}{5}=\dfrac{16}{5}$ cm

国語 ●解答と解説

【解答・配点】

問題番号	大問	問	解答例	配点
	一	問1	(1)ととの（える）　(2)りょくちゃ　(3)かんげい　(4)と（ぎ）	各2
	一	問2	(1)柱　(2)油田　(3)勤務　(4)背筋	各2
	二	問1	エ	3
	二	問2	自信が無かった	4
	二	問3	イ	2
	二	問4	練る	2
	二	問5	パン作りは重労働だが、パン屋になる夢をかなえた父に辛そうな様子がないから。	5
	二	問6	夢がしぼんでいく息子に、自分が夢をかなえて、人生やればできるという所を見せてやろうと思ったから。	6
	二	問7	夢を持っても失敗して傷ついたり、苦労するだけだと思い、夢をしまいこんでいたが、父の思いを知り、映画監督になる夢を追いかけようと思ったから。	7
	三	問1	固有	3
	三	問2	ウ	2
	三	問3	環境に合うように形質を特殊化した動物は、それぞれの環境で進化の先頭に立っているから。	6
	三	問4	イ	4
	三	問5	進歩的変化	4
	三	問6	世代交代	4
	三	問7	退化は、対立遺伝子の頻度が増加し、生存と生殖に有害な器官が消失したり、縮小したりすることだが、それは集団における任意の遺伝子の頻度が増加する進化の一形態だ	7
	四	問1	いわざりけり	2
	四	問2	ウ	2
	四	問3	ア	2
	四	問4	A て文字を第三句の最後に置いている／B 正しくない／C 真青に成り	9
	五		（略）	10

配点（小計）：五 10　四 15　三 30　二 29　一 16　（合計100）

【解説】

一　漢字

その他マスターしておきたい漢字

問1　(3)歓迎　送迎　迎える
　　　(4)研ぐ　研磨
問2　(2)油田　田園
　　　(3)出退勤　勤労　務める

二　小説

※落としてはいけない「基本」問1、2、3、4。
※部分点を狙いたい「記述」問5、6、7。
★登場人物、対話が多い小説が出題される。誰の発言か押さえるため人物名にしるし（○、△、□など）をつけながら読むことをお勧めする。

人物・場面
俺　高校生
父　転職パン屋　母　妹
テレビ　取材「万歳、万歳」
母　崩れて泣き出した
趣味としてパン…一念発起
親父には辛そうな様子はない
「パン屋になれてよかった」
俺「夢なんて持っても…傷ついたり…苦労
　　夢があるから力が湧いて、毎日楽しく」

父「息子なんです…きっかけは」
「年々、あいつの夢がしぼんで…人生やればできるって所、見せてやろうって」
俺…愕然　父がパン屋を目指したのは俺のため
親父は俺の力になろうとしてくれた
父「私がここまで来れたのは、あいつの夢のお陰」
映画の主役…夢を追っている小さなパン屋の親父

問1【心情と語彙】「安堵」物事がうまく行って安心した涙。
問2【理由を問う問題】中盤のインタビュー場面。
問3【語彙】「一念発起」ことを成し遂げようと強く心に誓う事。
問4【知識問題】文法「係り受け」
問5【理由を問う問題】40字記述。④7行前〜を字数に合わせてまとめる。
問6【理由を問う問題】50字記述。⑤9行後〜を字数に合わせてまとめる。
問7【理由を問う問題】70字記述。
コツ1：条件を守る。
放送を見る前の「夢」に対する「俺」の考えにふれる
コツ2：キーワードを見つける。
「夢なんて持っても〜傷つくだけ」
「夢を追う」「夢を信じる」
コツ3：字数（70字×8割以上）。

三　論理的文章

※落としてはいけない「基本」問1、2、4、5。
※部分点を狙いたい「記述」　問3、6、7。
1段落　進化　誤解
5段落　環境に合うように特殊化
それぞれの環境で進化の先頭に立っている…問3
7段落　進歩的変化
8段落　世代交代によって～用語…問6
問3【理由を問う問題】45字記述。5段落をまとめる。
問5　②の4行前。
問6　③の十行前。
問7【理由を問う問題】80字記述。
最後から2段落目をまとめる。

四　古文

(先に問4を見るのもヒントになる)
1、わかる部分をつなぎ、大まかな意味をつかむ。
2、主語の省略を補いながら。
3、「」をつけながら。
4、古文重要単語は暗記する。
雲居寺の聖のところで秋の暮れの心を、
俊頼「夜が明けて冬になってもやはり、秋風が吹いて野辺の景色よ 美しさを変えてくれるな」
作者名を隠していたが、
基俊は「それ（俊頼）」と気づき、競争心が強い人で「第三句の後に、「て」の文字を置きききわだって目立つ（良くない）歌。たいそう聞きにくい」
口出しできないくらい批判したので、俊頼は黙っていた。
琳賢「風変わりな引き歌を思い出しました」
基俊「さあさあ、うかがいましょう。まさかたいしたことのない歌ではあるまい」
琳賢「桜散る木の下風は寒からで」（紀貫之の秀歌）
末の「て」の文字を長々と伸ばし歌ったところ、
基俊は真っ青になり、物も言わずにうつむいた、
俊頼はこっそり笑った。
★登場人物を抑えよう。
★省略されている主語を補いながら読む。
★「歴史的仮名遣い→現代仮名遣い」
「ゐ・ゑ・を」→「い・え・お」
「ぢ・づ」→「じ・ず」
語頭以外「は・ひ・ふ・へ・ほ」
→「わ・い・う・え・お」
「くわ・ぐわ」→「か・が」「む」→「ん」
「ア段＋ふ（う）→「オ段＋う」
「イ段＋ふ（う）→「イ段＋ゅう」
「エ段＋ふ（う）→「オ段＋ょう」

例　「けふ→きょう」「てふ→ちょう」
★「古今異義語」に慣れよう
「年ごろ」長年、「つとめて」早朝
「あやし」不思議だ「うつくし」かわいい
「かなし」いとしい「ありがたし」珍しい
「あはれ」しみじみとした趣がある
「をかし」趣がある「なつかし」心ひかれる
「ののしる」騒ぐ　「ゐる」座っている

五　作文

複数の資料から、条件を満たして書く。
■目標　上位高校「八分」、その他「十分」
採点基準例
○百五十字未満…0点、百八十字未満…3点減点
○条件守られていない（「だ・である」調になっていない）…3点減点
○原稿用紙のルール違反（段落最初の一マス目など）
○話し言葉
○主語と述語が合っていない。
○誤字脱字など　各減点1点

解答例1
　私はB案を選ぶ。確かにA案は「生徒会」ということで、あいさつ運動の趣旨を理解できているメンバーが率先垂範、毎朝あいさつするという点は優れていると思う。しかし、生徒会役員の過度な負担が問題ではなかろうか。B案の「部活動ごとに割り当てられた曜日」に行えば、一人にかかる負担は抑えられると考える。さらに、生徒会役員だけでなく、より多くの生徒にあいさつを広めるためにも私はB案を選ぶ。

解答例2
　私はA案を選ぶ。確かにB案は「部活動ごと」で、一人の負担が少ない。しかし、趣旨を理解できず消極的意識から、遅刻したり、ふざけたり、という生徒が出ることを危惧する。一方、「生徒会役員」ならば、「この企画を成功させたい」という志がある。「心からのあいさつ」ができると考える。まず、生徒会役員が率先垂範し、この運動を軌道に乗せたい。その後、第二弾で「部活動案」を検討したい。

理科 ●解答と解説

【解答・配点】

問題番号		解　答　例	配点	
1	問1 (1)	マグマ	2	
	(2)	ア	2	
	問2 (1)	電解質	2	
	(2)	イ, エ	2	
	問3 (1)	反射	2	
	(2)	イ	2	
	問4 (1)	不導体（絶縁体）	2	
	(2)	0.16 W	2	16
2	問1	組織	2	
	問2	えらで呼吸している幼生のときは水中で生活し、肺で呼吸している成体のときは陸上で生活するから。	3	
	問3 (1)	背骨があるかないか。	3	
	(2)	① アサリ		
		② 外とう膜	2	
	(3)	エ	3	
	問4	(特徴)前向きについている。 (利点)獲物との正確な距離をはかることができる（立体的に見える範囲が広い）。	4	17

問題番号		解　答　例	配点	
3	問1 (1)	エ	2	
	(2)	水酸化物イオン	2	
	問2 (1)	酸素はものを燃やす性質があるので、火のついた線香を試験管の中に入れた。	3	
	(2)	$2Ag_2O \rightarrow 4Ag + O_2$	3	
	(3)	エ	3	
	問3 (1)	ビーカーC、ビーカーD、ビーカーE (C, D, E)	3	
	(2)	78 %	3	18
4	問1	等速直線運動	2	
	問2	イ	3	
	問3 (1)	[図：斜面と小球にはたらく重力]	3	
	(2)	0.025 秒	3	
	問4	ウ	3	
	問5	(符号)ウ (理由)どちらの斜面でも、水平な台から同じ高さまで小球を押し上げたから。	4	17

問題番号		解　答　例	配点	
5	問1	ア	2	
	問2	停滞前線	2	
	問3	1.2 g	3	
	(2)	(符号)ウ (理由)風向が北よりに変わり、気温が低下したから。	4	
	問4	(符号)ア (理由)夜は北よりの陸風がふき、昼は南よりの海風がふいているから。	5	16
6	問1 (1)	液体	2	
	(2)	① 精細胞 ② 卵細胞	2	
	問2	イ	2	
	問3	1000 Pa	3	
	問4 (1)	クレーター	2	
	(2)	(符号)ア (理由)冬至で満月が観測できるときは、地球の地軸の北極側が月の方向に傾いており、夏至で満月が観測できるときは、地球の地軸の北極側が月と反対の方向に傾いているから。	4	16

【解説】

1 [小問総合]

問1 (1)火山の地下にはマグマがあり、これが地表に噴き出す現象が火山の噴火である。　(2)マグマが冷え固まってできた岩石を火成岩という。マグマが地下深くで、ゆっくり冷え固まってできた岩石を深成岩といい、白いほうから花こう岩、せん緑岩、はんれい岩に分類される。他方、マグマが地表近くで、急に冷え固まってできた岩石を火山岩といい、白いほうから流紋岩、安山岩、玄武岩に分類される。

問3 (1)刺激に対して無意識におこる反応を反射という。反射では、脳が刺激を意識する前にせきずいから命令がでる。　(2)目が受けた刺激は脳に直接伝わることに注意。

問4 (1)抵抗が大きすぎて電流をほとんど通さない物質を絶縁体または不導体という。他方、電流をよく通す物質は導体という。　(2)この抵抗器には 5.0V で 0.20A の電流が流れるので、2.0V では 0.08A 流れる。したがって、2.0 [V] × 0.08 [A] ＝0.16 [W]

2 [動物の世界]

問1 形やはたらきが同じ細胞の集まりを組織。組織が集まったものを器官という。

問2 両生類であるカエルは、幼生のときは水中でえら呼吸、成体では陸上で肺呼吸をする。

問3 (1)グループＡはせきつい動物、グループＢは無せきつい動物である。　(2)エビとバッタは節足動物。ヒトデは棘皮動物。アサリは軟体動物。軟体動物は内臓を包む外とう膜をもつ。　(3)カナヘビは、は虫類である。は虫類は変温動物であり、外界の温度によって体温が変化する。

問4 肉食動物は獲物までの距離を知るために眼が前向きについている。草食動物は広い範囲を見るために眼が横向きについている。

3 [気体の性質、酸とアルカリ]

問1 (1)アンモニア分子（NH_3）は窒素原子１個に水素原子３個が結びついてできている。　(2)BTB 溶液は、酸性で黄色、中性で緑色、アルカリ性で青色になる。水溶液中に水素イオンがあると酸性、水酸化物イオンがあるとアルカリ性、どちらのイオンもなければ中性になる。アンモニアが水に溶けると、水酸化物イオンが生じる。$NH_3+H_2O \rightarrow NH_4^+ + OH^-$　したがって、BTB 溶液が青色になったのは、水酸化物イオンが原因である。

問2 (1)火のついた線香を酸素中に入れると、線香は炎を上げて燃える。　(2)酸化銀（Ag_2O）２個が分解し、銀原子（Ag）４個と酸素分子（O_2）１個になる。(3)アは水素、イは二酸化炭素が発生する。ウは硫化鉄ができる。

問3 (1)ビーカーＡ〜Ｅについてそれぞれ発生した二酸化炭素の質量を計算すると、Ａは (61.63+0.40) − 61.87=0.16 [g]、Ｂは (61.26+0.80) − 61.74=0.32 [g]、Ｃは (62.01+1.20) − 62.75=0.46 [g]、Ｄは (61.18+1.60)

－ 62.32＝0.46[g]、E は (62.25+2.00) － 63.79＝0.46[g]。A の結果から、炭酸カルシウム 0.40g がすべて溶けると二酸化炭素が 0.16g 発生することがわかる。この割合から、ビーカー B〜E で発生する二酸化炭素の質量はそれぞれ 0.32g、0.48g、0.64g、0.80g になるはずである。しかし、ビーカー C〜E で発生した二酸化炭素の質量はこれらの値より少ない。これは、ビーカー C〜E に加えた炭酸カルシウムの一部が溶け残ったからだと考えられる。　(2)二酸化炭素 1.56g が発生するのに必要な炭酸カルシウムを x [g] とすると、ビーカー A の結果より、炭酸カルシウム 0.40g から二酸化炭素が 0.16g 発生するので、　x：1.56 ＝ 0.40：0.16　　∴ x＝3.90　　したがって、この石灰石 5.00g 中には炭酸カルシウムが 3.90g 含まれていたと考えられる。よって、この石灰石中の炭酸カルシウムの割合は、　3.90 ÷ 5.00 × 100＝78 [%]。

4 [物体の運動]

問1　速さと向きが変化しない運動を等速直線運動という。

問2　水力発電では、ダムにためられた水の位置エネルギーを利用してタービンを回し、発電している。

問3　(1)重力の作用点（物体の重心）を O とする。O から、斜面に平行な直線 ℓ と、斜面に垂直な直線を引く。次に重力の先端から、斜面に平行な直線と、斜面に垂直な直線 m を引く。ℓ と m の交点を P とし、矢印 OP を引く。[解説図①]

解説図①

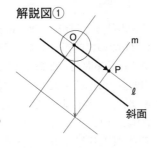

(2)「時間」＝「距離」÷「速さ」。4.0 [cm] ＝ 0.040 [m] だから、0.040 [m] ÷ 1.60 [m/s] ＝0.025 [s]。

問4　静止した状態から小球を離すので、小球の運動エネルギーは小球が失った位置エネルギーに等しい。したがって、小球の速さは、小球が落下した高さによって決まる。（実際には落下した高さの平方根に比例する。）落下した高さは、A＜B＝D＜E＜C＜F なので、それぞれの速度計が示す速さもこの順になる。

	A	B	D	E	C	F
落下した高さ(cm)	5	15	15	23	25	27
速さ(m/s)	0.97	1.69			2.21	

したがって、D の速さは B と同じ 1.69m/s と考えられる。さらに、E の速さは C の速さよりわずかに小さく、F の速さは C の速さよりわずかに大きい。選択肢の中では、イまたはウと考えられるが、イは F での速さが大きすぎるので、ウの方が適切。

問5　持ち上げる高さが同じで摩擦もないから、仕事の原理より、どちらの斜面を用いても仕事の大きさは変わらない。

5 [天気の変化]

問1　イは快晴、ウはくもり、エは雨。

問2　ほとんど動かない前線を停滞前線という。停滞前線のうち、梅雨の時季にみられるものを梅雨前線、秋雨の時季にみられるものを秋雨前線という。

問3　(1)　4月3日9時の気温は 21.0℃、湿度は 50% だから、水蒸気量は 18.3 [g/㎥] × 0.50＝9.15 [g/㎥]。15 時の気温は 20.0℃、湿度は 60% だから、17.3 [g/㎥] × 0.60＝10.38 [g/㎥]。したがって、差は 10.38 － 9.15＝1.23 ≒ 1.2 [g/㎥]　(2)寒冷前線が通過すると、気温が下がり、風向きが南向きから北寄りになり、短時間激しい雨が降る。

問4　水と土では土の方が熱くなりやすく、冷めやすい。そのため、晴れた日の日中は陸上の気温が高くなり、海上の気温が相対的に低くなる。その結果、陸上で上昇気流が発生し、海から陸へ風が吹く。夜中はこの逆になり、陸から海へ風が吹く。グラフでは日中は南寄りの風が吹き、夜中は北寄りの風が吹いているから、この地点の南に海、北に陸があると考えられる。

6 [融合問題]

問1　(1)湯気は水蒸気が冷やされて凝結したもので、液体である。気体ではないことに注意。　(2)植物の生殖細胞は、花粉の中の精細胞と、胚珠の中の卵細胞である。動物の場合は精子と卵であることに注意。

問2　午前10時から正午まで、太陽は東から南へ次第に高度を上げながら移動し、正午にはちょうど真南に達し、高度は最大になる。このため、午前10時から正午まで、棒の影は西から北へ次第に短くなりながら移動し、正午には棒の影がちょうど真北に達し、棒の影が最短になる。

問3　質量 50kg の山田さんにはたらく重力は 500N だから、スノーボードが雪を押す力は 500N。スノーボードが雪と触れ合う面積は 5000㎠ ＝0.5㎡。したがって、スノーボードが雪を押す圧力は、50 [N] ÷ 0.5 [㎡] ＝1000 [Pa]。

問4　(1)月の表面に見られる円形のくぼみをクレーターといい、月に小さな天体がぶつかってできたと考えられている。　(2)冬至のころは地軸が月側に傾いているので、月の南中高度は高くなり、夏至のころは地軸が月側の反対に傾いているので月の南中高度は低くなる。[解説図②]

解説図②

冬至のころ　　　　　　夏至のころ

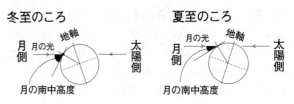

社会 ●解答と解説

【解答・配点】

問題番号		解答例	配点
1	問1	ユーラシア大陸	2
	問2	ア	2
	問3	(A国) エ　(C国) イ	2
	問4	ウ	2
	問5	ヨーロッパの国々が植民地支配を行ったときに引いた境界線を、国境線として使っているところが多いから。	3
	問6	(符号) Y　(理由) Y国が2004年にEUに加盟し、Y国と西ヨーロッパの国々の国境を越えた移動がしやすくなったことで、賃金の安いY国に他国の工場が進出したから。	5　17
2	問1	エ	2
	問2	承久の乱	2
	問3	(都) ウ　(天皇) 後醍醐天皇	3
	問4	イ、エ	2
	問5	大名同士の関係が婚姻により強くなるのを防げるから。	3
	問6	幕府の財政負担が大きくなるのを防ぎ、石高が低くても有能な家臣を登用しやすくすること。	4　16

問題番号		解答例	配点
3	問1	(1) 行政権	2
		(2) 内閣総理大臣によって任命され、その過半数は国会議員の中から選ばれる。	3
	問2	I 両院協議会　II 衆議院	3
	問3	イ、ウ、エ	3
	問	少数の常任理事国の反対によって、安全保障理事会で決議案が否決された場合、緊急特別総会で多くの加盟国の賛成で可決することにより、国際平和・安全の維持や回復を図ることができるようにするため。	5　16
4	問1	関東ローム	2
	問2	a ×　b ○	2
	問3	促成栽培	2
		ア (符号) C　(県名) 茨城県　ウ (符号) B　(県名) 群馬県	4
	問5	(符号) F　(理由) F県は、東京に通勤・通学する人が多く、昼間人口が少なくなるから。	3
	問6	Z区は海面より低い地域が広く、浸水すると水が引きにくいため、区内の建物の高いところに避難しても、その場に長く取り残されるおそれがあるから。	4　17

問題番号		解答例	配点(100)
5	問1	農地改革	2
	問2	(1) a フランス　d イタリア	3
		(2) ウ	2
	問3	改正前は、収穫量に応じた年貢を、収穫量や価格が変化する米で納めさせていたが、改正後は、政府が定めた地価を基準とする地租を現金で納めさせたから。	3
	問4	(1) イ	2
		(2) 工場で機械を用いて生産するようになったため、紡績業では、綿糸を大量生産できるようになり、原料である綿花（綿）をインドから安く大量に仕入れる必要があったから。	4
	問5	C → D → B → A	3　19
6	問1	間接税	2
	問2	供給量が需要量より少なくなったから。	3
	問3	I 55,000　II 50,000　III 有利	3
	問4	再配達を減らすことで、車両から排出される二酸化炭素を削減することができるから。	3
	問5	I,II エ　III 一般の銀行の貸し出し金利が下がるため、企業がお金を借りて生産活動を活発に行い、景気が回復する。	5　15

【解説】

1　問1　略地図には、ヨーロッパとアフリカが書いてある。あはユーラシア大陸、いはアフリカ大陸である。世界には6大陸、3大洋、6州がある。　問2　緯線は赤道に平行にひかれている線である。緯線aは、この地図ではヨーロッパのスペイン、地中海、イタリアを通っている。これは、およそ北緯40度の線で、日本では東北の秋田県を通過する。　問3　AからDの国名と首都は、A－フィンランド（ヘルシンキ）、B－フランス（パリ）、C－ギリシャ（アテネ）、D－エジプト（カイロ）。Dのエジプトは、まずウ（乾燥帯）と分かる。次に、Aは4つの中では最も高緯度にあるので、気温のグラフからエと判断する。Cは地中海性気候なので、夏に暑く乾燥する気候である。その雨温図のグラフはイである。　問4　各国のおもな宗教は、インド－ヒンドゥー教、タイ－仏教、フィリピン―キリスト教である。　問5　アフリカにはこのように直線的な国境線が多くみられる。　問6　X～Z国は、X－ドイツ、Y－ポーランド、Z－イタリアである。

2　問1　平清盛は、後白河上皇の院政を助け、武士として初めて太政大臣になった。　問2　3代将軍、源実朝が暗殺されるという事件により幕府が混乱したのを見て、後鳥羽上皇は幕府打倒の兵を挙げたが、幕府の大軍の前に敗れ隠岐（島根県）に流された。この

承久の乱は年号が、前から読んでも後ろから読んでも1221なので暗記しておこう。　問3　資料1は、下に「建武年間記」とあるので、建武の新政から「後醍醐天皇」が浮かんでくる。これは「二条河原落書」と呼ばれ、試験によく出てくる。　問4　ア－南京条約（1842年）、イ－琉球王国（1429年）、ウ－モンゴル帝国（1206年）、エ－宗教改革（1517年）　問5　この法令は、1615年にだされた武家諸法度の一部。　問6　吉宗は享保の改革で、米の値段の安定に努め、新田の開発を進めた。また代官などに有能な人材を登用した。

3　問1　三権は、国会－立法権、内閣－行政権、裁判所－司法権。国務大臣は内閣総理大臣によって任命されるが、過半数は必ず国会議員の中から選ばれる。国務大臣の多くは、外務大臣、財務大臣などのように各省の長となる。　問2　予算はまず衆議院に提出される（予算の先議権）。資料1では、この予算案は衆議院を通過している。しかし、次の参議院では反対が賛成を上回っているので否決されたことになる。この場合、必ず両院協議会が開かれ、意見が一致しない場合は衆議院の議決が優先され、予算は成立する。このことを「衆議院の優越」と呼ぶ。　問3　国の主権が及ぶ領域は、領土、領海、領空からなる。領海の外には排他的経済水域がある。ただし、アの記述には主権が

及ぶとあるので、誤り。　**問4**　安保理では、常任理事国のうち1か国でも反対すると重要な問題について決議できないことになっており、これを拒否権という。国連をより国際社会の実状に合った組織にするために、常任理事国の数、拒否権の在り方など安保理改革が急務の課題となってきている。

4　**問1**　関東ロームは、関東平野の広い範囲に広がっている。　**問2**　北関東工業地域は、機械工業が最も盛んなので、aの記述は誤り。Y空港は、成田国際空港。ここは貿易額が輸出入とも全国1位である。　**問3**　A県は栃木県。当県のイチゴ栽培は有名である。出荷時期を早めるのが促成栽培であるが、逆に出荷時期を遅らせる抑制栽培も冷涼な地では行われている。　**問4**　火力発電に必要な燃料（石油、石炭、天然ガス）は、そのほとんどを海外から輸入している。「火力」の項目が圧倒的に大きいアは、海に面しているCの茨城県。水力発電では豊富な水を必要とする。「水力」の項目が一番大きいウは、河川の多いBの群馬県と判断できる。**問5**　都市機能が一極集中する東京には、郊外の多くの都市から通勤・通学してくる。そのため郊外の都市は夜間人口より昼間人口が少なくなる。略地図のF神奈川県の方が、E山梨県よりも多くの人々が東京に通っている。

5　**問1**　農地改革では、政府は地主の持つ小作地を強制的に買い上げ、小作人に安く売り渡した。　**問2(1)**　a－フランス、b－ロシア、c－ドイツ、d－イタリアである。第一次世界大戦時の欧州における、三国協商と三国同盟は入試によく出る。整理しておこう。　**問2(2)**　第一次世界大戦は1917年に始まり約4年余り続いた。その間の出来事は、米騒動（1918年）である。アの足尾銅山鉱毒事件－1889年問題となる。イの八幡製鉄所操業－1901年、エの南満州鉄道株式会社－1906年。　**問3**　地租改正では、①土地の所有者と価格（地価）を定め、地券を発行、②収穫高ではなく、地価を基準に課税、③税率は地価の3%。この①～③を暗記しよう。　**問4**　アの江華島事件は「日朝修好条規」締結のきっかけとなった事件。ウの三・一独立運動は、日本の植民地支配の下に置かれていた朝鮮で起こった反日運動。エの辛亥革命は、清朝をたおし、中華民国を成立させた革命。三民主義を唱えた孫文が中心となって起こした。　**問5**　4つのカードは、A－財閥解体、B－第一次大戦後の好況、C－地租改正、D－日清戦争と日本の産業革命に関しての記述。古い順に並べると、明治時代のC→日清戦争のD→第一次世界大戦のB→戦後GHQ占領のAとなる。

6　**問1**　納税者と担税者（負担する人）が一致する税金を直接税、一致しない税を間接税という。直接税には所得税、法人税、相続税などがある。間接税には消費税、酒税、関税などがある。　**問2**　市場経済のもとでは商品の価格は、消費者が買おうとする量（需要量）と、生産者が売ろうとする量（供給量）の関係によって決まる。①需要量＞供給量のとき、価格は上昇。②需要量＜供給量のとき、価格は下落。ここのレタスの話では、天候不順によりレタスの収穫量は減るので、①になる。つまり価格は高くなる。市場価格と需要供給の関係は、よく試験に出るのでしっかりまとめておこう。　**問3**　一般に為替レートは1ドル＝○○円と表現するので、ドルから円に換算するときは、単純な掛け算をすればよい。Ⅰは、$500 \times 110 = 55000$円、Ⅱは、$500 \times 100 = 50000$円である。1ドル＝100円から1ドル＝110円になると、1台500ドルのタブレットを買うのに、5万円出せばよいので、5千円安く買えることになる。つまり輸入には「有利」になる。逆も言えて、輸出には「不利」である。数字だけ見ると、110円→100円は、10円分減ったと見えるが、このことを表現としては「円高」という。この逆は「円安」である。まとめると、円高は輸入有利、輸出不利。円安は輸入不利、輸出有利である。TVのニュース番組の最後に、「今日の為替相場は…」と出てくるので、関心を持って、円高・円安の数字を追っかけてみよう。為替相場の実際の勉強になる。　**問4**　地球環境問題の解決には、国際協力が不可欠である。1997年、地球サミットで、温室効果ガス排出の削減を先進国に義務付ける京都議定書が採択され、さらに2015年には、産業革命の前からの気温上昇を、地球全体で2度未満に設定するパリ協定が採択された。資料1を実施することは車からでる二酸化炭素を削減することにつながる。　**問5**　不景気（不況）のとき→日本銀行は一般の銀行から国債を買う→銀行は貸し出せるお金が増える→企業はお金を借りやすくなる→生産活動が活発になる→景気が回復する。好景気（好況）のときは逆になる。日本銀行と景気の関係は、教科書の「公開市場操作」の項目をよく読んでまとめておこう。

英語 ●解答と解説

【解答・配点】

問題番号			解　答　例												配点(100)
1	A		No. 1	a 正 ⓪ b 正 ⓪ c ⓪ 誤											各3
			No. 2	a 正 ⓪ b ⓪ 誤 c 正 ⓪											
	B	No. 1	ウ		No. 2		イ								各3
	C	Part 1	ア	sister											
			イ	magazines											
			ウ	festival											各3
		Part 2	No. 1	ア		No. 2		イ							各3
			No. 3	I will take her to temples and shrines because I want her to become interested in traditional Japanese buildings.　など											4　31
2		①	ウ	②	オ	③	エ	④	ア						各3　12
3	問1	A	ア	B	エ	C	イ								各2
	問2	(1)	we need to get hot water to cook it　など												
		(2)	We should help each other　など												各3
	問3	エ													2
	問4	あ	2	い	3	う	afternoon								各2
	問5	エ													2
	問6	(3)	(略)												4
	問7	ア		オ											各2　30
4	問1	イ													2
	問2	It was really delicious　など													3
	問3	⑦	more	⑦	use	⑦	than								3
	問4	(第1文)	ウ → (第2文) ア → (第3文) エ → (第4文) イ												4
	問5	A	オ	B	エ	C	ウ								3
	問6	(a)	ア		(b)		イ								各2
		(c)	(略)												8　27

【解説】

1　リスニング

C-Part1 (大意) みなさん、こんにちは。今日、市内旅行の計画を立てます。

今年の夏、私の姉の Jenny が私のところに来て、2週間日本に滞在します。彼女は1週目を私たちの都市で過ごし、毎日異なることをやってみたいようです。

最初に姉について話します。彼女は大学生で日本のポップカルチャーや音楽に興味があります。彼女は日本の雑誌を読むのが好きで、アニメの大ファンです。彼女はピアノ、ギター、ドラムのような楽器を演奏するのも好きです。滞在中に、日本の楽器もいくつかやってみたいそうです。

私のプランを話します。初日に古い日本文化を楽しんで欲しく、いくつかの日本の伝統を見せます。夏祭りに彼女を連れていきます。彼女は文化の違いを経験してワクワクするでしょう。2日目には、町で一番大きい本屋に連れていきます。彼女はきっと気に入り、何時間もそこにいたがるでしょう。

私のプランはどうですか。隣の人とペアになり、私のプランをより良いものにしてください。10分あげ

ます。始めてください。

C-Part2 (大意)

D：やあ、Hiromi。Jenny に良いプランを作れるように、ベストを尽くそう。Brown 先生の案はどう思う？

H：夏祭りはエキサイティングなイベントだね。また、彼女はゆかたを着ることができるよ。私は着かたを知っているので、手伝おうと思う。彼女はそれを着ると似合うだろう。彼女が気に入ってくれればいいな。

D：彼女は楽器に興味があるのを覚えている？夏祭りに和太鼓のパフォーマンスがあるそうだよ。

H：本当？ Brown 先生はそれを聞いて喜ぶでしょう。

D：彼女に和太鼓をたたく経験してもらい、どのように演奏するか学ぶ機会を用意しようと思う。僕の祖父が伝統的な和太鼓の先生なんだ。週末に和太鼓を子どもに教えているよ。

H：それ、いいね。Jenny に教えてくれるように、おじいちゃんに頼んでくれる？

D：もちろん。私たちのプランは、きっと Jenny に喜んでもらえると思う。

H：クラスメートに言わなければね。

2　適する文を補充 (大意)

T：日本に来て2週間になりますね。どう？

L：とても気に入りました。日本の文化が好きです。特に和食。

T：和食？

L：はい。私の国の多くの人々は和食が好きです。英語でもワショクという単語が使われます。

T：なぜ和食はそんなに人気なの？

L：和食にはたくさんのいい点があるからです。

Y：知ってる！知ってる！和食は身体にいい。

M：砂糖や塩を必要以上に使っていないから、魚や野菜の本来の味を感じることができます。

T：季節ごとに違った種類の料理を楽しめるよ。

F：毎年、伝統的な行事で同じ料理を食べます。

Y：おせちのような。

F：そう。おせちを食べることで、私達は日本の伝統の重要さを思い出すのです。

L：私達も元旦に伝統的な中華料理を楽しんでいる。

M：あら、どの文化にも独自の食べ方があるのね。

T：そう、それを尊重しないといけない。

F：未来の世代にそれぞれの伝統を伝えることも重要だよ。

3　資料つきの対話文 (大意)

H：こんにちは、ベル先生。次の日曜日に避難訓練がある。[A. 知ってた？]

B：避難訓練？いいえ。誰でも行けるの？

K：ええ。ここに避難訓練のポスターがあります。私達は一緒に行きます。ベル先生も一緒に行きません

か？

B：ええ。どこでやるの？あら、ここに書いてあるね。この場所知らないわ。

S：私達は9時にみどり公園で会います。その時間までに来られるのなら、一緒に行けます。

H：お昼はどうする？

K：そうだね、途中のコンビニでサンドイッチを買っていこう。

B：[B．なぜ？] 見て。非常食に挑戦しましょう。

H：そうしよう。私達が挑戦できる食べ物ってどんな種類か知ってる？

K：いいえ。うーん…カップラーメン？

S：いいえ。私はそう思わない。 (1) 自由英作文

H：そうね、大きな自然災害の後でお湯を沸かすのは難しいかもしれない。とにかく、自然災害について知ることから始めましょう。

K：ベル先生、あなたの国ではよく自然災害って起こりますか？それらは違いますか？

B：はい。私の故郷についての話しかできませんが、私の経験から、ここの地震はより大きいと思います。①私が日本に来てから、大きな地震があったわ。とても驚いて、何をすべきか分かりませんでした。

S：そしたら、アクテビティ [あ．2] をしてみませんか？あなたは既に自然災害を経験しているけど、どうやって自分を守るかを学べてないわ。

B：[C．それはいい考えね。] そうする。このイベントでは4つアクティビティを選べる。何を選ぶ？

K：見てみよう。僕は AED に興味がある。AED がどのようなものなのか知りたい。

H：おお、あなたは AED を知らないのね。AED は人々の命を守るために使われるのよ。

K：もちろん知っているよ。でも、触ったことがないから、やってみたいんだ。

H：去年そのコースを受けたけど、もう一度やってみる。緊急のときは、 (2) 自由英作文 ．(中略)

H：私は駅に祖母に会いに行くことになっている。2時30分までに出なければならないよ。

S：スケジュールをチェックしよう。[う] のアクティビティ [い] に参加しない？

K：僕は良さそう。みんなはいい？

B：それなら、私は朝のアクティビティ5に参加しようと思う。緊急時に使える日本語を学びたい。②あなたは？見て！ポスターに質問がある。答えられる？

H：私の答えは次の通りです。 (3) 自由英作文

B：いいですね。その避難訓練に参加したら、緊急時に備えられますね。

問6 解答例：We should ask our parents to help us.　We cannot decide what to do.

4 資料つきの長文問題（大意）

冬休みに両親と祖母の家を訪ね、夕食のときに「ガチでうまい！」と言ったとき、両親は笑ったが、祖母は笑わず、「どういう意味？最初の意味が分からなかったわ。」と言った。私は答えた「 (1) 自由英作文 」と。彼女が「ガチ」という言葉の意味が「本当に」という意味だと知らなかったので驚いた。

インターネットで、グラフ1を見つけた。「ガチという言葉を聞いたことがありますか？」という質問に、70歳以上の約30%が聞いたことがないと答えた。①そして、高齢者より若い人々が「ガチ」という言葉を使う。40～49歳のほとんどが「ガチ」という言葉を聞いたことがあり、半分を超える人が使う。

若い世代と高齢世代で異なる言葉を使うということに気づいた。どのようにして人々は言葉を使うのか興味を持ち、勉強することを決めた。(2) ｳ今日、多くの人々は間違った意味でいくつかの日本語を使う。ｱ例えば、「やおら」というという言葉は「ゆっくりと」という意味だが、「早く」という意味だと彼らは考える。 ｴ同じく、高齢者にとっては、若者が使う言葉を理解するのが時々難しいと感じる。ｨこれらの理由から、多くの人々は、日本語は変わっていき、違う意味になっていくと考える。

②グラフ2は、日本語が正しく使われていると考える人の数を示す。1999年に、80%を超える人が、日本人が正しく言葉を使っていないと答えた。2019年には、3分の2がそのように答えた。その数はどんどん少なくなっている。理由は何だろう。今の人々は考えや意見を簡単にインターネットに書くことができることと、様々な言葉の使い方を目にする機会があるからかもしれないと文化庁は言う。

日本語は変わっていくが、悪くなっているのだろうか？若い人は高齢者が理解できない表現を使う。世界は変化している。毎日多くの新しいことが生み出され、多くの新しい言葉が創られ、私達の語彙選択に加えられる。

しかし、新しい言葉を使うときには、気をつけなければいけないことが一つある。あなたが話している相手が理解できないと思ったら、新しい言葉を使うべきではない。聞き手が理解できるように気をつけなければならない。コミュニケーションにおいて、一番重要なことである。(後略)

問6 (c) 解答例：First, we can talk with gestures. When we use gestures, we may say something without words.　Second, we can talk with pictures.　We can talk with elderly people and foreign people easily with gestures and pictures.

英語 ●放送による問題

〔チャイムⅠ〕　これから，聞くことの検査を始めます。問題用紙の1ページと2ページを見て下さい。（3秒）問題は，A，B，Cの3つに分かれています。英語は，すべて2回繰り返します。メモを取ってもかまいません。答えはすべて解答用紙に記入しなさい。（3秒）

それでは，Aの問題を始めます。Aでは，2つの場面の英文を読みます。それぞれの英文の後に質問とその答えを読みますから，答えが正しいか，誤っているかを判断して，記入例のようにマルで囲みなさい。なお，各質問に対する正しい答えは1つです。

では，始めます。

〔No. 1〕　**A:** Takashi, you and Hiroshi are good friends.
　　　　　B: Thank you, Aki.　We went to the same junior high school.
　　　　　A: I see.　How long have you known each other?

(間1秒)

Question:　What will Takashi say next?
　Answer:　**a**．Three times.
　　　　　　b．Every day after I came to this city.
　　　　　　c．For about 10 years.

繰り返します。

(Repeat)
(間2秒)

〔No. 2〕　**A:** I hope it will be sunny tomorrow because tomorrow is our sports day.
　　　　　B: It's cloudy today, but the weather report says it's going to be rainy tomorrow.
　　　　　A: Really?　That's too bad.
　　　　　B: If it's rainy tomorrow, we will have some activities in the gym.

(間1秒)

Question:　How is the weather today?
　Answer:　**a**．It is sunny.
　　　　　　b．It is cloudy.
　　　　　　c．It is rainy.

繰り返します。

(Repeat)
(間2秒)

次に，Bの問題に移ります。Bでは，2つの場面の英文を読みます。それぞれの英文の後に質問を読みますから，問題用紙にあるア，イ，ウ，エから正しい答えを1つずつ選び，その符号を書きなさい。

では，始めます。

〔No. 1〕

　　A: I'd like two pieces of fried chicken and a salad, please.
　　B: Would you like anything to drink?
　　A: Do you have apple juice?
　　B: Yes.
　　A: I'll take it.
　　B: That'll be eight dollars in total.

(間1秒)

Question:　What will the woman buy?

繰り返します。

(Repeat)
(間2秒)

〔No. 2〕

　　A: Mark, would you like to go to the library to study with me this week?
　　B: Hi, Emi.　Well, I have basketball practice on Monday, Wednesday and Friday.　How about Tuesday?
　　A: I'm sorry.　I have a piano lesson on Tuesday.
　　B: OK, well. . .　I have time on Thursday after school.
　　A: Thank you.　I'll meet you in the library, then.

(間1秒)

Question:　Which one is Mark's schedule for this week after the dialog?

繰り返します。

(Repeat)
(間2秒)

— 30 —

次に，**C**の問題に移ります。**C**では，ALT や生徒が授業中に話している場面の英文が流れます。なお，**C**は，**Part 1** と **Part 2** の，2つの問題に分かれています。

それでは，**Part 1** を始めます。**Part 1** では，ALT のブラウン（**Brown**）先生の，授業の始めの場面の英文が流れます。放送を聞きながら，表の**ア**，**イ**，**ウ**のそれぞれの空欄に当てはまる適切な英語を書きなさい。
では，始めます。

Hello, everyone. Today we are going to make a plan to travel around our city.

This summer, my sister, Jenny, will come and visit me and stay in Japan for two weeks. She is planning to spend her first week in our city and wants to try different things every day.

First, I'm going to tell you about my sister. She is a university student and is interested in Japanese pop culture and music. She likes reading Japanese magazines and she is a big fan of anime. She also likes playing some instruments such as piano, guitar and drums. She wants to try some Japanese instruments during her stay in Japan.

Now, I'll tell you about my plan. On the first day, I want her to enjoy old Japanese culture and will show her some Japanese traditions. I will take her to the summer festival. She will be excited to experience cultural differences. On the second day, I'll take her to the biggest bookstore in our city. I'm sure she will like it and want to stay there for many hours.

What do you think about my plan? Please make a pair with the person next to you and make my plan better. I'll give you ten minutes. Let's start.

繰り返します。

(Repeat)
(間3秒)

次に，**Part 2** に移ります。**Part 2** では，大樹（**Daiki**）さんと広美（**Hiromi**）さんが，ブラウン（**Brown**）先生の説明を聞いた後に話し合っている場面の英文が流れます。そのあと，**No. 1** から **No. 3** まで3つの質問を読みますから，問題用紙の指示に従ってそれぞれ書きなさい。
では，始めます。

Daiki: Hi, Hiromi! Let's do our best to make a good plan for Jenny. What do you think about Mr. Brown's plan?
Hiromi: Well, the summer festival is an exciting event. Also she can enjoy wearing yukata. I know how to wear it, so I will help her. I think she will look good in it. I hope she will like it.
Daiki: Do you remember that she is interested in instruments? I hear there are performances by a Japanese drum team in the summer festival.
Hiromi: Really? Mr. Brown will be happy to hear that.
Daiki: I will give her a chance to experience the Japanese drums and learn how to play them. My grandfather is a teacher of traditional Japanese drums. He teaches children traditional Japanese drums every weekend.
Hiromi: That's great. Could you ask him to teach her how to play them?
Daiki: Of course. I'm sure our plan will make her happy.
Hiromi: I think we should tell our classmates about our ideas.

(間3秒)

Question:
〔**No. 1**〕 What is Hiromi's idea to make Jenny happy in the summer festival?
Answer: **ア**．She thinks Jenny should wear a yukata in the summer festival.
イ．She thinks Jenny should watch performances by a Japanese drum team.
ウ．She thinks Jenny should try different things every day.

(間2秒)

〔**No. 2**〕 Who will teach Jenny how to play the Japanese drums?
Answer: **ア**．A member of a Japanese drum team will.
イ．Daiki's grandfather will.
ウ．She will learn it by herself.

(間2秒)

〔**No. 3**〕 If Mr. Brown asks you to make a plan for the third day, where will you take her?
And why will you take her there?

(間5秒)

繰り返します。

(Repeat)
(間5秒)

以上で，聞くことの検査を終わります。〔**チャイムⅡ**〕

— 31 —

数学 ●解答と解説

【解答・配点】

問題番号		解答例	配点
1	(1) ア	7	3
	イ	-11	3
	ウ	$\frac{3}{2}y^2$	3
	エ	$\frac{a+7b}{9}$	3
	オ	$5\sqrt{2}$	3
	(2)	$y=\frac{6}{x}$	3
	(3)	8 個	4
	(4)	27π cm²	4
	(5)	ウ	4　30
2	(1)	6 通り	3
	(2)	〔符号〕 ア	

〔選んだ理由〕
p について
玉の取り出し方を
すべてあげると
(●, ①)　(①, ②)
(●, ②)　(①, ③)
(●, ③)　(②, ③)

求める確率は
$p=\frac{1}{2}$

q について
赤玉が出る場合を○,
赤玉が出ない場合を×
としてまとめると

	●	①	②	③
●		○	○	○
①	○	×	×	×
②	○	×	×	×
③	○	×	×	×

求める確率は $q=\frac{7}{16}$
よって $p>q$　　7　10

問題番号		解答例	配点
3	(1)	9 倍	3
	(2)	13 秒後	4
	(3)	〔グラフ〕	

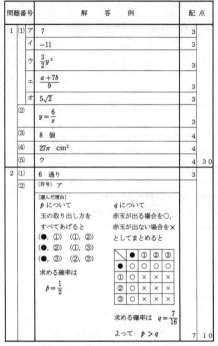

〔計算〕
グラフは、傾きが $\frac{15}{4}$ で、$(10,25)$ を通ることから
$y=\frac{15}{4}x-\frac{25}{2}$ となる。$y=0$ を代入して $x=\frac{10}{3}$
〔答〕 $\frac{10}{3}$ 秒後　　7　14

4			

〔方程式と計算〕
大きいプランターを x 個, 小さいプランターを
y 個とすると
$\begin{cases} x+y=45 \\ 6x+2y+2y=216 \end{cases}$
　　　　　（計算は略）
〔答〕 スイセンの球根　162 個
　　　チューリップの球根　54 個　　10　10

5			8　8

問題番号		解答例	配点
6	(1)	ア, エ	3
	(2)	正四角錐OABCDの体積：直方体 EFGH-IJKLの体積 = 64：9	4
	(3)		

〔計算〕
$PQ=QR=RP=2\sqrt{2}$
Pから辺OBに垂線をひき, その交点をSとすると
△PSBは、PB=2, BS=1, PS=$\sqrt{3}$
$RS=\sqrt{PR^2-PS^2}=\sqrt{(2\sqrt{2})^2-(\sqrt{3})^2}=\sqrt{5}$
よって　RB=BS+RS=$1+\sqrt{5}$
〔答〕$(1+\sqrt{5})$ cm　　7　14

7	(1)	55 度	3
	(2)	〔証明〕	

△ABEと△DCBにおいて
$\overparen{BE}$ に対する円周角は等しいから
　∠BAE=∠CDB…①
$\overparen{AB}$ に対する円周角は等しいから
　∠AEB=∠ADB
AD//BCより, 錯角は等しいから
　∠ADB=∠DBC
よって　∠AEB=∠DBC…②
①, ②より, 2組の角がそれぞれ等しいから
　△ABE∽△DCB　　5

(3) 〔計算〕
直線AEの延長線と直線BCの延長線との交点を
Gとする。
△AED∽△GECより
　AD：GC=ED：EC=2：1
△AFD∽△GFB, BC=2ADより
　DF：BF=AD：GB=2：5
△ABD=$\frac{7}{2}$×△AFD=14
△DBC=2×△ABD=28
よって　求める面積は　△ABD+△DBC=42
〔答〕42 cm²　　6　14

【解説】

1.

(1) ア 与式=$6+1=7$
　　イ 与式=$4-15=-11$
　　ウ 与式=$\frac{9xy^3}{4}\times\frac{2}{3xy}=\frac{3}{2}y^2$
　　エ 与式=$\frac{4a+b-3(a-2b)}{9}=\frac{4a+b-3a+6b}{9}$
　　　　　$=\frac{a+7b}{9}$
　　オ 与式=$4\sqrt{2}+\frac{2\times\sqrt{2}}{\sqrt{2}\times\sqrt{2}}=4\sqrt{2}+\sqrt{2}=5\sqrt{2}$

(2) 反比例の基本式　$y=\frac{a}{x}$
　　$a=xy$より$a=3\times2=6$　$y=\frac{6}{x}$

(3) $4<\sqrt{n}<5$より$\sqrt{16}<\sqrt{n}<\sqrt{25}$
　　$n=17,18,19,20,21,22,23,24$で8個

(4) 球の表面積$S=4\pi r^2$
　　$4\pi\times3^2\times\frac{1}{2}+\pi\times3^2$
　　$=18\pi+9\pi=27\pi$㎠

(5) 6人目が1匹, 7人目が2匹なので
　　中央値は$\frac{1+2}{2}=1.5$匹

2.

(1)
1回目　2回目
①〈②③
②〈①③
③〈①②　　6通り

3.

(1) yはxの2乗に比例するので
　　$3^2=9$倍

(2) Bさんが進む距離は$y=\frac{7}{4}x$
　　$\frac{1}{4}x^2+\frac{7}{4}x=65$　$x^2+7x-260=0$
　　$(x+20)(x-13)=0$　$x=13$

4.

大きいプランターをx個, 小さいプランターをy個とすると,
$\begin{cases} x+y=45 ——① \\ 6x+2y+2y=216 ——② \end{cases}$
②×$\frac{1}{2}$　　$3x+2y=108$
①×2　－)$2x+2y=90$
　　　　　$x\quad=18$ ——③
③を①に代入　$18+y=45$
　　　　　　　　　　　$y=27$

5. ②の条件より∠CABの2等分線を引く。

③の条件を満たすには、正方形の対角線を作れば
$1:\sqrt{2}$ の関係ができる。

点Bから垂線を引き、線分ABの長さをとって、
点Aからそこまでの長さが$\sqrt{2}$ABになる。

最後に点Aからその長さを2等分線上にとり、
そこが点Pとなる。

6.

(2) OE:EA＝1:3より

OE:OA＝1:4

△OEF∽△OABより

EF:AB＝1:4

正四角錐OABCDの高さを4とすると、直方体
EFGH-IJKLの高さは3になる。

正四角錐の体積:直方体の体積
$4 \times 4 \times 4 \times \dfrac{1}{3} : 1 \times 1 \times 3$
$\qquad =64:9$

(3)

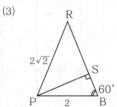

PQ＝PR＝RQ＝$2\sqrt{2}$

Pから辺OBに垂線をひき、その交点をSとする。

△PBSはPB＝2、BS＝1

PS＝$\sqrt{3}$ となる。

$\quad$RS＝$\sqrt{(2\sqrt{2})^2-(\sqrt{3})^2}=\sqrt{5}$

$\quad$RB＝RS＋SB＝$\sqrt{5}+1$

7.

(1) △ABOは二等辺三角形で底角が等しいので

∠ABO＝35°$\quad$よって∠AOB＝110°

∠ADBは$\overset{\frown}{AB}$の円周角より110°$\times\dfrac{1}{2}$＝55°

(3) 直線AEの延長線と直線BCの延長線との交点を
Gとする。

△AED∽△GECより

$\quad$AD:GC＝ED:EC＝2:1

△AFD∽△GFB$\quad$BC＝2ADより

$\quad$DF:BF＝AD:GB＝2:5

△AFDと△AFBはとなり合った三角形で底辺の
比が2:5より△AFBの面積は10になる。

△AFD:△DBC$\quad$面積比
$1 \times 2 \times \dfrac{1}{2} : 2 \times 7 \times \dfrac{1}{2}=1:7$

$\qquad$△DBC＝4×7＝28

台形ABCD＝△AFD＋△AFB＋△DBC＝4＋10＋28
$\qquad\qquad\qquad =42$

国語 ●解答と解説

【解答・配点】

問題番号	解答例	配点
一 問1	(1) あ（み物）　(2) さいすん　(3) あざ（やか）　(4) けいこく	各2
一 問2	(1) 季節　(2) 預（ける）　(3) 招（く）　(4) 操縦	各2
二 問1	足	2
二 問2	人の笑顔を見て生きる	3
二 問3	羽二重餅の味を今までどおりでいくことと、自分が作った小松菜の味噌汁との関係がわからなかったから。	6
二 問4	ウ	3
二 問5	イ	4
二 問6	イ	4
二 問7	おいしいものを作るだけでなく、羽二重餅を食べることで甦る客の思い出を奪わないために、同じ味を守り続けるということ。	7
三 問1	エ	2
三 問2	イ	3
三 問3	限られた時間のなかで答えが出る問い	3
三 問4	ウ	4
三 問5	自分の目と手で得た一次情報と違い、他人の手を通って加工された情報。	2
三 問6	I　言語的生産物　　II　非言語情報をインプットして、そのまま非言語情報として、相手に伝わるようにアウトプットするやりかたがあってもよい	6
三 問7	インプットした情報を、誤解の余地のない表現で、ゆるぎのない論理構成のもと、根拠を示して相手を説得する技術を使って、他者と共有できるように、アウトプットすること。	7
四 問1	おもいて	2
四 問2	イ	2
四 問3	ア	3
四 問4	A　寺の中に皮を使ったものを入れることを禁止する　　B　寺の中に皮を使った太鼓がある　　C　太鼓のばち	2・4・3・2
五	（略）	10

配点（小計）：五 10／四 15／三 30／二 29／一 16　＝　配点 (100)

【解説】

一　漢字

その他マスターしておきたい漢字

あみもの　　□編み物　・へんしゅう　□編集
さいすん　　□採寸　・さんさいとり　□山菜採り
＊寸法を図ること
あざやか　　□鮮やか　・しんせん　□新鮮
けいこく　　□渓谷　・けいりゅう　□渓流
＊谷もしくは山に挟まれた川のある場所・地形
きせつ　　　□季節　・きご　□季語
あずける　　□預ける　・よきん　□預金
まねく　　　□招く　・しょうたい　□招待
そうじゅう　□操縦
じゅうおうむじん　□縦横無尽　あやつる　□操る

二　小説

※落としてはいけない「基本問題」。
問1、2、4、5、6
★登場人物、対話が多い小説が出題される傾向が強くなっている。誰の発言か押さえるため人物名にしるしをつけながら読むことをお勧めする。
人物・場面
米田社長　秘書まりあ　岡本に昼食を出す
岡本　羽二重餅　改良中
問1【慣用句】「足を棒にする」

問3【理由を問う問題】50字記述。「②の4行前」「②の4行後」を字数に合わせ書く。
問4【語彙】「杞憂」
問5【心情を問う問題】「あなたの味噌汁が教えてくれた。ありがとう」に対しての謙遜。
問6【理由を問う問題】岡本社長の奥さんが「インスタント」だったことを覚えていて、まりあが即座に返答した。
問7【理由を問う問題】60字記述。
コツ1：条件を守る。
「和菓子職人として〜気づいたからか」
コツ2：キーワードを見つける。
「変わらない味　同じ味　変えちゃいけない」
「記憶そのものが蘇る」
「客の思い出を奪っちゃいけない」
コツ3：字数（60字×8割以上）。

三　論理的文章

※落としてはいけない「基本問題」。
問1、2、5
問1「外の部分」「青い空」上の文字が下の文字を修飾
「道＝路」「席に着く」「善⇔悪」
「キーワード」から全体把握

起
情報はノイズから生まれる
承 問2

ノイズとは？

自明な領域 縮小	疑問　ひっかかり ←グレーゾーン拡大→	疎遠な領域 縮小

転 「問い」「答えの出る問い」「手に負える問い」
問3　②四行後「限られた時間のなかで答えが出る
問い」「情報」
問5
一次情報　経験　自分の目と手で得た情報
二次情報　他人の手　加工
問6【理由を問う問題】60字記述。
研究とは…言語生産物　言語情報をインプット
　言語情報を生産物としてアウトプット
しかし
非言語情報をインプット　非言語情報としてアウト
プットするやりかたもあってよい
結　問7　80字記述。
学問　伝達可能な共有材
情報が共有材になるために
遡って探すと3段落前に見つかる
○誤解の余地のない表現
○ゆるぎのない論理構成
○根拠を示して相手を説得する技術
○アウトプットが相手に伝わる
四　古文
★登場人物を抑えよう。
一休、旦那
★省略されている主語を補いながら読む。
★「歴史的仮名遣い→現代仮名遣い」
「ゐ・ゑ・を」→「い・え・お」
「ぢ・づ」→「じ・ず」
語頭以外「は・ひ・ふ・へ・ほ」
→「わ・い・う・え・お」
「くわ・ぐわ」→「か・が」「む」→「ん」
「ア段＋ふ（う）→「オ段＋う」
「イ段＋ふ（う）→「イ段＋ゅう」
「エ段＋ふ（う）→「オ段＋ょう」
例　「けふ→きょう」「てふ→ちょう」
★「古今異義語」覚えよう
「年ごろ」長年、「つとめて」早朝
「あやし」不思議だ「うつくし」かわいい
「かなし」いとしい「ありがたし」珍しい
「あはれ」しみじみとした趣がある
「をかし」趣がある「なつかし」心ひかれる
「ののしる」騒ぐ　「ゐる」座っている

一休は、幼い時から、賢い人だったとか。
教養ある旦那がいて、いつもやって来て和尚から仏
教を学ぶなどしては、一休の利発なのを心地よく
思って、時々冗談を言って、問答などした。
ある時、例の旦那が皮のはかまを着てきたのを、一
休が門外でちらっと見て、中へ走り入って、薄い板
に書きつけ、立てた「この寺の中へ皮の類は堅く禁
止する。もし革のものが入る時には、その身に必ず
ばちがあたる」と書いて置いた。
例の旦那はこれを見て、「皮の類にばちがあたるな
らば、寺の太鼓はどういたしましょう」と申し上げ
た。一休はお聞きになり、「それだから、夜昼三度
ずつ「ばち」があたる、あなたへも太鼓の「ばち」
を当てましょう、皮のはかまを着ていらっしゃるの
で」とおどけて言われた。

五　作文
複数の資料から、条件を満たして書く。
■目標時間「八分」
採点基準例
○百五十字未満…0点、百八十字未満…3点減点
○条件守られていない（「だ・である」調になって
いない）…3点減点
○原稿用紙のルール違反（段落最初の一マス目など）
○話し言葉
○主語と述語が合っていない。
○誤字脱字など　各減点1点
解答例
　私は石川さんの考えに賛成だ。私も今までサッ
カー、陸上競技、テニスと2年周期くらいで、いく
つかの習い事をしてきた。「時は金なり」というこ
とわざがある。好きでもないことに時間を使うより、
そのとき興味がある、やってみたいことに挑戦して
いくことは、変化の早い現代にはふさわしいのでは
ないだろうか。
　また、いくつものことに挑戦したおかげで、知識
も人脈も広がっている。よって私は石川さんに賛成
である。

　私は石川さんと別の考えだ。幼稚園から日本舞踊
を続けている。好きで始めたが、高学年の頃、上達
が遅く、飽きが出てきた。母に相談すると、「少し
考えてみたら」と言われた。そんな時、留学生に舞
踊を見せる機会があった。私は工夫して踊ってみた。
すると、心に変化が起き、今まで見えていなかった
世界に気づいたのである。それからは練習にも違っ
た態度で臨めている。「石の上にも三年」そして五年、
十年。一つのことを続けていると見えてくるものが
あると考える。

理科 ●解答と解説

【解答・配点】

問題番号			解　答　例	配点	
1	問1	(1)	堆積岩	2	
		(2)	ウ	2	
	問2	(1)	エ	2	
		(2)	食物網	2	
	問3	(1)	中性子	2	
		(2)	イ	2	
	問4	(1)	重さ	2	
		(2)	イ	2	16
2	問1		合弁花類	2	
	問2		イ	2	
	問3	(1)	対照実験	2	
		(2)	あ　エ		
			い　引火しやすい	4	
		(3)	ア	2	
		(4)	光合成で取り入れられた二酸化炭素の量の方が、呼吸によって出された二酸化炭素の量よりも多かったから。	4	16

問題番号			解　答　例	配点	
3	問1		ウ	2	
	問2	(1)	試験管Bに集めた気体には、試験管Aの中にあった空気が多く混ざっているから。	3	
		(2)	(気体)　水素	3	
			(化学変化後の物質)　水	3	
	問3	(1)	0.3 g	3	
		(2)	2Mg ＋ O₂ → 2MgO	3	
	問4	あ	マグネシウム		
		い	炭素		
		う	銅	4	18
4	問1		(光の)屈折	2	
	問2		ア	2	
	問3	(1)	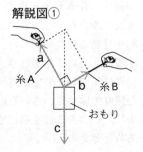	3	
		(2)	ウ	3	
	問4		ア、イ、ウ	3	
	問5		光A、Bはともに凸レンズの軸に平行な方向へ進む。	4	17

問題番号			解　答　例	配点	
5	問1		月食	2	
	問2	①	エ		
		②	ア		
		③	地球の周りを公転している	5	
	問3	(1)	黄道	2	
		(2)	地球から見て、おうし座と太陽が同じ方向にあるから。	4	
		(3)	ウ	3	16
6	問1	(1)	ビーカー表面付近の空気の温度が露点よりも下がったから。	3	
		(2)	融点	2	
		(3)	水が氷になるときに、質量が変わらずに体積が大きくなり、氷の密度が水の密度より小さくなるから。	3	
	問2	(1)	20 %	3	
		(2)	ア、イ	2	
		(3)	(符号)　エ		
			(理由)　力のつり合いより、aは物体Xにはたらく重力の大きさから垂直抗力の大きさを引いたものであり、b、cは物体Xにはたらく重力の大きさに等しいから。	4	17

【解説】

1 [小問集合]

問1 (1)土砂などが押し固められてできた岩石を堆積岩という。堆積岩には、れき岩、砂岩、泥岩、石灰岩、チャート、凝灰岩がある。

(2)砂岩の粒の大きさは0.06～2mm。これより粒が大きければれき岩、小さければ泥岩。

問2 (1)草食動物が減ると、それをエサとしていた肉食動物は減り、草食動物のエサであった植物は増える。肉食動物が減り、植物が増えると、草食動物は増える。草食動物が増えると、肉食動物は増え、植物は減る。

(2)食物連鎖によって生物同士が網のようにつながっている状態を食物網という。

問3 (1)原子核は陽子と中性子でできている。陽子は＋電気を帯びているが、中性子は電気をもたない。

(2)カリウム原子(K)は電子を1個失って、カリウムイオン(K⁺)になる。

問4 (1)物体にはたらく重力の大きさを重さという。そのため、地球と月のように重力の大きさが異なる場所では重さも異なる。質量との違いに注意。

(2)糸の結び目にはたらく3つの力を作図すると解説図①のようになる。力を表す矢印が長いほど、その力は

解説図①

大きい。

2 [光合成と呼吸]

問1 タンポポのように花弁がくっついている植物を合弁花、サクラのように離れている植物を離弁花という。

問2 ルーペは目に近づけて持ち、動かさない。観察したい花を動かすか、頭とルーペを動かしてピントを合わせる。

問3 (1)条件を一つだけ変えて行う実験を対照実験という。実験結果が異なれば、その原因は一つだけ変えた条件であるといえる。「対照」の漢字に注意。

(2)葉の緑色を抜くことでヨウ素液による色の変化を見やすくする。エタノールは燃えやすいので、エタノールは直接加熱せずに湯煎する。

(3)葉のデンプンを無くすために、実験を始める前に一昼夜程度暗室に置く。その間に、葉にあるデンプンは糖に変わり、師管を通って植物体の各部へ運ばれる。

(4)Aのタンポポの葉は光を受けたので、呼吸より光合成を盛んに行う。その結果、水溶液中の二酸化炭素が減少した。

3 [いろいろな化学変化とマグネシウム]

問1 硝酸(HNO₃)は水素原子、窒素原子、酸素原子からできている。アンモニア(NH₃)は窒素原子と水素原子から、水酸化ナトリウムは(NaOH)はナトリウム原子、酸素原子、水素原子からできている。

問2 (1)試験管Aからは初めに空気がでてくる。

(2)試験管Aではマグネシウムが塩酸に溶けて水素が発

生する。

$$Mg+2HCl \rightarrow MgCl_2+H_2$$

試験管Cでは水素が酸化銅から酸素を奪い、水になる。

$$CuO+H_2 \rightarrow Cu+H_2O$$

問3 (1)3回目の加熱以後、最終的にマグネシウム1.2g には酸素が0.8g化合している。したがって、マグネシウムと酸素の質量比は、1.2:0.8=3:2である。1回目の結果では質量が0.6g増えているが、これは酸素が0.6g化合したからである。酸素0.6gと化合するマグネシウムをx〔g〕とすると、

　　x:0.6=3:2　　x=0.9

したがって、酸化していないマグネシウムは、

1.2 − 0.9=0.3〔g〕。

(2)マグネシウム原子 (Mg)2個が酸素分子 (O_2)1個と反応して酸化マグネシウム (MgO)2個になる。

問4 実験Ⅲでは二酸化炭素がマグネシウムに酸素を奪われている。したがって、マグネシウムは炭素より酸素と結びつきやすい。また、二酸化炭素は銅に酸素を奪われていない。したがって、炭素は銅より酸素と結びつきやすい。よって、酸素との結びつきやすさは、マグネシウム>炭素>銅の順になる。

4 [凸レンズと像]

問1 境界面で光が折れ曲がることを、光の屈折という。

問2 凸レンズによってスクリーン上に映る像を実像という。カメラはフィルム上に実像を映し感光させている。

問3 (1)実像は上下左右が逆に映る。

(2)レンズを通る光の量が少なくなるので、実像は暗くなる。

問4 レンズから焦点距離の2倍離れた位置に物体を置くと、反対側のレンズから焦点距離の2倍離れた位置に実像ができる。実験Ⅰの結果から、焦点距離の2倍の距離が20cmだとわかるので、レンズの焦点距離は10cm。物体が焦点より遠いところにあると、実像ができる。

問5 焦点を通ってきた光になるので、レンズで屈折した後、レンズの軸に平行に進む。[解説図②]

解説図②

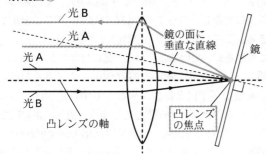

5 [月と星座の動き]

問1 月が地球のかげに入り、月が暗くなる現象を月食という。

問2 地球の自転の影響で、1日の間では月は東から南の空を通って西へ移動する。月の公転の影響で、同じ時刻に観察すると月は西から南を通って東へ移動する。

問3 (1)天球上の太陽の通り道を黄道という。

(2)おうし座と太陽が同じ方向にあるので、太陽の光が明るすぎておうし座が見えない。

(3)観察Ⅱの月は上弦の半月である。上弦の半月は日没ごろに南の空に見える。この日の日没ごろ南の空に見える星座は、3か月後には太陽と同じ方角になる。[解説図③]

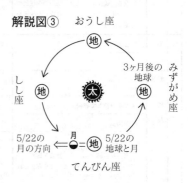

解説図③

6 [融合問題]

問1 (1)ビーカーの周りの空気が冷やされて露点に達し、空気中の水蒸気が凝結して水滴になったと考えられる。

(2)固体が融けて液体になる温度を融点という。

(3)図3から、水が氷になると体積が増えるとわかる。同じ質量で体積が大きいと密度は小さくなる。密度の小さい物体は、密度の大きな液体に入れると浮く。

問2 (1)溶液全体の質量が200+50=250〔g〕。溶質の質量が50gだから、$\frac{50}{250}×100=20$〔%〕

(2)ア．食塩は電解質なので、食塩水には電流が流れる。イ．ろ紙は液体に溶けていない固体をこしとるが、液体に溶けている溶質はこしとれない。ウ．食塩水は中性なので、塩酸などの酸性の水溶液とは異なり、金属を入れても溶けるとは限らない。エ．食塩は無機物なので、加熱してもこげない。

(3)図4では浮力が物体の重さより小さいので、物体が底についている。図5、図6では物体が底につかずに静止しているので、浮力と物体にはたらく重力がつりあっている。[解説図④]

解説図④

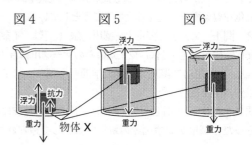

社会 ●解答と解説

【解答・配点】

大問1

問題番号	解答例	配点	
1 問1	太平洋	2	
問2	イ	2	
問3	プランテーション	2	
問4	イ｜ウ	3	
問5	降水量の少ないb川流域に、c川の水を送ることができるようになったため。	3	
問6	先住民にとって神聖な場所であるウルルを守ることが、その文化を尊重することになり、観光客の減少を防いで先住民の収入を確保することが、自立した生活を可能にすることになるから。	5	17

大問2

問題番号	解答例	配点	
2 問1	(1) 松平定信	2	
	(2) エ	2	
問2	(都) 平城京		
	(符号) エ	2	
問3	領地を分割して相続する方法。	3	
問4	(1) 分国法	2	
	(2) I ウ		
	II 座の廃止により、営業を認めるかわりに納めさせていた年貢をとれなくなった	4	
問5	B → C → D → A	3	18

大問3

問題番号	解答例	配点	
3 問1	秘密	2	
問2	イ	2	
問3	議員1人あたりの有権者数について、法の下の平等に反するおそれのある差が生じること。	3	
問4	ウ	3	
問5	I 投票率の低い若い世代の投票率を上げる		
	II ・これまで以上に若い世代の意見が政治に反映される ・これまで以上にいろいろな世代の意見が政治に反映される　　など	5	15

大問4

問題番号	解答例	配点	
4 問1	(1) 大陸棚	2	
	(2) 黒潮（または日本海流）	2	
問2	a ○｜b ×	2	
問3	豚肉の品質が保証されることで、消費者に選ばれやすくなるから。	3	
問4	(1)(名称) シラス台地		
	(理由) 水分を保ちにくいから。	3	
	(2) 農産物の輸送にフェリーを使うことで、トラック運転手の労働時間のルールを守りながら、関東や近畿などの遠方の大消費地に出荷できるようにすること。	5	17

大問5

問題番号	解答例	配点	
5 問1	土地｜人民	2	
問2	(1) イ	2	
	(2)(符号) イ		
	(国名) フランス、ドイツ	3	
問3	ワシントン会議	2	
問4	ウ	2	
問5	A地域が独立した国であること。	3	
問6	沖縄がアメリカの統治下から日本に復帰することになり、沖縄の人々がこれまで保有していたドルを円に交換する際、円高であると、財産が減少すること。	4	18

大問6

問題番号	解答例	配点	
6 問1	公害	2	
問2	ア	2	
問3	労働者が使用者と対等な立場に立てるようにするため。	3	
問4	(1)(符号) ウ		
	(理由) 1960年度と比べて高齢化が進んでおり、年金などに関する支出が増えているから。	4	
	(2)(田中) ア		
	(松本) イ	4	15

【解説】

1 問1 略地図1には東南アジアとオーストラリアがあるのでXは太平洋。三大洋は大きい順に太平洋、大西洋、インド洋である。

問2 日本の標準時子午線は東経135度で兵庫県明石市を通っている。

問3 A国はインドネシア。プランテーション（大農園）は、植民地時代に天然ゴムやコーヒーなどを大規模に栽培するために造られた。

問4 B国のタイは、稲作がさかんで、米の輸出量は世界最大。混合農業は間違い。C国のマレーシアでは現在、機械類が最大の輸出品目。D国のオーストラリアは鉱山資源に恵まれていて、露天掘りもある。E国はニュージーランド。パンパはアルゼンチンの広大な草地のこと。

問5 c川のある山脈の東側は降水量が多く、内陸部にあるb川流域は非常に乾燥している。

問6 オーストラリアは欧州からの移民が多くを占めていた時代から、今日多様な民族が共存しそれぞれの文化を尊重する多文化社会を築こうとしている。

2 問1 ア公事方御定書－徳川吉宗（8代）、イ参勤交代－徳川家光（3代）、ウ生類憐みの令－徳川綱吉（5代）。松平定信は湯島に昌平坂学問所を創り、朱子学以外の学問を禁じた。

問2 710年、奈良盆地の北部に、唐の都の長安にならった平城京が律令国家の新しい都として造られた。

ア～エは京都、兵庫、大阪、奈良なのでエが正解。

問3 相続されたものは領地（土地）。分割で相続がなされると子孫に受け継がれるごとに領地は小さくなり、収入は減っていく。

問4 資料2の楽市とは、公家や寺社に納める税を免除し、座の特権を廃止するということ。織田信長は、この楽市楽座の政策により自由な商工業の発展を図った。

問5 A（寛政の改革）－江戸時代、B（大宝律令）－701年、C（元寇）－鎌倉時代、D（戦国大名と分国法）－戦国時代。古いものから順に、B－C－D－Aとなる。

3 問1 現在の選挙は、18歳以上のすべての国民が選挙権を得るという普通選挙。他に一人一票の平等選挙、代表を直接、投票で選ぶ直接選挙、どの政党や候補者に投票したのかを他人に知られない秘密選挙（資料1）がある。

問2 第一審の判決に納得できない場合、第二審の裁判所に控訴し、さらに不服があれば上告することができる。ここでは、最後の段階の裁判を行う最高裁判所に判断を仰いでいることから、Zには上告が入る。

問3 一人の議員が当選するために、たくさんの投票が必要な選挙区と得票が少なくてすむ選挙区があると、一票の価値に差が生じてしまう。近年、衆議院で最大2.016倍、参議院で最大2.967倍の選挙があった。

問4 法律案の議決では、衆議院が「出席議員の3分

の2以上」の多数で再可決したとき、法律は成立する。
420 × 2/3 = 280

問5 資料3から10代、20代の投票率は他の世代より低いことが読み取れる。また資料2の模擬選挙、期日前投票所、SNSは若者を対象にしている。この点をＩとⅡにまとめる。

4 問1 陸地の周辺にあり、深さ約200mまでのゆるやかに傾斜する海底を大陸棚という。Ｘ海流は黒潮、日本海流どちらでもよい。

問2 養殖漁業は、魚や貝などを一定のせまい水域で育てて、大きくなったらとる漁業。栽培漁業は卵から育てた後、川や海に放流し、大きくしてからとる漁業。違いを確認しておこう。

問4 (1) 九州南部（宮崎県、鹿児島県）はシラス台地が広がり稲作に向かず、畑作や畜産（肉牛、豚、鶏）が盛んである。(2) 資料のポイントをすばやくつかむ。資料2では宮崎港と神戸港間は、トラックごと乗船するフェリーでの輸送になっている。資料3ではトラック運転手に対するルールから分かるように、農産物の県外への出荷には、労働時間と輸送距離の問題を解決しないといけない。資料4では、九州以外で、特産物の最大の出荷先は関東であることが分かる。以上のポイントを踏まえ記述する。

5 問1 明治新政府は、全国統一を進めるため藩主に土地（版）と人民（籍）を政府に返させた。

問2 (1) アの三国協商はイギリス、フランス、ロシアの間に結ばれた。日本は三国協商側に立った。イの三国同盟はドイツ、オーストリア、イタリアの間で結ばれた軍事同盟。イタリアはのちにオーストリアと領土問題で対立し離脱した。ウの中華民国は、1912年孫文の辛亥革命により成立した共和国。エのロシア革命は1917年。史上初の社会主義政府が誕生した。(2) Ｘはイの遼東半島。ウは山東省である。下関条約締結直後、ロシアはドイツやフランスとともに、日本が獲得した遼東半島を清に返還するよう勧告してきた。これを三国干渉という。

問4 加藤内閣は、納税額による制限を廃止して、満25歳以上の男子に選挙権を与える普通選挙法を成立させた。

問5 Ａは満州国。国際連盟は満州国を認めず、占領地からの撤兵を日本に求めたので、反発した日本は国際連盟を脱退した。

問6 1972年、佐藤栄作内閣のとき沖縄は日本に復帰した。このとき、円とドルの通貨交換で生じる問題点を記述する。資料2から当時は円高であった。円高とは、ドルに対して円の価値が上がることを意味する。例えば1ドル=120円が、1ドル=100円になることである。返還の前は沖縄の人々はドルで財産を持っていた。円高ドル安の状態でドルと円が交換されるとその財産の価値は下がる。例えば360円の価値があると思って持っていたものが、実際は305円になってしまう。これにより人々の財産は実質目減りすることになり、それが返還時の沖縄の人々の不安であった。

6 問1 日本の高度経済成長では、この時期の四大公害病を押さえておこう。①新潟水俣病（新潟県）、②四日市ぜんそく（三重県）、③イタイイタイ病（富山県）、④水俣病（熊本県・鹿児島県）

問2 株主は会社が倒産した場合、出資額の範囲内で損失を負担する。これを有限責任という。アの記述が正解である。イ、ウ、エは誤り。金融機関の銀行は企業にお金を貸し（融資）、利子と元金を返してもらって収入を得ている。個人も法人も共に株主になれる。株主は企業の経営方針や取締役の任免について、株主総会で意見を言える。

問3 憲法では労働者の権利として、①団結権、②団体交渉権、③団体行動権の3つを保障している。これを労働基本権(労働三権)と言う。労働者一人ひとりは、使用者（経営者）に比べて弱い立場にあるので、労働組合を作り、団体で使用者と労働条件の改善などを交渉する権利がある。

問4 (1) 1960年度、1990年度、2018年度の3つの棒グラフにあるＡ〜Ｄにおける変化の特徴を捉える。Ａは1990年度から急激に増えている。Ｂが4つの項目の中で一番増え続けている。Ｃは増えてきていたが、再び割合は減少している、Ｄは、60年度は最も大きい割合を示していたが、年々割合は減ってきている。この特徴を捉えるとＡ−国債費、Ｂ−社会保障（これが問いの答え）、Ｃ−地方交付税交付金、Ｄ−公共事業となる。(2) 田中さんの「政府の支出を減らす」「政府が企業の経済活動に干渉しない」は、小さな政府の考えであり、かつ経済成長重視の考えである。松本さんの「政府は社会資本の整備を進めるべき」「法人税増税は慎重に」は大きな政府の考えであり、かつ経済成長を重視する考えである。

英語 ●解答と解説

【解答】

1	A											

	No. 1	a	正 ㊤	b	㊣ 誤	c	正 ㊤
	No. 2	a	正 ㊤	b	正 ㊤	c	㊣ 誤

	B	No. 1	イ	No. 2	エ

	C	Part 1	ア	museum
			イ	bridge
			ウ	history
		Part 2	No. 1	ア	No. 2	ウ
			No. 3	I will learn English by listening to English songs because I can do it every day.　など

2	①	ア	②	エ	③	ウ	④	オ

3	問1	A	ウ
		B	ア
	問2	イ	
	問3	イ	
	問4	あ	they can enjoy Japanese culture and learn some Japanese　など
		い	drawing a map of our school　など
	問5	エ, オ, ク	
	問6	（略）	
	問7	イ　　　オ	

4	問1	I think computers will bring us a better world because we can get a lot of information with them.　など
	問2	A	ア	B	カ	C	イ
	問3	ア
	問4	I want a robot to clean my room every day.　など
	問5	（第1文）エ → （第2文）ア → （第3文）ウ → （第4文）イ
	問6	エ
	問7	（略）

【配点】

1 A,B　3点×4
　C Part1　3点×3　Part2 No.1,No.2　3点×2　No.3　4点
2 3点×4
3 問1　2点×2　問2,3,4,5　3点×5　問6　6点　問7　2点×2
4 問1　3点　問2　2点×3　問3　2点　問4,5,6　3点×3　問7　8点

【解説】

1 リスニング

C-Part1 （大意）今度の6月に研修旅行に行きます。3つのコースがあり、それぞれ異なる国で開催されます。3つとも午前中に英語を勉強します。夜には、その国の家族と過ごし、そこでの生活様式について学びます。注意深く案内を聞き、入りたいコースを選んでください。

　最初に、アメリカコースはニューヨークの大学に行きます。午後に有名なビルや博物館などの場所に行きます。ヤンキースタジアムでプロ野球の試合を見ることもできます。

　次のグループはイギリスで勉強します。ロンドンの語学学校に行きます。1週目に有名な橋と時計台に行きます。2週目にロンドン郊外のいくつかの場所に行き、教会、城、庭を訪問します。

　3番目のグループはオーストラリアに行きます。シドニーの高校生と滞在して、一緒に学校に行きます。人々がヨーロッパから来る前に、オーストラリアに住

んでいた人々の歴史について学ぶ機会もあります。次の冬にホストブラザーやシスターが日本に来てあなたの家族と過ごします。[後略]

C-Part2 （大意）
K：やあ、リディ。どのコースに入るか決めた？
R：やあ、耕太。ツアー、とてもワクワクする。イギリスかオーストラリアに行きたい。なぜなら、ニューヨークに行ったことがあって、たくさんのところに訪れたから。
K：そうなの？これが私の初めての海外へ行く機会だ。
R：ニューヨークに行ったことがないなら、行ったほうがいいよ。野球好きだよね。
K：うん。スミス先生がプロ野球について話してくれたよ。試合を見にアメリカに行きたいな。
R：英語を勉強するために行くって忘れないで。
K：わかってる。それでどの国に行きたいの。
R：選ぶのは難しい。ハリーポッターが好きだから、イギリスに行きたい。あれらは、イギリスの作家に書かれたでしょ。全部の映画を見て、全部の本を読んだよ。でもオーストラリアで、高校生と滞在できて、日本でまた会えるんだよね。友だちになりたいし、ずっと友達でいられそう。だから、オーストラリアに行きたい。
K：がんばってね。

2 適する文を補充（大意）

[前略] ALT：まだ食べられるのに、多くの食べ物が捨てられています。Food Waste と呼ばれます。
K：①ア．それはスーパーマーケットやレストランで起きているのですか。
ALT：時々。でも信じられますか。②エ．日本のほとんどの Food Waste は家庭で起きています。店やレストランではなく。
K：実際、昨夜、私はミルクをいくらか捨てました、母が3週間前に買いすぎて。
R：それはいけませんね。③ウ．世界の多くの人々は十分に食べ物を食べられません。
[中略] R：もし買いすぎたら、全部食べられず、いくらか捨てないといけないかもしれません。④オ．だから、この問題を止める一番の方法は食べ物を買いすぎないことです。[後略]

3 資料つきの対話文（大意）

[前略] MI：君たちは去年、日本文化についてたくさん学びました。だから、カナダの人たちが来たら、君たちは日本文化のよい先生です。外国の子供にもよい先生だと思いますよ。
Y：はい。私たちは一緒に参加します。エミリーは2年目だから、手伝ってくれると思います。彼女は日本文化について学び、日本語がとても上手です。エミリー、私たちと教えませんか。あなたは通訳としても手伝えますよ。

E:［A.（ウ）したいです］．ありがとう。
I：伊藤先生。私が日本文化クラスのリーフレットを作ってもいいですか。
MI：いいよ。さあ、君たちは①授業がどのようになるのか話さなければなりませんよ。
H：まず、子どもたちに日本文化を教えるために何をしますか。
J：桃太郎やかぐや姫のような日本の話の絵本を読むのはどうですか。②子どもたちは、写真で話を簡単に理解できるともいます。
［B.確かに！］　それでは、授業をもっとおもしろくするために、他に何かできますか。
E：外国から来る子どもたちは日本のおもちゃで遊べば喜ぶと思います。
J：そう。かるたの遊び方を彼らに教えましょう。
E：おー、いいアイディアです。
だって　あ：問4 自由英作文　。
I：子どもたちは、これらの2つのことを一緒に学んで喜ぶでしょう。
H：次に、授業の日にちを決めなければなりません。
I：私たちは7月にスピーチコンテストの準備をしなければなりません。8月に全部の授業をしましょう。
Y：賛成。でも、私は15日に授業ができません。祖父母の家に行かなければならないからです。
J：29日もみんな授業をできません。宿題を終わらせなければ…。
H：それなら、［問5］に授業をしましょう。さて、子どもたちが来たかったら、何をすべきですか。
MI．親が私に電話しないといけません。
E：ありがとう、先生。Ihchiro、もう、リーフレットを作るためのすべての情報がありますよね。
I：はい。デザインのアイディアはありますか。
日時は大きくすべきです。大切だから。そして…
Y：い：問4 自由英作文　そうすれば、子どもたちはどこに行けばいいのか簡単に見つけられるでしょう。
［後略］
問4　空欄の次の文「これら2つのことを一緒に学んで喜ぶでしょう。」に注意。
問5　ポスターより「土曜日の午前中」。Ichiro が8月がよいと提案し、Yumiko が15日不可、Jiro が29を避けようと話している。
問6　解答例：We talked about you. We want you to join us.　You are very good at Karuta.

4　資料つきの長文（大意）

［前略］「コンピュータは世界を良くするのか？」40%を超える生徒が、コンピュータで将来よい生活を送るだろうと考えます。一方、約半数がコンピュータを使い続けると何かを失うと考えます。①この質問に対するあなたの答えはなんでしょう？もしコンピュータが私たちを幸せにしないなら、他の何ができるでしょうか。

　私の友達の②Tong は、コンピュータが私たちによい世界をもたらすと考えています。Tong はカンボジア出身の大学生です。東京の大学でプログラムを勉強しています。去年の夏、彼は1週間、私の家で過ごしました。彼の滞在中に、私は尋ねました。「なぜ日本で勉強しようと決心したの？」Tong は答えました。「私の国では、日本はコンピューター技術で有名です。勉強して、世界中の人に役立つロボットを作るために日本に来たかったのです。」私はこれを聞いたとき、彼がそんなに大きな夢を持っていると知り、驚きました。「私が世界中の人々の役に立つ何かを作る人になると想像できない。」私は自分自身に言い、彼に尋ねました。「できると信じているの？」Tong はしばらく考え、言いました。「一生懸命に頑張ればできます！私がコンピュータ制御された高齢者ケアロボットを作れるでしょう！」将来、私たちは今より少ない若者が、より多くの高齢者の世話をしなければなりません。たくさんの国で、この問題を解決しなければなりません。それで、Tong はそのようなロボットを作りことを決心したのです。「近い将来、たくさんのロボットができるでしょう。あなたが望むことを何でもするように頼めます。」彼は言いました。

　初めは、そんなに役立つロボットができるなんて想像できませんでした。「ロボットにお年寄りの世話をするようなことが可能になるの？」私は Tong に尋ねました。その時、私の父が来て、Alan Kay について言いました。Alan Kay はコンピュータの科学者で、「パソコンの父」と呼ぶ人もいます。［問5］Alan は小さくて安いコンピュータを作る夢を実現しました。Alan についての話を聞いて、私は Tong に言いました。「いつか君も、今作りたいと思っているロボットのプログラムを開発するんだね！」彼はうれしそうでした。

　今、私は、コンピュータが私たちによりよい未来をもたらすと信じています。未来を想像してみてください。2050 年に世界はどのようになっているだろうか。2050 年に、あなたたちと私は、50 歳を超えています。きっと今とは異なる世界に住んでいます。Alan Kay は言いました。「将来を予言することは、それを生み出すことだ。」私は Tong のような人になって、世界の人々に明るい未来をもたらしたいです。［後略］

英語 ●放送による問題

〔チャイムⅠ〕 これから、聞くことの検査を始めます。問題用紙の1ページと2ページを見て下さい。（3秒）問題は、A，B，Cの3つに分かれています。英語は、すべて2回繰り返します。メモを取ってもかまいません。答えはすべて解答用紙に記入しなさい。（3秒）

それでは、Aの問題を始めます。Aでは、2つの場面の英文を読みます。それぞれの英文の後に質問とその答えを読みますから、答えが正しいか、誤っているかを判断して、記入例のようにマルで囲みなさい。なお、各質問に対する正しい答えは1つです。

では、始めます。

〔No. 1〕 **A:** Hi, Tim. Where are you going?
B: I'm going to the hospital.
A: Really? What's wrong?

(間1秒)

Question: What will Tim say next?
Answer: **a.** Oh, that's too bad.
b. I've had a headache since yesterday.
c. Thank you for your good advice.

繰り返します。

(Repeat)
(間2秒)

〔No. 2〕 **A:** Are you ready to order?
B: Yes, I'd like spaghetti, please.
A: Very good. Would you like something to drink?
B: Water is fine with me.

(間1秒)

Question: Where are these people talking?
Answer: **a.** At a dentist.
b. At a post office.
c. At a restaurant.

繰り返します。

(Repeat)
(間2秒)

次に、Bの問題に移ります。Bでは、2つの場面の英文を読みます。それぞれの英文の後に質問を読みますから、問題用紙にあるア，イ，ウ，エから正しい答えを1つずつ選び、その符号を書きなさい。

では、始めます。

〔No. 1〕

A: So, which one is our new English teacher?
B: You mean Ms. Tanaka? She is the one wearing glasses.
A: The one in a dark shirt?
B: No, that's our new science teacher. Ms. Tanaka is wearing a white shirt. I hope she is a good teacher.

(間1秒)

Question: Which one is the new English teacher?

繰り返します。

(Repeat)
(間2秒)

〔No. 2〕

A: Excuse me. I've lost my bag. It's a small bag with a Teddy bear.
B: Is this the one you lost?
A: No! Mine is smaller and my passport is in it. I think my cell phone is also... Oh, no, it's here in my pocket.
B: OK. Let's see what we can do.

(間1秒)

Question: Which bag is the woman looking for?

繰り返します。

(Repeat)
(間2秒)

— 42 —

次に，Cの問題に移ります。Cでは，海外での研修について，ALTや生徒が話している場面の英文が流れます。なお，Cは，Part 1 と Part 2 の，2つの問題に分かれています。

それでは，Part 1 を始めます。Part 1 では，ALT のスミス（**Smith**）先生が，海外での研修について説明している場面の英文が流れます。放送を聞きながら，表のア，イ，ウのそれぞれの空欄に当てはまる適切な英語を書きなさい。
では，始めます。

Hi, students. You are going to go on a study tour next June. There are three courses, and each course will be held in a different country. In all three courses you will study English in the morning. At night you will stay with a family in the city and learn about the way of life there. Please listen to the information carefully, and choose the course you want to join, OK?

First, in the America Course, you will go to a university in New York. In the afternoon, you will visit different places, for example a famous building or museum. You will also have a chance to go to a professional baseball game at Yankee Stadium.

The second group will study in the U.K. You will go to a language school in London. In the first week you will visit the famous bridge and clock tower. Then, in the second week, you will go to several cities outside London and visit old churches, castles, and gardens.

The third group will go to Australia. You will stay with high school students in Sydney and go to school with them. You will also have a chance to learn about the history of the people who lived in the country before people came from Europe. Then, next winter, your host brother or sister will come to Japan, and stay with your family.

These are the three courses for your study tour. I hope you will all have great experiences.

繰り返します。

(Repeat)
(間 3 秒)

次に，Part 2 に移ります。Part 2 では，耕太（**Kota**）さんとリディ（**Riddhi**）さんが，海外での研修の説明を聞いた後に話し合っている場面の英文が流れます。そのあと，**No. 1** から **No. 3** まで 3 つの質問を読みますから，問題用紙の指示に従ってそれぞれ書きなさい。
では，始めます。

Kota: Hi, Riddhi! Have you decided which course you want to join?
Riddhi: Hi, Kota. I'm so excited about the tour! I want to go to the U.K. or Australia because I've already been to New York, and visited many places there.
Kota: You have? This will be my first time to go abroad.
Riddhi: If you have never been to New York, you should go there, Kota. You love baseball, right?
Kota: Yes, I do! Mr. Smith talked about professional baseball games. I'd like to go to America to watch one.
Riddhi: Don't forget that you are going there to study English!
Kota: I know. So Riddhi, which country do you want to go to?
Riddhi: It's so hard to choose. I would love to go to the U.K. because I love the *Harry Potter* stories. You know they were written by an English writer. I watched all the movies, and read all the books. But in Australia, I can stay with high school students, and I can meet them again in Japan. I will make friends with them, and we will be friends forever. So I think I will go to Australia.
Kota: Good luck, Riddhi!

(間 3 秒)

Question:
   〔**No. 1**〕 Why does Kota want to go to America?
       Answer: ア．Because he likes baseball very much.
           イ．Because he belongs to a baseball team in America.
           ウ．Because he forgot how to study English.

(間 2 秒)

   〔**No. 2**〕 Why is Riddhi interested in going to Australia?
       Answer: ア．Because she is a great fan of *Harry Potter*.
           イ．Because it is difficult for her to decide which country to visit.
           ウ．Because she wants to make friends with students from Australia.

(間 2 秒)

   〔**No. 3**〕 What is the best way to learn a foreign language?
       And why do you think so?

(間 5 秒)

繰り返します。

(Repeat)
(間 5 秒)

以上で，聞くことの検査を終わります。〔チャイムⅡ〕

数学 ●解答と解説

【解答】

1	(1)	ア	-9
		イ	-25
		ウ	$\dfrac{15}{2}b$
		エ	$\dfrac{-5x+13y}{12}$
		オ	$-\sqrt{5}$
	(2)		$x=\dfrac{-5\pm\sqrt{37}}{2}$
	(3)		$a-5b\geqq20$
	(4)		$4\sqrt{14}$
	(5)		2.1 冊
2	(1)		2, 3, 5
	(2)	[確率]	$\dfrac{5}{6}$

[考え方]
右端の数字が偶数となる場合を○，奇数となる場合を
×にして表にまとめると，○は30通りある。
したがって
求める確率は，$\dfrac{30}{36}=\dfrac{5}{6}$

	1	2	3	4	5	6
1	○	○	○	○	○	×
2	○	○	○	○	○	×
3	○	○	○	○	○	×
4	○	○	○	○	○	×
5	○	○	○	○	○	×
6	×	○	×	○	×	○

3	(1)		$0\leqq y\leqq9$
	(2)		89π

(3) [計算]
四角形OPQA＝△OPA＋△APQ
Rのx座標は負より
△OPR＝△OPA＋△APR
したがって △APQ＝△APRとなるRの座標を求める。
直線APの傾き $\dfrac{8}{4}=2$ より
傾きが2で，Q(4,16)を通る直線の式は $y=2x+8$
また，直線OAの式は $y=-x$
よって $2x+8=-x$ これを解いて $x=-\dfrac{8}{3}$
ゆえに $\left(-\dfrac{8}{3},\dfrac{8}{3}\right)$
〔答〕$\left(-\dfrac{8}{3},\dfrac{8}{3}\right)$

4 [方程式と計算]
2008年度，2018年度の3種類のゴミの排出量
の合計をそれぞれxg，ygとする。
$$\begin{cases} x-y=225 \\ \dfrac{100}{100}y=\dfrac{8}{100}x\times0.4 \end{cases}$$
（計算は略）
〔答〕2008年度の3種類のゴミの排出量の合計　1125 g
2018年度の3種類のゴミの排出量の合計　900 g

5

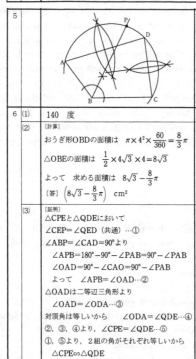

6	(1)		140 度

(2) [計算]
おうぎ形OBDの面積は $\pi\times4^2\times\dfrac{60}{360}=\dfrac{8}{3}\pi$
△OBEの面積は $\dfrac{1}{2}\times4\sqrt{3}\times4=8\sqrt{3}$
よって 求める面積は $8\sqrt{3}-\dfrac{8}{3}\pi$
〔答〕$\left(8\sqrt{3}-\dfrac{8}{3}\pi\right)$ cm²

(3) [証明]
△CPEと△QDEにおいて
∠CEP＝∠QED （共通）…①
∠ABP＝∠CAD＝90°より
∠APB＝180°−90°−∠PAB＝90°−∠PAB
∠OAD＝90°−∠CAO＝90°−∠PAB
よって ∠APB＝∠OAD…②
△OADは二等辺三角形より
∠OAD＝∠ODA…③
対頂角は等しいから ∠ODA＝∠QDE…④
②，③，④より，∠CPE＝∠QDE…⑤
①，⑤より，2組の角がそれぞれ等しいから
△CPE∽△QDE

7	(1)		辺AC

(2) [計算]
AD＝OD＝$3\sqrt{3}$
点Dから辺OAに垂線をひくと
その長さは $\sqrt{(3\sqrt{3})^2-3^2}=3\sqrt{2}$
よって 求める面積は $\dfrac{1}{2}\times6\times3\sqrt{2}=9\sqrt{2}$
〔答〕$9\sqrt{2}$ cm²

(3) [計算]
△OEFを底面とした三角錐BOEFと△OACを
底面とした三角錐OABCは，高さが共通だから，
△OEFの面積は，△OACの面積の$\dfrac{1}{3}$倍になる。
OE＝$x$cm，△OAC＝Scm² とおくと
OC:OF＝8:2xより △OAF＝$\dfrac{2x}{8}S$
OA:OE＝8:xより △OEF＝$\dfrac{x}{8}\times$△OAF
△OEF＝$\dfrac{1}{3}S$より $\dfrac{1}{3}S=\dfrac{x}{8}\times\dfrac{2x}{8}S$
$x^2=\dfrac{32}{3}$ よって $x=\dfrac{4\sqrt{6}}{3}$
〔答〕$\dfrac{4\sqrt{6}}{3}$ cm

【配点】
1 (1)(2) 3点×6 (3)～(5) 4点×3
2 (1) 3点 (2) 7点 3 (1) 3点 (2) 4点 (3) 7点
4 10点 5 8点 6 (1) 3点 (2) 4点 (3) 7点
7 (1) 3点 (2) 4点 (3) 7点

【解説】

1.
(1) ア 与式＝$-3-6=-9$
　　イ 与式＝$7+(-8)\times4=7-32=-25$
　　ウ 与式＝$9a^2b^2\times\dfrac{5}{6a^2b}=\dfrac{15b}{2}$
　　エ 与式＝$\dfrac{3(x+3y)-4(2x-y)}{12}$
　　オ 与式＝$\sqrt{20}-3\sqrt{5}=2\sqrt{5}-3\sqrt{5}=-\sqrt{5}$
(2) 解の公式より
　　$x=\dfrac{-5\pm\sqrt{25-4\times(-3)}}{2}=\dfrac{-5\pm\sqrt{37}}{2}$
(3) 5枚ずつb人に配るには5b枚必要であり，a枚から
　　5b枚配った残りが20枚以上ある関係式は
　　$a-5b\geqq20$
(4) $x^2-y^2=(x+y)(x-y)$
　　$=\{(\sqrt{7}+\sqrt{2})+(\sqrt{7}-\sqrt{2})\}\{(\sqrt{7}+\sqrt{2})-(\sqrt{7}-\sqrt{2})\}$
　　$=2\sqrt{7}\times2\sqrt{2}=4\sqrt{14}$
(5) （全体の人数）×（相対度数）＝度数になる。

クラスの生徒数を x 人とすると、0冊の度数が6、
相対度数が0.15より
0.15 x ＝6　　x ＝40
3冊借りた人は40×0.25＝10（人）
4冊借りた人は40−(6+6+12+10)＝6（人）
よって平均値は
$\dfrac{0\times6+1\times6+2\times12+3\times10+4\times6}{40}=\dfrac{84}{40}=2.1$

2.
(1)

大きいサイコロ	約数	残カード枚数
1	1	5枚
2	1,2	4枚
3	1,3	4枚
4	1,2,4	3枚
5	1,5	4枚
6	1,2,3,6	2枚

(2) 例えば2つのさいころの目が(2,6)の時、カード
は163452となる。右端のカードは偶数になる。
(3,6)の時は126453となり、右端のカードは
偶数にならない。表にして整理していこう。

3.

(1) xの変域が異符号だから絶対値の大きいx=−3
を代入しy=(−3)²=9 0≦y≦9

(2)

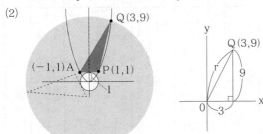

360°回転させるとドーナツの形になる。
小円の半径は1、大円の半径をrとすると、
三平方の定理よりr=$\sqrt{3^2+9^2}$=$\sqrt{90}$=$3\sqrt{10}$
大円の面積−小円の面積
=$(3\sqrt{10})^2×\pi−1^2×\pi=89\pi$

(3)

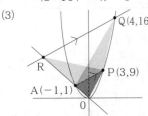

四角形OPQAと△OPR
の面積を等しくするに
は、等積変形を使う。
△OPAはどちらにも含
まれているので、△APQ
=△APRにすればよい。

APを底辺とし、高さが等しくなればよいので、
AP∥RQになればよい。
直線APの傾きは$\frac{9−1}{3−(−1)}$=2
直線RQはAPに平行だから傾き2でQ(4,16)を
通るからy=2x+bに代入し16=2×4+b b=8
求める点Rは直線RQと直線OAの交点だから
$\begin{cases} y=2x+8 \\ y=−x \end{cases}$ これを解けばよい。

4. 立式には必要のない数も多くある。燃えないゴミ
の排出量について「2018年は2008年と比べて6
割減っていた」は、言い換えると「2018年は2008
年の4割になった」となる。表にして整理するとよい。

	2008	2018
総量	x	y
燃えない ゴミ	(8%) $\frac{8}{100}$x	(4%) $\frac{4}{100}$x

5. ②の条件より、∠ABCの二等分線を引く。…ア
③の条件を満たすには、円周角の定理の逆「4点
A,D,P,Cについて、P,Dが直線ACの同じ側にあ
って∠APC=∠ADCならば、この4点は1つの
円周上にある。」を使う。3点A,D,Cの垂直二等分
線を2本引いて円の中心を出し、3点A,C,Dを通
る円を作図。…イ
アとイの交点がP

6.

(1) ∠xは弧ADの中心角になっている。弧ADの円周角
(∠ACO)が70°だから∠x＝70°×2＝140°

(2) 求める面積は△OBEからおうぎ形OBDをひく。
∠ACO＝60°でOC＝OA(半径)であるから
△OACは正三角形だとわかる。よって、∠BOEも
60°(対頂角)△OBEは30°,60°,90°の特別な直角
三角形だから2:1:$\sqrt{3}$ AB＝8よりOB＝4、BE＝$4\sqrt{3}$

7.

(2)

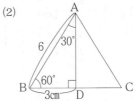

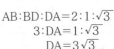

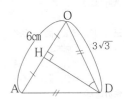

AB:BD:DA=2:1:$\sqrt{3}$ DH=$\sqrt{(3\sqrt{3})^2−3^2}$
3:DA=1:$\sqrt{3}$ =$\sqrt{18}$
DA=$3\sqrt{3}$ =$3\sqrt{2}$

△ABC,△OBCは正三角形だから、特別な三角形
の比より、DA＝$3\sqrt{3}$ (上図左)
△OADはDO=DAの二等辺三角形
よってDからOAに垂線DHを引くと
DH＝$\sqrt{(3\sqrt{3})^2−3^2}$＝$\sqrt{18}$＝$3\sqrt{2}$ (上図右)
△OAD＝OA×DH×$\frac{1}{2}$＝6×$3\sqrt{2}$×$\frac{1}{2}$＝$9\sqrt{2}$

(3) 「点Aを含むほうの立体の体積(Pとする)が点Oを
含むほうの立体(Qとする)の2倍になる」ということは、
三角錐B−OACの体積をRとすると P:Q:R＝2:1:3
底面を△OACとするとP,Q,Rの高さは共通だから、
△OEF:△OAC=1:3   △OEF=$\frac{1}{3}$△OAC…①
OE＝x 、△OAC＝Scm²とおくと、OF＝2x
OC:OF=8:2xより
△OAC:△OAF=8:2x   △OAF＝$\frac{2x}{8}$S
OA:OE=8:xより
△OAF:△OEF=8:x
△OEF＝$\frac{x}{8}$△OAF＝$\frac{x}{8}$×$\frac{2x}{8}$S…②
①より△OEF＝$\frac{1}{3}$S…③
②③より$\frac{1}{3}$S＝$\frac{x}{8}$×$\frac{2x}{8}$S
$x^2＝\frac{32}{3}$
x＝$±\frac{4\sqrt{2}}{\sqrt{3}}$＝$±\frac{4\sqrt{6}}{3}$ x＞0よりx＝$\frac{4\sqrt{6}}{3}$

国語 ●解答と解説

【解答】

【配点】

一　問1 2点×4　問2 2点×4
合計16点

二　問1 2点　問2 3点
　　問3 3点　問4 4点
　　問5 6点　問6 4点
　　問7 7点
合計29点

三　問1 3点　問2 3点
　　問3 2点×2
　　問4 3点　問5 4点
　　問6 6点　問7 7点
合計30点

四　問1 2点　問2 2点
　　問3 2点
　　問4 2点　問5 AB 3点　C 4点
合計15点

五　10点

解答例

問題番号	解答例
一 問1	(1)たず(ねる)　(2)たいだ　(3)なか(ば)　(4)はいえつ
一 問2	(1)粉雪　(2)雑草　(3)刻(む)　(4)絶景
二 問1	ア　イ
二 問2	A 品川　B 竹崎
二 問3	A
二 問4	失敗すれば、生命の危機に繋がる
二 問5	過程を評価したいという磯貝の意図のとおり、三人が熱心な議論を通して決断したことが確認できたから。
二 問6	
二 問7	コンテストに出ると動物の幸せに加えて他人の評価も考えてしまうが、両立できない場合は、本来の目的である動物の幸せを優先すべきだと気づいたから。
三 問1	目の前のモノ
三 問2	意味合い
三 問3	答え
三 問4	エ
三 問5	情報 ア イ エ　知識 ウ
三 問6	（情報収集）とは、目に見えている情報に加えて、知識と照らし合わせるための情報を増やすことであり、情報が多い方が多くの意味合いを得ること
三 問7	メッセージを得る手段である点は三つに共通するが、知識の意識的な加工プロセスが無く、他の二つでは「思考」の方がより能動的であるということ。
四 問1	いて
四 問2	イ
四 問3	ア
四 問4	桃の枝
四 問5	A やせたる法師　B 貧窮（または 貧窮殿）　C 貧乏の原因であった貧窮が困っていると知ると、泣いて同情する
五	（略）

【解説】

一　漢字

◆その他マスターしておきたい漢字

たずねる	□尋ねる	・じんもん	□尋問
たいだ	□怠惰	・なまける	□怠ける
		・だせい	□惰性
なかば	□半ば		
はいえつ	□拝謁	・はいけい	□拝啓
		・えっけん	□謁見

「拝謁」君主など高貴な人のお目にかかること。

こなゆき	□粉雪	・ふんまつ	□粉末
ざっそう	□雑草	・ぞうきばやし	□雑木林
		・ぞうに	□雑煮
きざむ	□刻む	・こくいん	□刻印
ぜっけい	□絶景	・ぜったいぜつめい	□絶体絶命

二　小説

★登場人物、対話が多い小説が出題される傾向が強くなっている。誰の発言か押さえるため人物名にしるしをつけながら読むことをお勧めする。

人物・場面
動物園園長磯貝、副園長森下、
ホッキョクグマ飼育担当竹崎、品川、麻子
飼育係がコンテスト不参加理由を園長たちに話す

※易しい（正解したい）基本問題
問1、2、3、4

問1　尊敬語「目上の人の動作」
謙譲語「自分や身内の動作」
丁寧語「です、ます、ございます」
問2　倒置「あついね。今日は」語順の入れ替え。
直喩「カモシカのような足」「ような」を使う比喩。
擬人法「太陽が笑う」人以外のものを人のように表現。
体言止め「私の好きな科目、国語」文末を体言（名詞）で止める表現
問3　登場人物の関係を読み取る
「二人の後輩を頼もしげに見て竹崎が言う」
問4【理由を問う問題】
「野生では狩りが失敗すれば、生命の危機につながる」
問5【理由を問う問題】50字記述。前半で園長と副園長森下が「熱心な議論と決断の過程」「過程を評価」という会話をしている
問6　「朝礼の後、竹崎を呼び止め〜よかったら、展示場にいらしてください。答えをお見せします」ホッキョクグマの展示場に向かう途中、そうなったいきさつを思い出している
問7【理由を問う問題】70字記述
コツ1：条件を守る「三人」に共通した考え
品川「ネーヴェの幸せ」
竹崎「動物にとってなにが最善か」
麻子「ネーヴェが幸せなら」
コツ2：解答の後半から考える
○動物（ネーヴェ）にとっての最善、幸せ
コツ3：字数（70字×8割以上）
竹崎の発言
○コンテストで「他人がどう評価するか」ではない

三　論理的文章

「キーワード」から全体把握

|起|
情報と知識→メッセージを得るプロセス＝「思考」

|承|
「知識」「情報の加工力」「情報収集」

|転|
「感じる」「思う」「思考」

|結|
人間は少ない情報から大きなパターンを見出せる

※**易しい（正解したい）基本問題**
問1、2
問1　具体←→抽象　部分←→全体
問2　指示語。傍線の一行前
問3　「メッセージ」同義語。次の段落「答え」。四段落後「意味合い」
問4　3行後「有効な答えが得られなかった」
問5　「菜の花が咲く季節」だけ「知識」、他は「情報」
問6　【理由を問う問題】65字記述
１：理由「情報が多い方が…多くの意味合いを得ることができるから」（同じ段落）
２：条件を守る＋字数（65字の8割以上）に合わせる＋「情報収集」の意味にふれる
「目に見える情報に加え…追加情報を集める」
問7　80字記述
「共通点」＝メッセージを得る
「相違点」＝「感じる」情報と知識の意識的な加工プロセスがない。無意識的・受動的
他の二つは能動的だが、「思う」はそれほど能動的でなく、「思考」はより能動的

四　古文

　尾張国に、円浄房という僧がいた。暮らしが貧乏で、年齢が五十で、弟子の僧一人という小法師一人がいた。「長年、貧乏が余りに悲しいので、貧乏神を追い払おうと思う」といい、十二月大晦日の夜、桃の枝を、自分（円浄房）も持って、弟子にも、小法師にも持たせ、呪文を唱えて、家の中から、次第に物を追うように（桃の枝を）打ちながら「今こそ貧乏神殿、出ていってください、出ていってください」と言いつつ、門まで追い、門を閉めてしまった。その後（円浄房の）夢で、やせ細った法師が一人、古いお堂に座って「長年お側におりましたが、追い出されてしまったのでお別れします」と言いながら、雨に降られてどこにも行けず泣いている様子が見えた。円浄房は「この貧乏神はどんなに辛く思っていようか」と泣いたという。（自分が辛くて追い出した貧乏神とはいえ、円浄房は）情け心の深い者だと思われる。
　その後、（円浄房は）不自由なく過ごしたようである。

※**易しい（正解したい）基本問題**
問1（歴史的仮名遣い）
★登場人物を抑えよう。
円浄房「僧」、弟子、小法師
コツ：省略されている主語を補いながら読む。
問1「歴史的仮名遣い→現代仮名遣い」
「ゐ・ゑ・を」→「い・え・お」
「ぢ・づ」→「じ・ず」
語頭以外「は・ひ・ふ・へ・ほ」→「わ・い・う・え・お」
「くわ・ぐわ」→「か・が」「む」→「ん」
「ア段＋ふ（う）」→「オ段＋う」
「イ段＋ふ（う）」→「イ段＋ゅう」
「エ段＋ふ（う）」→「オ段＋ょう」
例　「けふ→きょう」「てふ→ちょう」
問2「古今異義語」覚えよう
「年ごろ」長年　「つとめて」早朝
「あやし」不思議だ「うつくし」かわいい
「かなし」いとしい「ありがたし」珍しい
「あはれ」しみじみとした趣がある
「をかし」趣がある「なつかし」心ひかれる
「ののしる」騒ぐ　「ゐる」座っている
問5　字数指定が無いときは、解答欄の大きさから判断。

五　作文

複数の資料から、条件を満たして書く。
■目標時間：8分
採点基準例
○150字未満…0点、180字未満…3点減点
○条件が守られていない（だ・であるになっていない）…3点減点
○原稿用紙決まり違反（段落最初の一マス目）
○話し言葉
○主語と述語が合っていない。
○誤字脱字など　各減点1点
解答例
　資料Ⅱから、忙しい人（Aさん）、初めての人（Dさん）や高齢者（Gさん、Hさん）の声を参考に、自由広場が良いと考える。開くのはミニコンサートなので、小さなステージでも十分であることも考慮に入れた。さらに、芝生に座りお弁当を食べながら、花見をしながらでも音楽を聴くことが可能。ジョギングコースを歩く人も少なく抑えられるのではないだろうか。自由広場でのミニコンサートが来園者を増やすには最適だと考える。

理科 ●解答と解説

【解答】

問題番号		解　答　例
1	問1	(1) 無性生殖
		(2) ア，イ，ウ
	問2	(1) 斑状組織
		(2) エ
	問3	(1) ウ
		(2) アンモニアの気体は，水にとけやすく，空気よりも軽いから。
	問4	(1) イ
		(2) 175 m
2	問1	被子植物
	問2	多くの日光を葉で受けるため。
	問3	(アジサイ) イ
		(トウモロコシ) エ
	問4	(1) 水面から水が蒸発するのを防ぐため。
		(2) アジサイでは葉の表側よりも裏側の蒸散量が多いという結果から，気孔が葉の表側よりも裏側の方に多く，トウモロコシでは葉の表側と裏側で蒸散量がほぼ同じであるという結果から，気孔が葉の表側と裏側にほぼ同数あること。

問題番号		解　答　例
3	問1	(1) オームの法則
		(2) 2.5 倍
	問2	(1) ウ
		(2) イ
		(3) ある地点までは，電流がつくる磁界の影響を受けたが，その地点からは，電流がつくる磁界の影響を受けなくなったから。
		(4) エ → ア → イ → ウ
4	問1	状態変化
	問2	ウ
	問3	(1) 試験管内の液体が枝つきフラスコに逆流するのを防ぐため。
		(2) イ
		(3) $C_2H_6O + 3O_2$ $\rightarrow 2CO_2 + 3H_2O$
	問4	192 cm³
5	問1	恒星
	問2	C
	問3	エ
	問4	53.4 度
	問5	ア

問題番号		解　答　例
5	問6	(符号) ア
		(理由) 地球は地軸を中心として西から東へ自転しているので，図2より，地点Xはこれから光が当たるので朝方であると判断でき，また，図2より，北極側が明るいことから，地軸の北極側が太陽の方向に傾いていることがわかるので，北極側にある地点Xは夏至であると判断できるから。
6	問1	塩化水素
	問2	75 g
	問3	ア
	問4	(1) エ
		(2)
	問5	(化学式) H_2
		(理由) 金属板どうしが触れることで，亜鉛板から生じた電子が銅板に移動し，銅板の表面で塩酸の中の水素イオンが電子を受け取り，水素原子となり，その水素原子が2個結びついて水素分子になったから。

【配点】
1 問1〜4 2点×8
2 問1 2点 問2 3点 問3 2点×2
　問4 (1) 3点 (2) 4点
3 問1 (1) 2点 (2) 3点 問2 (1)〜(4) 3点×4
4 問1 2点 問2 3点 問3 (1)〜(3) 3点×3 問4 3点
5 問1〜3 2点×3 問4，5 3点×2 問6 完答5点
6 問1 2点 問2 3点 問3 2点
　問4 (1)，(2) 3点×2 問5 完答4点

【解説】

1 [小問総合]
問1 (2)イソギンチャクは多細胞生物だが分裂でも殖える。オランダイチゴは被子植物だが栄養生殖でも殖える。ミカヅキモは単細胞生物なので分裂で殖える。
問2 (1)溶岩が急に冷えてできる火山岩は，結晶が大きくならないので，石基に斑晶が散在する斑状組織になる。(2)黒っぽい溶岩は粘り気が小さいので，火口から噴出した溶岩は四方に流れ出す。そのため噴火は穏やかで，火山の形は楯状になる。
問3 (1)塩化アンモニウムと水酸化カルシウムの混合物を加熱するとアンモニアが発生する。(2)アンモニアは水に溶けやすいので，水上置換法では集められない。また，空気より軽いので，上方置換法で集める。
問4 (1)音は波として伝わるので，振動する物体があれば音は伝わる。(2)音を出したときの自動車とコンクリート壁との距離を x [m]とすると，1秒間に

音が伝わった道のりについて，
x +（x − 10）= 340、x = 175

2 [植物のからだ]
問2 光合成には太陽の光が必要。
問3 赤く染まるのは維管束の道管。アジサイは双子葉類なので維管束は円状に並んでいる。そのため，縦に切ったときにはイのように見える。トウモロコシは双子葉類なので維管束は散在している。そのため，縦に切ったときには，エのように見える。
問4 (1)この実験は植物の体を通って空気中に出ていく水の量を調べているので，水が水面からは蒸発しないようにする。(2)アジサイの葉の表側からの蒸散量は，5.1 − 3.0 = 2.1[g]。裏からの蒸散量は，5.1 − 1.8 = 3.3[g]。裏からの蒸散量が表側より多いので，裏側の気孔の数が多いと考えられる。トウモロコシの葉の表側からの蒸散量は，3.9 − 2.0 = 1.9[g]。裏からの蒸散量は，3.9 − 1.8 = 2.1[g]。蒸散量がほぼ同じなので，両側の気孔の数がほぼ同じと考えられる。

3 [電流と磁界]
問1 (1)抵抗器を流れる電流の強さは抵抗器にはたらく電圧の大きさに比例する。これをオームの法則

という。(2)図1より、抵抗器aは5.0Vで1.0A、抵抗器bは5.0Vで0.4A。したがって、それぞれの抵抗は、抵抗器aが$\frac{5.0}{1.0}$＝5.0[Ω]、抵抗器bが$\frac{5.0}{0.4}$＝12.5[Ω]。よって、12.5÷5.0＝2.5倍。

問2 (1)直列回路なので電流の強さはどこでも同じ。(2)親指以外の4つの指を電流の向きに合わせて右手でコイルを握ったとき、親指の向きが磁界の向きになる。したがって、実験Ⅱでの磁界の様子は図①のようになる。方位磁針のN極は磁界の向きになるので、P,RではN極がこちら向き、QではN極がむこう向きになる。

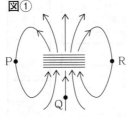
図①

(3)電流がつくる磁界は、電流から遠ざかると弱くなる。(4)R[Ω]の抵抗にV[V]の電圧をかけたときI[A]の電流が流れたとする。このときの電力P[W]は、P＝I×Vと表されるが、オームの法則からV＝I×Rだから、P＝I×I×Rである。これは、電流Iが同じならば、電力Pは抵抗Rに比例することを表している。ア〜エを抵抗の小さい順に並べると、エ、ア、イ、ウの順になる。

4 [身のまわりの物質]

問2 液体のエタノールが気体に変化すると体積が増加するため、ポリエチレン袋がふくらむ。液体から気体に変化すると体積が増加するのは、物質をつくる粒子が自由に動き回り、その間隔が広くなるからである。

問3 (1)火を消すとフラスコ内の温度が下がり、気圧も下がる。そのため、ガラス管の先が液体の中に入っていると、液体がフラスコ内に吸い込まれることがある。(2)エタノールは燃えるが、水は燃えない。したがって、液体Aにはエタノールが多く、液体Cには水が多かったと考えられる。よって、エタノールのほうが水より先に、すなわち、低い温度で沸騰したと考えられる。(3)エタノール[C_2H_6O]が酸素[O_2]と反応して二酸化炭素[CO_2]と水[H_2O]ができる。　$C_2H_6O + O_2 → CO_2 + H_2O$
両辺の原子の数が同じになるように係数をつけて、
　$C_2H_6O + 3O_2 → 2CO_2 + 3H_2O$

問4 エタノール100cm³と水100cm³を混ぜた後の体積をx[cm³]とする。混合後の密度は93÷100＝0.93[g/cm³]で、混ぜた前後の全体の質量は変化しないから
　　0.79×100＋1.00×100＝0.93×x
　　　　　　　　　　x＝192.4…≒192

5 [太陽の動き]

問2 北半球では、太陽は東から昇り、南を通って、西に沈む。したがって、Aが南だから、北はC。

問3 太陽は1時間に15度動くようにみえる。P

からQまで2時間なので、15×2＝30度。

問4 春分・秋分の日の太陽の南中高度は、90度－北緯で求められる。90－36.6＝53.4度。

問5 一日の間の太陽の動きを球面上に表すと図②のようになる。したがって、球面上での動いた距離は、春分・秋分の日が冬至・夏至の日より長い。よって、9時から15時までの曲線の長さは、春分の日が最も長い。

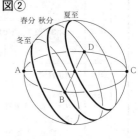
図②

問6 地球は西から東に自転するので、地点Xは太陽の光が当たっていない地域から、当たっている地域へ移動すると考えられる。したがって、地点Xは朝方である。また、北極に近いほうが広く太陽の光が当たっているので、北極が太陽側に傾いていると考えられるから、夏である。(図③参照)

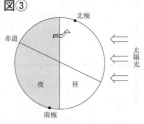
図③

6 [塩酸]

問2 加えた水をx[g]とする。水を加えた前後で洋室の質量は変わらないので、
　0.05×50＝0.02×(50＋x)　　x＝75

問3 石灰岩の主成分は炭酸カルシウムである。炭酸カルシウムは塩酸に溶けて、二酸化炭素が発生する。チャートの主成分は二酸化ケイ素である。二酸化ケイ素は非常に硬い。

問4 (1)亜鉛が塩酸に溶けるとき熱が発生する。この熱は反応前の物質がもっていた化学エネルギーの一部が変化したものである。したがって、発生した熱の分だけ、反応後の物質がもつ化学エネルギーは減少する。(2)Yから出た光がガラス面で屈折し、Y'から光が出てきたように見えたと考えられる。まず、線分Y'Xをひき、これとガラス面との交点をPとする。Yから出た光はこのP点で屈折したと考えられるので、線分YPをひく。

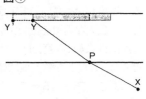
図④

問5 亜鉛が塩酸に溶けるとき電子が残される。残された電子は塩酸中の水素イオンと結びついて、水素原子ができ、さらに水素分子になる。これが実験Ⅱで観察された気体の正体である。問題図4では亜鉛板と銅版が接触しているので、残された電子が銅板側に移動してから水素イオンと結びつく。そのため、銅板側から水素が発生する。

社会 ●解答と解説

【解答】

1	問1	インド洋			
	問2	ア　B		イ　C	
		ウ　A		エ　D	
	問3	3月30日午後10時			
	問4	イ		エ	
	問5	経済特区			
	問6	（下線部①）サトウキビを原料とするバイオ燃料の使用を推進することで二酸化炭素の増加を抑制するため。			
		（下線部②）バイオ燃料の需要の高まりに伴い，原料となるサトウキビの作付け面積の拡大を目的とした森林伐採が進むことを防ぐため。			

2	問1	百済	
	問2	(1)　ア，ウ	
		(2)　ウ	
	問3	倭寇を取り締まること。	
	問4	イ	
	問5	A　ポルトガル	B　スペイン
		C　イギリス	D　オランダ
	問6	清との貿易を進めるため，アメリカの西海岸から太平洋を横断する航路を開くにあたり，その中継地を日本に求めたから。	

3	問1	エ
	問2	ウ
	問3	(1)　特別国会（または特別会）
		(2)　内閣は，国民の新しい意思を反映した国会の信任を受けたものでなければならないから。
	問4	法律が日本国憲法に違反しているかどうかを審査する機関がなくなるため，立法機関が国民の権利を侵害する恐れのある法律を制定する可能性がある。

4	問1	近郊農業
	問2	工業団地
	問3	イ
	問4	(1)　・冬の積雪量が多いため，雪が積もっても家に出入りできるように玄関の位置を高くしている。 ・冬の積雪量が多いため，屋根の雪が落ちやすいように，屋根の傾斜を急にしている。　　　　　　　など
		(2)　ア
	問5	この町は，スキー客の減少に伴い観光客の総数が減っており，また冬季以外の観光客が少ないという課題があることから，外国人観光客を誘致したり，冬季以外のイベントを増やしたりするなど，年間を通した観光客数の増加をめざすという方針。

5	問1	財閥
	問2	(1)　エ
		(2)　この条約の内容にロシアからの賠償金の支払いが含まれていなかった点。
	問3	ア，ウ
	問4	（符号）c
		（理由）この時期，東ヨーロッパの民主化運動の進展やソ連の解体によって，新たな国家が多く成立し，それらの国が国際連合に加盟したから。
	問5	B → A → C → D

6	問1	金融機関
	問2	日本銀行は一般の銀行から国債を買うことで，市場に出回るお金の量を増やしている。
	問3	(1)　公正取引委員会
		(2)　（符号）イ　（均衡価格はもとの均衡価格と比べて）下がる
	問4	クレジットカードやデビットカードの支払いには銀行口座が必要だが，世帯年収が少ない層ほど銀行口座を持たない割合が高く，そのような世帯の人たちが買い物できる方法を維持するため。　　　など

【配点】

1　問1　問4　問5　2点×3　問2　問3　3点×2　問6　5点
2　問1　問2　問4　2点×4　問3　問5　3点×2　問6　5点
3　問1　問2　問3(1)　2点×3　問3(2)　4点　問4　5点
4　問1〜問3　2点×3　問4　3点×2　問5　4点
5　問1　問2(1)　2点×2　問2(2)　問3　問5　3点×3　問4　5点
6　問1　問3(1)　2点×2　問2　問3(2)　3点×2　問4　5点

【解説】

1.　問2　ア－B（インド）、イ－C（中国）、ウ－A（エジプト）、エ－D（ブラジル）となる。4つの中で人口密度が最も高いのでアはインド、逆に最も低いのでエは広大な面積を持つブラジルと判断する。　**問3**　A国は東経30度、D国は西経45度で、両国の経度差は75度となる。地球は経度15度で1時間の時差がある。75÷15＝5　となり、東経のエジプトの方が西経のブラジルより5時間進んでいるので、午前3時から5時間前を計算すると、前日（30日）の午後の10時となる。　**問4**　インドについて、アとウは間違い。インドはASEANの一員ではなく、室町時代にイギリスはまだインドには進出していない。　**問5**　中国は沿岸部に外国企業を受け入れる経済特区を設定し、安い労働力で「世界の工場」の地位を築いて

きた。　**問6**　資料3ではバイオ燃料の使用が化石燃料（石油や石炭）とは違い、二酸化炭素の循環を作り、地球温暖化対策の一つになっていることが分かる。資料4ではD国（ブラジル）が、熱帯雨林アマゾン流域の環境破壊を防止するため「作付け禁止区域」を設けていることが分かる。近年、ブラジル政府はバイオ燃料の普及に力を入れている。

2.　問1　663年、日本は百済の復興を助けるために大軍を送ったが、唐と新羅の連合軍に敗れた。この戦いを「白村江（はくそんこう）の戦い」とよぶ。　**問2**　(1)　北条時宗は将軍ではなく、鎌倉時代の元寇の時、執権職にあった。織田信長は、全国統一の目前に、京都本能寺で自害した。（本能寺の変）　(2)　蝦夷との戦いの拠点は「胆沢城（いさわじょう）」で現在の岩手県にあった。　**問3**　西日本の武士、商人、漁民の中には集団で船を襲い、大陸沿岸をあらす者たちが現れ、倭寇と呼ばれていた。足利義満は倭寇を取り締まり、正式の貿易船に「勘合」という証明書を持たせた。　**問4**　ア－与謝蕪村（化政文化）、イ－雪舟（室町文化）、ウ－道元（鎌倉仏教）、エ－中尊寺金色堂（国風文化）　④は室町幕府から戦国時代の期間なので、雪舟の水墨画が相当する。

問5　A国は「種子島に鉄砲が伝わる」の位置から始

まっている。鉄砲はポルトガルから伝わったのでA国はポルトガル。B国は、A国より貿易の始まりから終わりまでの期間が短いのでスペイン、C国は4つの欧州国の中で最も短いのでイギリス、D国は江戸時代に、ずっと貿易を続けているのでオランダと判断する。

問6 北米西海岸のカリフォルニアまで領土としたアメリカは、清との貿易で大西洋回りより、太平洋を渡る方が日数を大幅に短くできるので、その中継地として日本に開国を求めた。また捕鯨を行うため、食料と燃料の供給も求めてきた。ペリー来航ではこの2点を押さえておこう。

3. 問1 憲法改正では、「各議院の総議員の3分の2以上の賛成」「国民投票によって過半数の賛成」この2つの数値がよく出題されるのでしっかり暗記しよう。改正案が成立したら「天皇が国民の名で公布」。これも暗記。**問2** 日本国憲法は第9条で戦争の放棄、戦力の不保持、交戦権の否認を定めている。**問3** 資料1では、総理大臣Zさんが衆議院を解散し、選挙が行われ、その後召集された国会で再び内閣総理大臣に指名された。このような主要議題を「内閣総理大臣の指名」とする国会を、特別国会（特別会）という。日本の内閣は「議院内閣制」の仕組みになっており、内閣と国会は密接な関係にある。総選挙後30日以内に特別国会が召集され、新たに内閣総理大臣が指名される。**問4** 法に基づいて争いごとを解決することを司法といい、その権限を司法権という。資料2では、司法権と残りの2つの権力（立法権と行政権）は、国民の自由と権利を守るために、互いに抑止しあうことが重要だと説いている。「法の精神」は、フランスの思想家であるモンテスキューが、三権分立論を説いた書物である。

4. 問1 近郊農業は、大都市近郊で行われるようになった園芸農業のこと。市場に出される野菜や果物は新鮮さが求められるので、大都市近郊の方が適している。A県は埼玉県。**問2** 北関東工業地域は群馬（地図のB県）と栃木県に広がる。かつては製糸業、絹織物業が盛んであったが、近年は自動車、機械工業の組み立てを中心に発展している。ここには、高速道路沿いに多くの工場が集中している。**問3** Cの新潟県で産出される石油は、国内で消費される量の1％未満。非常に少ない。日本は石油のほとんどを輸入に頼っている。**問4** 資料2は、降水量のグラフの形が凹型になっているので日本海側の気候である。ア～エの中で、日本海側に都市を持つのはアの兵庫県だけである。
問5 資料4から、この町は冬の観光客が夏よりも多い。また、資料3から年々この町の観光客数は減少しており、特にスキー客が半減している。そのため冬以外で観光客を呼び込むイベントや外国人観光客を迎

える体制の充実に取り組んでいる。これらのポイントを要約するとよい。

5. 問1 大コンビネーションとは、大きな集まりのことで、当時の日本における「産業上及ビ金融上ノ」（資料1）集まりとは、財閥のことである。財閥解体で、GHQは三井・三菱・住友・安田などの大資本家の組織を解散させた。**問2** ビゴーはフランスの画家。この風刺画は大国ロシアと対抗していたイギリスが日本と日英同盟を結び、そのロシアと日本を戦わせようとしていた当時の状況を描いている。風刺画は簡潔に政治情勢を表せるので、入試でもよく取り上げられる。どの人物がどの国を表し、どういう状況を描いているか、他のビゴーの作品でも確認しておこう。
問3 東京オリンピックは1964年。Cの年の前後5年前、10年前の5年について、鉄道と自動車の2つの割合を加えるとすべて90％を超えている。アは正しい。また、石油危機は1973年で、翌年の1974年の欄「Cの年の10年後」の自動車のデータを見る。4165＜4377、87.9＞86.1よりウの記述は正しい。
問4 ベルリンの壁の崩壊は1989年。翌年、東西ドイツが統一した。1991年、ソ連が崩壊し、多くの共和国が生まれたので、国連加盟国も増えた。**問5** AのGHQは昭和・戦後すぐ、Bのポーツマス条約は、ロシア戦争の講和条約であり明治時代。Cの東京オリンピックは昭和・高度経済成長期、Dのベルリンの壁崩壊は平成元年。よって時代順に並べると、B－A－C－Dになる。

6. 問2 日本銀行は、不景気の時には国債などを一般の銀行から買い上げ、市場の通貨量を増やし、経済を活性化させる。これを日銀の「公開市場操作」という。**問3** 学識経験者を委員とし、独占禁止法の違反事実の調査、勧告や審判を行い、消費者の利益を守ることを目的としている。独占禁止法の番人といわれる。グラフ「a」は供給曲線、「b」は需要曲線である。一般に需要量と供給量が一致したとき、需給のバランスは均衡状態に入る。このときの価格を均衡価格とよぶ。グラフではふたつの曲線が交わる点の価格が均衡価格である。ある商品の生産効率が上がると供給量は増加する。供給量の増加を示しているグラフは、「a」が右に移動して「a′」となっているイである。この時、均衡価格は「b」と「a′」の交点になり、もとの交点より下がっている。**問4** この市では、キャッシュレスだけ支払い可能な店は罰金を科すとあるので、キャッシュでの支払いも受け入れるよう、条例は求めていることになる。資料2を見ると、世帯年収が低い家庭の約4分の1は銀行口座を持っていない。これらの点を考慮し条例制定の理由を書く。

英語 ●解答と解説

【解答】

1	A		No. 1	a	正・(誤)	b	正・(誤)	c	(正)・誤
			No. 2	a	正・(誤)	b	(正)・誤	c	正・(誤)

	B	No. 1	エ		No. 2	ウ

	C	Part 1	ア	drama
			イ	station
			ウ	tea
		Part 2	No. 1	ア	No. 2	イ
			No. 3	I will talk to foreigners at the Tokyo Olympic Games in 2020.　など		

2	①	ア	②	オ	③	ウ	④	イ

3	問1	A	エ
		B	ア
		C	イ
	問2		ウ
	問3	あ	it'll be very expensive　など
		い	ask exchange students from the U.K. about it　など
	問4		ア
	問5		¥800
	問6		(略)
	問7		イ　｜　オ

4	問1	エ
	問2	I'll play *shogi* with elderly people.　など
	問3	A	カ	B	エ	C	イ
	問4	(第1文) エ → (第2文) ア → (第3文) ウ → (第4文) イ
	問5	イ
	問6	(略)

【配点】

1　A,B　3点×4
　　C Part1　3点×3　Part2 No.1,No.2　3点×2　No.3　4点
2　3点×4
3　問1　2点×3　問2　2点　問3あ　3点　い　4点
　　問4　2点　問5　3点　問6　6点　問7　2点×2
4　問1　3点　問2　4点　問3　2点×3　問4,5　3点×2　問6　8点

【解説】

1　リスニング

A- No.1　A：Takashi, どこで明日、会いましょうか。
　　　　　B：ええっと、Judy. 市役所はどう？
　　　　　A：いいよ。何時？
[Q] Takashi は次に何といいますか。
[A] c. 1 時に。

A- No.2　A：White 先生、（体調が）よくありません。昼食時に休んでもいいですか。
　　　　　B：どうしたの、John？
　　　　　A：頭が痛いのです。私は次の時間のテストを欠席したくないのです。
　　　　　B：分かりました。このベッドを使ってもいいですよ。
[Q] 誰が話していますか。
[A] b. 生徒と保健室の先生

B- No.1　A：やあ、Keita。
　　　　　B：やあ、Jane。僕は香港の友達にメールを書くために、いくつかの英単語を調べようとしているんだ。
　　　　　A：あら、あなたが香港に友達がいると知らなかった。
　　　　　B：いるよ。彼の英語は私の（英語）よりかなりうまいよ。
[Q] Keita は何を見ているのですか。

B- No.2　A：どこで私は本屋を見つけられますか。
　　　　　B：3 階に上がってください。そうすればパソコン店のとなりに見えます。
　　　　　A：3 階？パソコン店のとなり？
　　　　　B：はい。そしてコーヒーショップの前です。
[Q] 本屋はどこですか。

2　適する文を補充（大意）

T：今日、私たちが話すのは、「高校に行くとき、自転車に乗るかバスに乗るか、どちらがいいか。」についてです。Satoshi と Erika、あなたたちの意見を私たちに言ってください。
S：私は自転車に乗る方が、よいと思います。
T：なぜそう思うのですか。
S：バスを長く待たなくてもよいから、時間を節約するよい方法です。①高校生はとても忙しいとみんな言っています。
E：もしそうなら、代わりにバスに乗るべきです。②あなたがバスに乗っているとき、勉強したり読書したりできます。そうするれば、より多くの時間を節約できます。Satoshi、どう考えますか。
S：③きっとその通りですが、さらに、いくつかあなたに言うことがあります。自転車で学校に行くと、あなたの健康によいですよ。それは環境にもいいです。
E：分かります。でも、雨が降ったり、学校がとても家から遠ければ、どうしますか。自転車に乗るのはとても危険です。④学校に安全に行くことは重要だと思います。
T：ありがとう。自転車に乗ることと、バスに乗ることとは両方によい点があります。今、私は他の生徒に尋ねてみます。他の意見はありませんか。

3　資料つきの対話文（大意）

H：Shinji、6 月 1 日の日曜日に何か予定はある？
S：6 月 1 日？今から 2 ヶ月あるね。なにも計画はないよ。
H：それなら、Hibari Park の国際フードフェスティバルに来ない？
M：あっ、あなたの大学の他の交換留学生と準備しているものだね。
F：[A] おもしろそうだね。Hoa, それについてもっと私たちに話してよ。
H：はい。①これがフェスティバルのパンフレットです。
A：ワァオ！楽しめそうな企画がたくさんあるね。行こうよ！

H：[B] それは良かった。たくさんの出店とステージ
　　でのイベントがありますよ。

M：食べ物はいくら？〈あ：自由英作文5語以内〉

H：心配しないで。このフェスティバルの目的はお金
　　を稼ぐことではないから、全て安いですよ。みな
　　さんに楽しんでほしいのです。チケットも安く手
　　に入りますよ。

A：見て！2000円のチケットセットを買うと、3枚
　　のチケットが無料でもらえるって書いてある。こ
　　のセットを買うべきよ。

F：いいじゃないか。私はカレーが食べたい。Shinji
　　は何を食べる？

S：焼きそばを食べようかな。ところで、パンフレッ
　　トに僕の知らない食べ物がある。フィッシュ・ア
　　ンド・チップスって何？

H：イギリスの伝統的な食べ物だよ。魚が揚げられて
　　いる。「チップス」は「French Fries」と他の国
　　で言われているよ。そして、日本語では「フライド・
　　ポテト」とみんな言っているね。

A：それなら、なぜこれらの2つの異なる英語が「フ
　　ライド・ポテト」になったんだろうね。

M：解らないわ。だから〈い：自由英作文6語〜10語〉

A：うん。英単語を学ぶ良い機会ね。ところで、私は
　　ベトナム料理を食べてみたい。フォーとかね。

M：私も同じものを食べよう。Hoa は何を食べる？

H：実は、トークショーが終わるまで食べる時間がな
　　いです。ベトナムの食文化について話します。朝
　　はアシスタントとしてコンサートを手伝います。

S：それなら、トークショーが終わったら一緒に何か
　　食べよう。あなたは遅いランチを食べて、私たち
　　はデザートを一緒に食べられる。僕はアップルパ
　　イを食べるよ。

M：私はジェラートを買って、お父さんと分けるわ。

A：お父さん、私は全部デザートを買ってもいい？

F：いいよ。②君は大食いだからね。Hoa、③私たち
　　が使わないチケットを使って。

M：いいね。クッキングショーはどんな感じ,Hoa？

H：ええと、まだ作るものについて考えています。何
　　かアイディアをくれませんか。

M：[C] ええと…。小麦粉からギョウザの皮をつくる方
　　法を見せたらどう？見ている人の何人かが作って
　　みて、それを食べてみることができたら、いいよね。

H：いいアイディアをありがとうございます。④今夜
　　友達にそのことをメールします。

4　長文（大意）

（1段落）これらのグラフが何についてのものか知っ
ていますか。グラフ1は、2000年に50歳以下の人
が、日本の人口の半分を超えたことを示しています。

一方、グラフ2は、50歳以上の人が2030年に半数
を超えることを示しています。これを少子高齢社会と
いいます。先月、私はこの問題に関するテレビ番組を
見ました。高齢者の健康管理は多くの費用がかかると
言っていました。日本は将来同じ医療制度を保てませ
ん。いくつかの家族は老夫婦で、しばしば高齢者が、
家族の他の高齢者の世話をしなければなりません。こ
れらは深刻な問題だと思います。私たちの周りで同様
の問題があると思いませんか。

　私は自分の町で例を探しました。初めに父に、彼の
中学校について尋ねたとき、今より多いクラス数に驚
きました。父が学生だったとき、各学年6クラスあっ
たそうです。今はたった3クラスです。また、近くの
2つの小学校が、来年1つの新しい学校になり、これ
らは、町の子供の数が減っていることを示しています。

　次に私の家の周りにはお年寄りだけで住んでいる
家がたくさんあります。祖父が5年前に亡くなってか
ら、祖母はとなりの家に一人で住んでいます。向かい
は老夫婦の世帯です。私の町の何%が老夫婦の世帯
なのか、両親に尋ねると、約20%だそうです。

　私の母と彼女の友達は、時々ゴミ出しをして、お年
寄りを助けています。去年の冬、多くの雪がふりまし
た。お年寄りに雪かきはとても大変でした。町の若い
人が、ボランティアとして雪かきを手伝いました。私
の母は、毎日の生活の中でお年寄りのためにできる小
さなことがたくさんあると言っています。

　先週、いくつかの悲しいニュースを聞きました。私
の町の伝統的な祭りが来年は行われません。若い人
が少なすぎるので、祭りを開けないのです。父が子供
の頃、町の若い人がその祭りの重要な部分を担って
いました。彼らは、町中で重い神輿を運び回りました。
しかし、それを運べる若い人はほんの僅かしかいませ
ん。年配の世代はそんなに体が強くなく、遂に、町の
会議で祭りをしないことに決めました。

　もしこの状況が続くと、私たちの町に何が起こるか
想像してみましょう。もっとお年寄りが増え、子供は
わずかしかいなくなるでしょう。〈問6：自由英作文
4文以上〉その問題はもっと深刻になるでしょう。

　この問題について、どう思いますか。私は私たち自
身が解決法を見つけなければならないと思います。こ
こが私たちのホームタウンなのだから。簡単には高齢
化社会を止められないけれど、未来を明るくするため
に、私たちができる何かがあると信じています。私た
ちの町を楽しく暮らせる町にするために何をすべきで
しょうか。

英語 ●放送による問題

〔チャイムⅠ〕　これから，聞くことの検査を始めます。問題用紙の１ページと２ページを見て下さい。（３秒）問題は，**A**，**B**，**C**の３つに分かれています。英語は，すべて２回繰り返します。メモを取ってもかまいません。答えはすべて解答用紙に記入しなさい。（３秒）

　それでは，**A**の問題を始めます。**A**では，２つの場面の英文を読みます。それぞれの英文の後に質問とその答えを読みますから，答えが正しいか，誤っているかを判断して，記入例のようにマルで囲みなさい。なお，各質問に対する正しい答えは１つです。

　では，始めます。

〔No. 1〕　**A**: Takashi, where shall we meet tomorrow?

　　　　　B: Well, Judy. How about at the city hall?

　　　　　A: OK. What time?

　　　　　　　　　　　　　　　　　　　　　　　（間１秒）

　　　Question: What will Takashi say next?

　　　Answer:　**a**．At the gate.

　　　　　　　　b．On Sunday.

　　　　　　　　c．At one o'clock.

繰り返します。

　　　　　　　　　　　　　　　　　　　　　　　（Repeat）

　　　　　　　　　　　　　　　　　　　　　　　（間２秒）

〔No. 2〕　**A**: I don't feel well, Ms. White. May I take a rest during lunchtime?

　　　　　B: What's wrong, John?

　　　　　A: I have a headache. I don't want to miss the test next period.

　　　　　B: I see. You can use this bed.

　　　　　　　　　　　　　　　　　　　　　　　（間１秒）

　　　Question: Who is talking?

　　　Answer:　**a**．A doctor and his wife.

　　　　　　　　b．A student and his school nurse.

　　　　　　　　c．A boy and his classmate.

繰り返します。

　　　　　　　　　　　　　　　　　　　　　　　（Repeat）

　　　　　　　　　　　　　　　　　　　　　　　（間２秒）

　次に，**B**の問題に移ります。**B**では，２つの場面の英文を読みます。それぞれの英文の後に質問を読みますから，問題用紙にある**ア，イ，ウ，エ**から正しい答えを１つずつ選び，その符号を書きなさい。

　では，始めます。

〔No. 1〕

A: What's up, Keita?

B: Hi, Jane. I'm trying to find some English words to write an e-mail to my friend in Hong Kong.

A: Oh! I didn't know you had a friend in Hong Kong.

B: I do. His English is much better than mine.

　　　　　　　　　　　　　　　　　　　　　　　（間１秒）

Question: What is Keita looking at?

繰り返します。

　　　　　　　　　　　　　　　　　　　　　　　（Repeat）

　　　　　　　　　　　　　　　　　　　　　　　（間２秒）

〔No. 2〕

A: Where can I find a bookstore?

B: Go up to the third floor, and you'll see it next to the computer shop.

A: Third floor? Next to the computer shop?

B: Yes, and it is in front of the coffee shop.

　　　　　　　　　　　　　　　　　　　　　　　（間１秒）

Question: Where is the bookstore?

繰り返します。

　　　　　　　　　　　　　　　　　　　　　　　（Repeat）

　　　　　　　　　　　　　　　　　　　　　　　（間２秒）

次に，Cの問題に移ります。Cでは，ある中学校の，英語を使って活動を楽しむ行事，「イングリッシュ・デイ（**English Day**）」について ALT や生徒が話している場面の英文が流れます。なお，**C**は，**Part 1**と**Part 2**の，2つの問題に分かれています。

それでは，**Part 1**を始めます。**Part 1**では，ALT のブラウン（**Brown**）先生が，イングリッシュ・デイについて説明している場面の英文が流れます。放送を聞きながら，表の**ア，イ，ウ**のそれぞれの空欄に当てはまる適切な英語を書きなさい。
では，始めます。

Good morning, everyone. English Day is going to be held next week. On English Day, three groups will do different activities in English. I will tell you about them. So please choose which group you want to join.

Group One is for music lovers. You will practice a short music drama in English and show it to the other students at the end of the day. Please meet at the school theater if you would like to join Group One.

If you like history, you should choose Group Two. In this group, you will visit our famous castle and have a tour with an English guide. After the tour, you will come back to school, make an English guidebook of the castle, and give the guidebook to the other students. Please meet at the station to go to the castle.

Group Three is also a lot of fun. In this group, you will learn about English culture and drink some English tea. Later that day, you will enjoy making tea for the other students. Please meet at the school cafeteria to join Group Three.

I hope you will all enjoy English Day. Please remember: don't speak Japanese during the activities and don't be afraid of speaking English!

繰り返します。

(Repeat)

(間 3 秒)

次に，**Part 2**に移ります。**Part 2**では，カルロス（**Carlos**）さんとユミ（**Yumi**）さんが，イングリッシュ・デイの説明を聞いた後に話し合っている場面の英文が流れます。そのあと，**No. 1**から**No. 3**まで3つの質問を読みますから，問題用紙の指示に従ってそれぞれ書きなさい。
では，始めます。

Carlos: Hi, Yumi. Isn't it exciting to speak only English during our activities on English Day?

Yumi: Hi, Carlos. Yeah, I think you are excited because you speak English very well. I'm a little worried because I'm not good at English. But I hope I will enjoy it.

Carlos: I'm sure you will. Which group are you going to join?

Yumi: I don't know yet. I like to listen to music, so the music drama may be fun, but I'm not a good singer...

Carlos: You worry too much about everything!

Yumi: I know... By the way, which group are you going to join?

Carlos: I'm going to visit the castle. I love Japanese castles, so the tour will be a lot of fun.

Yumi: Great! You can learn a lot about Japanese history. Well, I think I will join the music drama group, and learn how to speak English and sing better.

Carlos: Good luck, Yumi! I'm sure your English will get better!

(間 3 秒)

Question:

〔**No. 1**〕 Why is Yumi worried about English Day?

Answer: **ア**．Because she is not good at English.

イ．Because she does not like English.

ウ．Because she does not like music.

(間 2 秒)

〔**No. 2**〕 Which group is Carlos going to join?

Answer: **ア**．Group One.

イ．Group Two.

ウ．Group Three.

(間 2 秒)

〔**No. 3**〕 Imagine you joined English Day and your English got better.
When and where will you use your English skills?

(間 5 秒)

繰り返します。

(Repeat)

(間 5 秒)

以上で，聞くことの検査を終わります。〔**チャイムⅡ**〕

数学 ●解答と解説

【解答】

1	(1)	ア	7
		イ	-14
		ウ	$4x^2$
		エ	$\dfrac{-a+7b}{6}$
		オ	$\sqrt{3}$
	(2)		$x=\dfrac{3\pm\sqrt{17}}{4}$
	(3)		$\dfrac{11}{36}$
	(4)		$a=-3$
	(5)		27 回

2	(1)	2 秒後

(2) 〔n を用いた式〕
$$(12n-10)\ \text{m}$$

〔考え方〕
2点 P，Q が頂点 C で初めて出会うのは，P が 2 m
動いたときで，その後 12 m 動くごとに C で出会う。

C で出会う回数	1	2	3	…
P が動いた長さ	2	2＋12	2＋12×2	…

表より，C で n 回出会うときの P が動いた長さは
$2+12(n-1)=12n-10$

3	(1)	1080 円
	(2)	$y=150x-800$

(3) 〔計算〕
水道料金のグラフは，点$(0,700)$を通り，傾きを
1 m³ あたりの料金とする直線である。条件を満
たすには，この直線の傾きが，点$(20,2200)$を通
る直線の傾きよりも大きく，点$(30,3700)$を通る
直線の傾きよりも小さくなればよい。
点$(20,2200)$を通る直線の傾きは $\dfrac{2200-700}{20-0}=75$
点$(30,3700)$を通る直線の傾きは $\dfrac{3700-700}{30-0}=100$

〔答〕75 円より高く，100 円より安くするとよい。

---

4 〔方程式と計算〕
ドーナツを x 個，カップケーキを y 個販売したと
すると
$$\begin{cases} 40x+30y=4000 \\ 100x+150y=15400 \end{cases}$$

（計算は略）

〔答〕$\begin{cases} \text{ドーナツ}\quad 46\ \text{個} \\ \text{カップケーキ}\quad 72\ \text{個} \end{cases}$

5

6	(1)	100 度

(2) 〔証明〕
△GCD と △QPF において
CD∥PF より，錯角は等しいので
　∠GDC＝∠QFP …①
対頂角は等しいので　∠DGC＝∠FGA …②
PQ∥AG より，同位角は等しいので
　∠FGA＝∠FQP …③
②，③より，∠DGC＝∠FQP …④
①，④より，2 組の角がそれぞれ等しいから
　△GCD∽△QPF

(3) 〔計算〕
辺 AB を軸として，点 C を対称移動した点を H と
する。CP＋PD＝HP＋PD より CP＋PD の最短
の長さは，HD の長さに等しい。
BC＝4，∠ABC＝60° より
CH＝$2\sqrt{3}\times2=4\sqrt{3}$
∠HCD＝90° より
HD＝$\sqrt{6^2+(4\sqrt{3})^2}=2\sqrt{21}$

〔答〕$2\sqrt{21}$ cm

7	(1)	辺DC，辺EF，辺HG

(2) 〔計算〕
CP＝PE＝EQ＝QC より，四角形 CPEQ はひし形
である。
CE＝$\sqrt{CG^2+GE^2}=\sqrt{4^2+3^2+1^2}=\sqrt{26}$
同様にして　PQ＝$\sqrt{(3-1)^2+3^2+1^2}=\sqrt{14}$
したがって，求める面積は
$\dfrac{1}{2}\times\sqrt{26}\times\sqrt{14}=\sqrt{91}$

〔答〕$\sqrt{91}$ cm²

(3) 〔計算〕
3 点 Q，H，G を通る平面でこの立体を切断す
ると，四角すい QPHGC と三角すい QHFG が
できる。
したがって，求める体積は
$(3+4)\times3\times\dfrac{1}{2}\times1\times\dfrac{1}{3}+3\times1\times\dfrac{1}{2}\times1\times\dfrac{1}{3}$
$=\dfrac{7}{2}+\dfrac{1}{2}=4$

〔答〕4 cm³

【配点】

1 (1)(2) 3 点×6 (3)～(5) 4 点×3
2 (1) 3 点 (2) 7 点 3 (1) 3 点 (2) 4 点 (3) 7 点
4 10 点 5 8 点 6 (1) 3 点 (2) 4 点 (3) 7 点
7 (1) 3 点 (2) 4 点 (3) 7 点

【解説】

1

(1) ア 与式＝5＋2＝7
　イ 与式＝$-2\times9+4=-18+4=-14$
　ウ 与式＝$2x^2y^2\times\dfrac{2}{xy^2}=4x^2$
　エ 与式＝$\dfrac{2(a+2b)-3(a-b)}{6}$
　　　　＝$\dfrac{2a+4b-3a+3b}{6}$
　　　　＝$\dfrac{-a+7b}{6}$
　オ 与式＝$2\sqrt{3}-\dfrac{3\sqrt{2}}{\sqrt{6}}=2\sqrt{3}-\dfrac{3\sqrt{2}\times\sqrt{6}}{\sqrt{6}\times\sqrt{6}}$
　　　　＝$2\sqrt{3}-\dfrac{3\sqrt{12}}{6}=2\sqrt{3}-\dfrac{6\sqrt{3}}{6}$
　　　　＝$2\sqrt{3}-\sqrt{3}=\sqrt{3}$

(2) 解の公式より
　$x=\dfrac{3\pm\sqrt{9-4\times2\times(-1)}}{4}$　　$x=\dfrac{3\pm\sqrt{9+8}}{4}$
　$x=\dfrac{3\pm\sqrt{17}}{4}$

(3) 大小 2 つのさいころを同時に 1 個投げるときの
　出た目は 36 通り，5 の倍数の出る目（大，小）＝

$(1、5)(2、5)(3、5)(4、5)(5、1)(5、2)(5、3)$
$(5、4)(5、5)(5、6)(6、5)$の 11 通り　よって、$\dfrac{11}{36}$

(4) y の変域が$-12\leqq y\leqq$ より a は負の数である。
　また、x の変域が異符号だから点$(2、-12)$を通る。
　$-12=a\times2^2$　$4a=-12$　$a=-3$

(5) 10 人の中央値が 25 回だから（5 番目の回数＋6 番
　目の回数）÷2＝25 である。5 番目の回数を x とす
　ると $\{x+(x+4)\}\div2=25$　$(2x+4)\div2=25$
　$x+2=25$　$x=23$　よって、5 番目が 23 回、6 番目
　は 27 回である。A さんは、28 回だから、6 番目より
　回数は多い。よって、11 人の中央値は 6 番目になる
　ので、中央値は 27 回である。

2

(1) 点 P は毎秒 2 m、点 Q は毎秒 1 m で動くので、点 P
　は、A→C→E→A とくり返す。点 Q は、A→F→E→
　D→C→B→A をくり返す。よって、初めて出会う
　のは、点 E で 2 秒後である。

(2) 2 点 P、Q が頂点 C 上で出会うのは、1 秒後、7 秒後、
　13 秒後……である。1 秒後の点 P は 2 m、7 秒後の
　点 P は 14 m、13 秒後の点 P は 26 m である。

よって、

出会う回数	1	2	3	……	1	n
点Pの動いた長さ	2	14	26	……	1	12n−10

よって、(12n−10)mである。

3

(1) 基本料金が1000円である。4m³あたり20円だから4m³×20円＝80円　よって1000＋80＝1080である。

(2) グラフは2点(20、2200)、(30、3700)を通るので、y＝ax＋bとすると、$\begin{cases} 2200=20a+b \\ 3700=30a+b \end{cases}$

これを解いて、a＝150、b＝−800

よって、y＝150x−800である。

(3) ①のグラフが20m³使ったときに同じ料金となり、②のグラフが30m³使ったときに同じ料金となる。①のグラフは、y＝ax＋bとおくと、2200＝a×20＋700これを解いて、a＝75　②のグラフは、y＝ax＋bとおくと、3700＝a×30＋700これを解いて、a＝100　aの値は、1m³の使用料金と等しいので、75円より高く、100円より安くすればよい。

4　ドーナツをx個、カップケーキをy個作ったとする。ドーナツ1個の小麦の量が40g、カップケーキ1個の小麦の量が30g必要であり、合計4000g(4kg)使ったので、40x＋30y＝4000−①　これを解いて、x＝46、y＝72　よって、ドーナツ46個、カップケーキ72個である。

ドーナツの販売価格は1個100円、カップケーキ1個の販売価格は150円であり、合計が15400円なので、100x＋150y＝15400−②

5　①の条件より、線分ACの垂直二等分線を引く。

②の条件より、直径に対する円周角は、90°である。

点Cを通る垂線を引く。その交点がPである。

6　(1)∠ABC＝60°より、∠CDA＝60°である。

∠CDE＝∠CDA−∠ADP＝60°−21°＝39°である。

三角形の内角の和は180°であるから、

∠CED＝180°−(∠ACD＋∠CDE)

$\qquad$＝180°−(41°＋39°)

$\qquad$＝180°−80°

$\qquad$＝100°

7　(2)CD＝3、DP＝1である。三平方の定理より

CP＝$\sqrt{CD^2+DP^2}$＝$\sqrt{3^2+1^2}$＝$\sqrt{9+1}$＝$\sqrt{10}$

同様にPE＝EQ＝QC＝$\sqrt{10}$　4つの辺の長さがすべて等しいので、四角形CPEQはひし形である。

CE＝$\sqrt{CB^2+AC^2+CF^2}$＝$\sqrt{1^2+4^2+3^2}$

＝$\sqrt{1+16+9}$＝$\sqrt{26}$　点Qを通り面FGHEと平行な面を面QRSTとする。

PQ＝$\sqrt{PS^2+ST^2+TQ^2}$＝$\sqrt{2^2+1^2+3^2}$

＝$\sqrt{4+1+9}$＝$\sqrt{14}$

よって、求めるひし形CPEQ＝$\frac{1}{2}$×$\sqrt{26}$×$\sqrt{14}$

＝$\frac{1}{2}$×$\sqrt{2}$×$\sqrt{13}$×$\sqrt{2}$×$\sqrt{7}$＝$\sqrt{91}$

(3)点Qと点H、点Qと点Gを結ぶ。

3点Q、H、Gを通る平面でこの立体を切断すると、三角錐QHFGと四角錐QCPHGに分けられる。

三角錐QHFG＝$\frac{1}{3}$×$\frac{1}{2}$×FG×GH×QF

$\qquad\qquad$＝$\frac{1}{3}$×$\frac{1}{2}$×1×3×1＝$\frac{1}{2}$

四角錐QCPHG＝$\frac{1}{3}$×$\frac{1}{2}$×(PH＋CG)×GH

$\qquad\qquad$＝$\frac{1}{3}$×$\frac{1}{2}$×(3＋4)×3＝$\frac{7}{2}$

求める体積は、$\frac{1}{2}$＋$\frac{7}{2}$＝4

国語 ●解答と解説

【解答】

【配点】
一　問1　2点×4　問2　2点×4
合計16点

二　問1　3点　問2　2点
　　問3　4点　問4　4点
　　問5　3点　問6　6点
　　問7　7点
合計29点

三　問1　2点　問2　3点
　　問3　(1)　7点　(2)　3点
　　問4　3点　問5　5点
　　問6　7点
合計30点

四　問1　2点　問2　2点×2
　　問3　3点
　　問4　A　2点　B　4点
合計15点

五　10点

問題番号	一		二							三						四				五
	問1	問2	問1	問2	問3	問4	問5	問6	問7	問1	問2	問3	問4	問5	問6	問1	問2	問3	問4	
解答例	(1)もう(ける)　(2)どうそう　(3)した(われて)　(4)えつらん	(1)功績　(2)練(る)　(3)警笛　(4)耕(す)	自分	イ	憧れのマコちゃんが、英会話スクールの講師をしているから。	エ	ア	ネイルをつけて出勤したえなを叱った泰子先生が、子ども達の前でえなの手を働き者の手と言っていたから。	えなが、ネイルをつけた自分の爪を萌香に素敵だと思わせて爪噛みをやめさせようとしたが、実際にやめたのは、泰子先生がほめてきれいな爪になりたいと思ったからである。	ウ	計算能力に優れているということ。	(1)円錐に近い形で色といった特徴をつかみ、その特徴とは異なるものについても、経験からイチゴかどうかを柔軟に判断する。 (2)ビッグデータ	ライオンがいる など	ア	（人間の）パターン認識能力は、少ない情報から大きなパターンを見出す能力であり、間違う可能性もあるが、この能力によって人間は生き残ることができたから。	たまい	腹くじり／件の相撲	中納言が相～さんずるぞ	A 中納言／B 中納言が相撲をやめて学問に励むようになること	(略)

【解説】

一　漢字
その他マスターしておきたい漢字

もうける　□設ける　・せってい　□設定
どうそう　□同窓　・まどべ　□窓辺
したわれる　□慕われる　・ぼじょう　□慕情
えつらん　□閲覧　・けんえつ　□検閲
こうせき　□功績　※「積」と注意
ねる　□練る　※同音「寝る」と注意
けいてき　□警笛　・きてき　□汽笛
たがやす　□耕す　・こうち　□耕地

二　小説
人物・場面
えな　幼稚園教諭二年目
萌香　瑠々　園児
泰子先生　先輩
・ネイルを先輩に「頭ごなしで悪いと断定」
・「自分なりに一生懸命」
・「やめちゃおうか、幼稚園」→ネイル取る
・「爪噛み治った」萌香の母に感謝される
・泰子先生が園児に「えな先生の手は働き者の手」
※易しい（正解したい）基本問題。
問1、2、4、5

問3　理由説明
傍線前のキーワード、
「憧れのマコちゃん」「英会話スクールの講師」。

問5　傍線前のキーワード「しどろもどろ」。
問6　泰子先生に対する心情。ＡＢがポイント。
A「頭ごなしで悪いと断定」
B園児に「えな先生の手は働き者の手」
【別解】ネイルを「頭ごなしで悪いと断定」した泰子先生が、園児に「えな先生の手は働き者の手」と言ったと聞いたから。
問7　80字記述。
コツ1：解答の後半から考える。
萌香の爪噛みが治った理由「ネイルを取っても、えなのようにきれいな爪になりたいと思ったから」
コツ2：条件を守る＋字数（80字の8割以上）に合わせる。えなが萌香の爪噛みをやめさせるためにとった方法「ピンクのネイルを素敵だと感じてくれたなら、爪噛みしなくなるかも」

三　論理的文章
全体をキーワードからつかむ
起
コンピュータ　計算能力優れている
承
人間の脳　パターン認識能力優れている
転
人間のパターン認識は間違えやすい：原始人の例
結
人間は少ない情報から大きなパターンを見出せる
※易しい（正解したい）基本問題。
問1、2、5
問1　熟語の構成
音声　似た意味の漢字＝合併

握力　「握る力」　修飾語＋名詞
越境　「境を超える」動詞＋目的語（〜を）
伸縮　「伸び縮み」対になる漢字
問2　傍線前のキーワード。
「優れている点は計算能力」
問3　（1）60字記述。
コツ1：【資料】から適切な場所を探す→2段落
コツ2：キーワード「円錐に近い形」「赤」「総合的
に」「柔軟に判断」を見つけ、字数に合わせる。
問4　接続詞
問5　3行前「ライオンがいる」。
問6　60字記述。
コツ1：解答の後半から考える。
「この能力によって「生き残ってきた」から。
（10段落利用）
コツ2：条件を守る＋字数（60字の8割以上）に
合わせる。
「人間のパターン認識能力は」に続くように内容を
要約する。
「少ない情報から大きなパターンを見出す能力」（傍
線④の直前）
※模範解答の「間違う可能性もある」の部分はなく
ても良いと思われる。

四　古文
中納言は、相撲・競馬が好きで、学問をなさらなかっ
たので、父の大臣が、叱ったけれど、強いることは
できなかった。その時、相撲某という強い力士がい
た。敵の腹へ頭を入れ、必ずえぐって倒したので、『腹
くじり』と呼ばれていた。
　（父は）例の相撲（取り）を呼んで、「（息子の）
中納言が、相撲を好きすぎて困っている。（あいつ
を）くじり倒してくれ。そうすればほうびをやろう。
負けたら命はないぞ」とおっしゃった。その後すぐ、
中納言に「腹くじりと勝負しろ、負けたら、今後、
相撲はやめろ」中納言はかしこまって聞いていた。
　すぐに決戦したが、中納言は、相手の好むままに
身をまかせたので、腹くじりは『しめた』と喜んで
頭をくじり入れる。その後、中納言は、相手のまわ
しをとって、前へ強く引ひいたので、首が折れると
思い、（腹くじりは）うつぶせに倒れた。大臣は、がっ
かりした。腹くじりは急いで行方をくらました。
※易しい（正解したい）基本問題。
問1　（歴史的仮名遣い）
※登場人物を抑えよう。
父「大臣」　息子「中納言」
強い力士、あだ名「腹くじり」
コツ：省略されている主語を補いながら読む。

問4　採点例
0点　相撲をやめること。
2点　中納言（息子）が相撲をやめること。

五　作文
【メモ】【新聞原稿】、複数の資料から、条件を満た
して書く。
■目標時間「八分」
採点基準例
○百五十字未満…0点、百八十字未満…3点減点
○条件守られていない（だ・であるになっていない）
…3点減点
○原稿用紙決まり違反（段落最初の一マス目）
○話し言葉
○主語と述語が合っていない。
○誤字脱字など　各減点1点
作文回答例
サラ先生ありがとう二年間
　「最も伝えたい語句」は、記事原稿の主役である「サ
ラ先生」と、先生がお別れ会で全校生徒に伝えたメッ
セージの「ありがとう」の二つである。字数制限の
12字まで、あと3字使うことができるので、サラ
先生が長い期間学校で過ごしたことを強調するため
に「二年間」という語句を付け加えた。
　また、表現技法として「サラ先生」と呼びかけ、「二
年間」という体言止めで結ぶことで、見出しの印象
を強めた。

理科 ●解答と解説

【解答】

<table>
<tr><td rowspan="10">1</td><td rowspan="2">問1</td><td>(1)</td><td>銀河系（天の川銀河）</td></tr>
<tr><td>(2)</td><td>ア</td></tr>
<tr><td rowspan="2">問2</td><td>(1)</td><td>単体</td></tr>
<tr><td>(2)</td><td>ア，イ，エ</td></tr>
<tr><td rowspan="2">問3</td><td>(1)</td><td>消化</td></tr>
<tr><td>(2)</td><td>イ</td></tr>
<tr><td rowspan="2">問4</td><td>(1)</td><td>浮力</td></tr>
<tr><td>(2)</td><td>ウ</td></tr>
</table>

<table>
<tr><td rowspan="6">2</td><td>問1</td><td colspan="2">器官</td></tr>
<tr><td>問2</td><td colspan="2">水や養分と接する面積が広くなるから。</td></tr>
<tr><td>問3</td><td colspan="2">ア</td></tr>
<tr><td>問4</td><td colspan="2">1つ1つの細胞が、離れやすくなるから。</td></tr>
<tr><td rowspan="2">問5</td><td>①</td><td>核</td></tr>
<tr><td>②</td><td>先端付近の細胞が分裂して数がふえ、
1つ1つの細胞が大きくなる</td></tr>
</table>

<table>
<tr><td rowspan="8">3</td><td rowspan="3">問1</td><td>(1)</td><td>エ</td></tr>
<tr><td>(2)</td><td>集気びん内の酸素が減ったから。</td></tr>
<tr><td>(3)</td><td>エ</td></tr>
<tr><td rowspan="3">問2</td><td>(1)</td><td>反応によって生じた熱が次の反応を引き起こしたから。</td></tr>
<tr><td>(2)</td><td>$HCl \rightarrow H^+ + Cl^-$</td></tr>
<tr><td>(3)</td><td>ウ</td></tr>
<tr><td rowspan="2">問3</td><td>(1)</td><td>ウ　→　ア　→　イ　→　エ</td></tr>
<tr><td>(2)</td><td>鉄と結びついた酸素の質量と，発熱による蒸発で減少した水の質量がほぼ同じであったから。</td></tr>
</table>

<table>
<tr><td rowspan="6">4</td><td rowspan="4">問1</td><td>(1)</td><td>ウ</td></tr>
<tr><td>(2)</td><td>63　%</td></tr>
<tr><td>(3)</td><td>北東</td></tr>
<tr><td>(4)</td><td>気温が上がったため，飽和水蒸気量が大きくなったから。</td></tr>
<tr><td rowspan="2">問2</td><td>①</td><td>ウ</td></tr>
<tr><td>②</td><td>C</td></tr>
</table>

<table>
<tr><td rowspan="9">5</td><td>問1</td><td colspan="2">位置エネルギー</td></tr>
<tr><td>問2</td><td colspan="2">0.03 J</td></tr>
<tr><td rowspan="2">問3</td><td colspan="2">（大きさの関係）　等しい</td></tr>
<tr><td colspan="2">（向きの関係）　逆</td></tr>
<tr><td>問4</td><td colspan="2">ア</td></tr>
<tr><td>問5</td><td colspan="2">（グラフ）

（高さ）　16.0 cm</td></tr>
<tr><td rowspan="2">問6</td><td colspan="2">（時間）　長くなる。</td></tr>
<tr><td colspan="2">（速さ）　変化しない。</td></tr>
</table>

<table>
<tr><td rowspan="5">6</td><td>問1</td><td colspan="2">イ</td></tr>
<tr><td>問2</td><td colspan="2">ア</td></tr>
<tr><td rowspan="3">問3</td><td>(1)</td><td>2500 匹</td></tr>
<tr><td>(2)</td><td>水面付近の水は，底の水と比べて温度が高く，密度が小さいため水面付近にとどまるから。</td></tr>
<tr><td>(3)</td><td>水に溶けて酸性を示す二酸化炭素を，オオカナダモが光合成を行うことで，吸収したから。</td></tr>
</table>

【配点】

1　問1〜4　2点×8
2　問1　2点　問2〜4　3点×3　問5　完答5点
3　問1　2点×3　問2　2点×3　問3　(1) 2点　(2) 4点
4　問1　(1) 2点　(2)〜(4) 3点×3　問2　① 2点　② 4点
5　問1　2点　問2　3点　問3　完答3点　問4　2点
　　問5　完答3点　問6　完答4点
6　問1　2点　問2　3点　問3　(1) 3点　(2)〜(3) 4点×2

【解説】

1　[小問総合]

問1 (1) 数億〜数千億個の恒星がつくる集団を銀河という。銀河の中でも我々の住む太陽系を含む銀河を銀河系という。　(2) 星座が動いて見えるのは、地球が地軸を中心に自転しているからである。そのため、地軸の延長線上にある北極星は動かないように見える。

問2 (1) 1種類の原子からできている物質を単体、2種類以上の原子からできている物質を化合物という。(2) 磁石につくのは鉄だけ。

問3 (1) 食物が分解されて、吸収されやすい小さな粒になることを消化という。　(2) アミラーゼはデンプンを、ペプシンとトリプシンはたんぱく質を、リパーゼは脂肪を分解する。

問4 (1) 水圧は水面からの深さに比例する。このため、物体の下面にはたらく水圧は、上面にはたらく水圧より大きくなり。その差によって浮力が生じる。
(2) おもりにはたらく浮力は、水中に沈んでいるおもりの体積に比例する。水面からおもりの下面までの距離が3cmになるまでは、距離に比例して沈んでいる

体積が増えるので、距離に比例して浮力も大きくなる。そのため、一定の割合でばねばかりの値は小さくなる。おもり全体が水中に入ると、沈んでいる体積は変らなくなるので、浮力は一定になる。そのため、ばねばかりの値は一定になる。

2　[細胞分裂]

問1 形やはたらきが同じ細胞の集まりが組織。組織が集まって特定のはたらきをするのが器官。器官が集まって個体がつくられる。

問2 根毛一つ一つの表面積は小さいが、たくさん集まると表面積が広くなる。肺胞もこれと同じ原理である。

問3 図1と図2を比較すると、AB間は0.1mm、BC間は0.3mm、CD間は0.6mm、DE間は2.5mm、EF間は1.5mm伸びている。

問4 塩酸のはたらきで細胞壁が柔らかくなり、細胞どうしが離れやすくなる。そのため、試料を押しつぶして観察すると、細胞の重なりが少なくなり、観察しやすくなる。

問5 染色液によって、核や染色体は赤く染まる。細胞分裂によって細胞の数が増え、細胞分裂によってできた小さな細胞が大きくなると、生物は成長する。

3 [いろいろな化学変化と鉄]

問1 (1) 鉄と酸素が化合するので酸化である。酸化でも特に光や熱を出しながら酸化することを燃焼という。 (2) 鉄と酸素が化合するので、集気びんの中の酸素が減少する。気体が減少すると気圧は下がる。 (3) 鉄が酸化するだけなので、二酸化炭素は発生しない。

問2 (1) 反応によって生じた熱が周囲に伝わり、反応が広がっていく。 (2) 塩化水素 (HCl) が水に溶けると、電離して、水素イオン(H⁺)と塩化物イオン(Cl⁻)が生じる。 (3) 硫化鉄に塩酸を加えると硫化水素が発生する。硫化水素には卵のくさったような刺激臭がある。アは窒素、イは水素、エは酸素。

問3 (1) 薬包紙を置いてから、0点スイッチを押すことに注意。 (2) 湯気が発生したということは水が水蒸気となって空気中に逃げたといえる。鉄粉と化合した酸素の分だけ全体の質量は増加するはずだが、実験ではほとんど変わらなかった。これは、空気中に逃げた水の質量と、鉄と化合した酸素の質量がほぼ同じであったからだと考えられる。

4 [気象観測]

問1 (1) 学校の百葉箱を思い出してほしい。 (2) 左の温度計より右の温度計の方が示度は低いので、左の温度計が乾球、右の温度計が湿球である。乾球温度計の示度が27℃、乾球温度計と湿球温度計の示度の差が 27 − 22=5℃。これらの値から湿度を読み取る。 (3) ひもは南西方向に流れているので、北東から風が吹いているとわかる。風向は風が吹いてくる方角であることに注意。 (4) 湿度は、飽和水蒸気量に対する実際に含まれている水蒸気の割合である。気温が上がると飽和水蒸気量が大きくなるので、実際に含まれている水蒸気の割合、すなわち湿度は小さくなる。

問2 ①台風が近づくと気圧が下がるので、気圧が最も低い2:50ごろに台風が最も近づいたと考えられる。②風は気圧の低い方へ吹く。1:00 の風向が西北西なので、1:00 の台風の位置は、Yから見て東南東。3:10 の風向は東南東なので、3:10 の台風の位置は、Yから見て西北西。したがって、この台風は東から西へ移動したと考えられる。

5 [仕事とエネルギー]

問1 高いところにある物体の持つエネルギーが位置エネルギー。動いている物体の持つエネルギーが運動エネルギー。両者をあわせて、力学的エネルギーという。

問2 質量30gだから、一定の速さで持ち上げるのに必要な力は0.3N。持ち上げた高さは、20 − 10=10 [cm] =0.1 [m]。よって、0.3 [N] × 0.1 [m] =0.03J。

問3 力Aと力Bは作用反作用の関係にあるので、大きさは等しく、向きは逆。

問4 木片には、鉛直方向に重力と垂直抗力が、水平方向には進行方向とは逆向きに摩擦力がはたらく。

問5 位置エネルギーは物体の質量に比例するので、木片の移動距離は小球の質量に比例する。よって、小球の質量が25.0gの場合、木片の移動距離は小球の質量が15.0gの場合の$\frac{5}{3}$倍になる。したがって、高さが10.0cmのときは3.0 [cm]×$\frac{5}{3}$=5.0 [cm]、高さが20.0cmのときは6.0 [cm]×$\frac{5}{3}$=10.0 [cm]、高さが30.0cmのときは9.0 [cm]×$\frac{5}{3}$=15.0cm、木片は移動する。また、作成したグラフから、木片が8.0cm移動するときの高さは16.0cmと読み取れる。

問6 小球の速さの増え方が小さくなるので、点Xに達するまでの時間は長くなる。力学的エネルギー保存の法則から、点Xでの小球の速さははじめの高さによって決まるので、点Xでの小球の速さは変わらない。

6 [融合問題]

問1 光が境界面ではね返ることを反射という。反射の中でも、いろいろな方向へはね返ることを乱反射という。

問2 葉脈が平行だから、オオカナダモは単子葉類である。単子葉類の根はひげ根で、子葉は1枚。根が主根と側根で、子葉が2枚なのは双子葉類。

問3 (1) A池のフナの個体数をxとする。フナの個体数と印のついたフナの個体数の比について、50:2=x:100 ∴x=2500 (2) 水を加熱すると水の体積は増加し、密度は小さくなり、上昇する。夏の太陽に温められて密度が小さくなるので、水面近くの水は水面付近にとどまる。そのため、池の水の対流が起きにくくなる。 (3) pHの値は中性のときが7で、酸性が強いと小さい値、アルカリ性が強いと大きな値になる。また、二酸化炭素は水に溶けると酸性になる。したがって、オオカナダモが光合成をすると、水中の二酸化炭素が減少し、水は酸性からアルカリ性に変化する。このため、pHの値は上昇したと考えられる。

社会 ●解答と解説

【解答】

1	問1	イ
	問2	アルプス山脈
	問3	植民地
	問4	ア ┊ ウ
	問5	大地が氷河によってけずられてつくられた。
	問6	X港の付近には、暖流である北大西洋海流が流れているから。

2	問1	ウ
	問2	(1) 5人
		(2) 荘園
	問3	お金の貸し付けを行っていた酒屋や土倉に借金の帳消しを求めるため。
	問4	ウ ┊ エ
	問5	開港によって生糸が輸出され、蚕のえさである桑の需要が高まり、農民は利益を求めて桑を栽培したが、幕府は年貢となる米の生産が減ることを恐れたから。

3	問1	ア, イ
	問2	ワイマール憲法
	問3	一つの事件について裁判を複数回行うことで, 誤った判断を防ぐことができると考えられるから。
	問4	ア
	問5	(1) ウ
		(2) 生産年齢人口が減少し, 人手不足が予測される一方で, 出産・育児で仕事を辞めた女性の多くは再就職を希望しており, こうした女性を人材として確保しやすいという利点。

4	問1	近畿地方
	問2	ア
	問3	C オ ┊ E ウ
	問4	(1) イ
		(2) 港湾と道路が整備されたことで, 部品や製品などの輸送に便利になったから。
	問5	ア A ┊ エ F ┊ カ E

5	問1	エ
	問2	イ
	問3	(1) 陸奥宗光
		(2) イギリスに領事裁判権を認めていたこと。
	問4	(1) エ
		(2) a イ ┊ b ウ
	問5	C → D → B → A

6	問1	過疎 (または過疎化)
	問2	海外に移転する
	問3	公共料金
	問4	a ○ ┊ b ×
	問5	I 所得税と住民税を合わせた納税額
		II 歳入のうち地方税が増加する
		III 地方公共団体の公共の財や公共サービスが充実すること

【配点】

1 問1 問2 問4 2点×3 問3 問5 問6 3点×3
2 問1 問2 (2) 問4 2点×3 問2 (1) 問3 3点×2
　問5 5点
3 問1 問2 問4 2点×3 問3 問5 (1) 3点×2
　問5 (2) 4点
4 問1 問2 問3 問4 (1) 2点×5 問4 (2) 3点
　問5 6点
5 問1 問2 問3 (1) 問4 2点×6
　問3 (2) 問5 3点×2
6 問1 問3 問4 2点×3 問2 3点 問5 6点

【解説】

1 問1 本初子午線はイギリスのロンドンを通っている。その本初子午線は、この略地図上においてすでにユーラシア大陸とアフリカ大陸を通っている。このまま南半球の方に経線を引くと、南極大陸にたどり着く。通っていない大陸は北アメリカ大陸となる。
問2 アルプス山脈は、スイスを中心として東西に連なる高く険しい山脈。　**問3** かつてイギリスの植民地であった国々の多くは、イギリス連邦に加盟しており、その中にはイギリスの国旗であるユニオンジャックを自国の国旗の一部にしている国がある。ツバルもそのひとつである。　**問4** B国はドイツである。国際河川のライン川が流れている。冷戦終結後に、ふたつに分かれていた東西のドイツが統一された。イは、自動車製造業で有名なデトロイト市のことが書いてあるのでアメリカ合衆国、エはオリーブ栽培が書いてあ

るのでイタリアのこと。　**問5**　Cはノルウェーで、その沿岸部には氷河によってけずられたフィヨルドと呼ばれる奥行きのある湾が多く見られる。　**問6**　X港のあたりは、暖流の北大西洋海流の影響で、高緯度のわりに温和で冬でも港が凍らない。
2 問1　資料1の建物は、縄文時代のたて穴住居。アの蔵屋敷は江戸時代に、幕府や藩が米、特産物の保管や販売のために大阪に置いた倉庫のこと。イの高床倉庫は、稲を蓄えるための弥生時代の倉。　**問2**　口分田は6歳以上の全ての人々に与えられた。資料2の戸籍では、20歳以上が5人いるので、口分田は5人に与えられたことになる。私有地の管理のための事務所や倉庫は「荘」(しょう)と呼ばれたので、やがて荘園と呼ばれるようになった。　**問3**　酒をつくる酒屋は、利子をとって金を貸すものも多かった。また土倉は高い利子で金を貸した業者で、この両者は借金の帳消しのために、しばしば土一揆に襲われた。
問4　アの二毛作、イの牛馬の利用、鉄製の農具の普及は、どちらも鎌倉時代。　ウの千歯こき、エの肥料用の干しいわし(干鰯=ほしか)は江戸時代のもの。
問5　資料5を見ると、開国により生糸の輸出量が急激に増加したことが分かる。生糸の生産が盛んになると、農民は田んぼを需要のある桑畑に変える。その結果、稲作の耕地が減り年貢米が減収することを幕府は恐れた。
3 問1　フランス人権宣言は1789年である。アメ

リカ人権宣言－1776年、イギリス名誉革命－1688年、世界人権宣言－1948年　問2　ワイマール憲法は、1919年に公布されたドイツ共和国の憲法。社会権を取り入れた世界最初の憲法であったが、ヒトラーの出現により有名無実となった。　問3　三審制は上訴によって、原則として3回まで裁判を受けることができるしくみ。裁判を公正・慎重に行い、裁判の誤りを防いで人権を守ることができる。　問4　条例の制定・改廃では、有権者の50分の1以上が必要である。6万を50で割ると1200となるので、署名数は1200となる。この場合、請求先は市長である。直接請求権の問題では、署名数と請求先はしっかり暗記しておこう。　問5　(1)　男女雇用機会均等法により、広告において男女の差別をしてはならないことになった。看護婦の用語は禁止で、看護師を使う。「男性4名」で募集をかけることも禁止である。　(2)　資料1の企業の取り組みは、生産年齢人口が減少するなかで労働力の確保を目指す企業と、結婚・出産後でも働きたい願望を持つ女性達にとって、その女性達が社会復帰するときの大きな助けとなる。

4　問1　A北海道、B青森県（東北）、C新潟県（中部）、D茨城県（関東）、E愛媛県（四国）、F鹿児島県（九州）であり、近畿地方の2府5県のどれもここには入っていない。　問2　天然ガスは、石油・石炭と同じ「化石燃料」である。　問4　(2)　二つの地図を較べると、新しい高速道路と港湾設備が出現している。沿岸に工場ができたのは、海上輸送に便利であるから。
　問5　米と野菜の産出額から「ア」－A（北海道）、「オ」－D（茨城）と分かる。果実の産出額が高いという点から「ウ」－B（青森）、「カ」－E（愛媛）と判断。「イ」は米が第1位となっているのでC（新潟）。「エ」は畜産の項目が2位だからF（鹿児島）である。耕地面積の大きさ、その用途の面積の大きさからも判断できるが、農産物の額をチェックする方が、短時間で容易に道府県名を特定できる。試験は限られた時間内に解かないといけないので、資料の読み込みには最も短時間に判断できる方法をとろう。
5　問1　1951年、吉田茂内閣はアメリカなど48か国とサンフランシスコ平和条約を結び、同時にアメリカと日米安全保障条約（日米安保条約）を結んだ。日米和親条約－1854年、ポーツマス条約－1905年、ベルサイユ条約1919年　問2　ア－樺太、ウ－朝鮮、エ－台湾　問3　このノルマントン号事件で、イギリス領事裁判所はイギリス人船長に軽い罰を与えただけだったため、不平等条約の改正を求める世論が高まった。　問4　(1)　第一次世界大戦によって、日本は大戦景気になり好況を迎えた。しかし、好況になったために物価が上がり、庶民の生活は苦しくなった。さら

に1918年にシベリア出兵をみこした米の買い占めが起こり、米価は大幅に上がった。米の安売りを求める騒動（米騒動）は全国に広がったが、軍の出動で鎮圧された。　(2)　第一次世界大戦でヨーロッパは力を弱め、かわってアメリカが世界経済の中心になった。資料2で、大戦終了前後で急激に総額が増えているので、まず「c」はアメリカである。次にロシア革命の起こったロシア（ソ連）とは、貿易を縮小するので「b」、残りの「a」がイギリスとなる。

6　問1　過疎化が進むと、学校・医療機関の閉鎖、バス路線の廃止など日常生活が難しい状況が起こってくる。　問2　国内の製造業が、海外に工場を設け、生産拠点を海外に移していくことによって、競争力が弱まり、国内の生産や雇用が減っていくこと。これを「産業の空洞化」と呼ぶ。　問4　中小企業では事業所数で99%、従業員数で70%なので「a」は正解。出荷額が大企業と中小企業ではほぼ同等であるが、割り算の分母にあたる事業所数が圧倒的に違うので、割合においては1事業所当たりの出荷額は大きく異なってくる。よって「b」は誤り。　問5　資料2のモデルケースを見ると、国の税金である所得税は引き下げられ、地方税である住民税は引き上げられている。しかし、合計は188,500円で変わらないので納税者にとっての税負担には変化はない。この制度変更で、税源の一部は国から地方へ大きく移る。このことにより、自治体が自らの創意工夫で財源を有効に使えるようになる。

英語 ●解答と解説

【解答】

<table>
<tr><td rowspan="13">1</td><td>問1</td><td colspan="3">イ → ア → ウ</td><td>問2</td><td colspan="2">ウ</td><td>問3</td><td colspan="2">エ</td></tr>
<tr><td>問4</td><td colspan="3">who（または that）</td><td>問5</td><td colspan="2">エ</td><td>問6</td><td colspan="2">イ</td></tr>
<tr><td>問7</td><td colspan="3">ア</td><td>問8</td><td colspan="4">swam</td></tr>
<tr><td>問9</td><td colspan="9">We can see [　オ → ア → ウ → イ → エ　] many animals now.</td></tr>
<tr><td>問10</td><td colspan="2">ウ</td><td colspan="3">オ　順不同</td><td>問11</td><td colspan="2">free</td></tr>
<tr><td>問12</td><td>X</td><td>エ</td><td colspan="2">Y</td><td colspan="2">カ</td><td colspan="2"></td></tr>
<tr><td>問13</td><td>A</td><td>イ</td><td>B</td><td>エ</td><td>C</td><td colspan="2">ウ</td><td>D</td><td>ア</td></tr>
<tr><td>問14</td><td colspan="2">ウ</td><td colspan="3">オ　順不同</td><td colspan="4"></td></tr>
</table>

<table>
<tr><td rowspan="11">2</td><td>問1</td><td>A</td><td>イ</td><td>B</td><td>エ</td><td>C</td><td>ア</td><td>D</td><td>ウ</td></tr>
<tr><td>問2</td><td colspan="8">the dinosaur museum (in Fukui)</td></tr>
<tr><td>問3</td><td colspan="4">for（such）</td><td colspan="4">example as</td></tr>
<tr><td>問4</td><td colspan="8">もし（X　天気が悪ければ／雨が降れば　　　）、
（Y　（イルカ）ショーが見られない　　　）かもしれないから。</td></tr>
<tr><td>問5</td><td colspan="2">ア</td><td>問6</td><td>イ</td><td>問7</td><td>ウ</td><td>問8</td><td>ア</td></tr>
<tr><td>問9</td><td colspan="2">ア</td><td>問10</td><td>A</td><td>イ</td><td>B</td><td>エ</td><td>C</td></tr>
<tr><td colspan="3"></td><td>C</td><td>ア</td><td>D</td><td>ウ</td><td colspan="2"></td></tr>
<tr><td>問11</td><td>(1)</td><td>ウ</td><td>(2)</td><td>イ</td><td>(3)</td><td>イ</td><td>問12</td><td>ア　ウ（完答）</td></tr>
</table>

<table>
<tr><td rowspan="6">3</td><td rowspan="3">内容</td><td>Ken is going to visit his cousin living in Hokkaido during summer vacation.</td></tr>
<tr><td>He has been to his cousin's house three times before.</td></tr>
<tr><td>It is colder in Hokkaido than in Ishikawa, so he will take a coat.</td></tr>
<tr><td rowspan="2">感想</td><td>I like animals, too.</td></tr>
<tr><td>I want to stay in Hokkaido next summer.</td></tr>
</table>

【配点】

1 問1～8 2点×8　1 問9 3点×1　1 問10～2 2点×33
3 3点×5

【解説】

1

問1 （イ）ダムは、川や川の水を止めて、湖を作る。 → （ア）その湖の水は、電気を作る（発電する）ために使われる。 → （ウ）それから、電気が人や企業に使われる。

問2 some people ～ , others … 「何人かの人々は～、他の人は…（～する人もいれば、…する人もいる）」

問3 これは、文脈から単語の意味を推測する問題。, …, のように、2つのカンマに挟まれている部分は（…）のように、説明を挿入している。つまり、'spawn' という単語の説明が 'to make more fish' である。下線部③を含む文とその次の文を訳すと、「毎年、ほぼ 400,000 匹の魚が、③spawn（さらに多くの魚を作る）ために海から来る。」

問4 先行詞（直前の修飾される名詞）が 'people（人）' なので、関係代名詞は who または that を使う。

問5 them（それら、彼ら）は、直前の複数形の名詞 the dams を指す。

問6 finish ＋ ～ing「～することを終える」

問7 下線部⑦の訳：これが水を汚くする。そして、魚にとってよくない。

問8 and の前が過去の文なので、and の後の文も過去の文。swim の過去形は swam。

問9 not only A but (also) B 「A だけではなく B もまた」

問11 下線部⑪を含む文の訳：他の川も解放されることを、人々は望んでいる。

2

問1 A～D の訳
　ア いいですね。　　　　イ あなたはどう？
　ウ 残念！　　　　　　　エ ジョークだよ。

問6 手紙の最終段落：「明日の博物館への旅行で、天気は晴れ、今日より暖かい。」「しかし（逆接）」あなた方が石川県を出るとき、⑤（雨が降り、寒くなるだろう）。

問7 ア：彼女はたくさんの友達を作った。
　　　イ：彼の友達は話すと本当に楽しい。
　　　ウ：彼は学校の旅行が好きだ。
　　　エ：彼の先生方はよい（人たち）だ。

問8 Kaito 4番目の発言：もしあなたが恐竜に興味があるなら、ギフトショップであなたにお土産を買います。

問9 Yosuke 7番目の発言：私たちの後に大きなサメがいる写真を撮りたい。

問11

(1) Kaito は旅行中に何ができる？
　ウ：遠くのビーチを歩く。

(2) いつ Yousuke と Kaito は旅行に行きますか。
　イ：5月2日

(3) Mr. Yamamoto とは誰ですか。
　イ：Kaito の学校の先生

問12

　ア Kaito は学校の旅行で福井に行く。
　ウ Yosuke は前に水族館に行ったことがない。

3

内容：次の中から3文
- Ken is going to visit his cousin living in Hokkaido during summer vacation.
- He has been to his cousin's house three times before.
- It is colder in Hokkaido than in Fukuoka, so he will take a coat.
- He likes looking at animals, so he wants to go to Asahiyama Zoo.
- He is looking forward to seeing his cousin and animals.

感想：別解
- I have never been to Hokkaido.
　So I want to go there someday.

数学 ●解答と解説

【解答】

		(1)	0	(2)	$-\dfrac{8}{5}$	(3)	$\sqrt{3}$	(4)	$(x+3)(x-4)$
①		(5)	$x=\dfrac{3\pm\sqrt{17}}{4}$	(6)	$4\ cm$	(7)	4	(8)	③
		(9)	$a=-5$, $b=-12$	(10)			$-18\leqq y\leqq 0$		

②	(1)	$a=44$, $b=63$, $c=64$, $d=92$
	(2)	22
	(3)	カ

③	(1)	イ	(2)	$\dfrac{1}{20}$	(3)	$\dfrac{3}{5}$

④ (1) 図　(2) 図

⑤	(1)	ア ① イ ⑤	(2) ③	(3) ②
	(4)	i) $\dfrac{14}{3}$　　ii) AI：ID ＝ 12：7
		iii) 三角形 IBD の面積：三角形 ABC の面積 ＝ 14：57

⑥	(1)	$(-2,4)$	(2)	$y=x+2$
	(3)	$a=-\dfrac{1}{8}$	(4)	$(-2,-2)$

【配点】
①〜⑤ 3点×28　⑥ 4点×4

【解説】

① (1) 与式$=\dfrac{12}{12}-\dfrac{6}{12}-\dfrac{4}{12}-\dfrac{3}{12}+\dfrac{1}{12}=0$

(2) 与式$=\dfrac{-3\times5\times64}{4\times6\times25}=-\dfrac{8}{5}$

(3) 与式$=4\sqrt{3}-5\sqrt{3}+\dfrac{6\times\sqrt{3}}{\sqrt{3}\times\sqrt{3}}=\sqrt{3}$

(4) 与式$=(A+5)(A-2)$
$=(x-2+5)(x-2-2)=(x+3)(x-4)$

(5) $x=\dfrac{3\pm\sqrt{9+4\times2\times1}}{2\times2}=\dfrac{3\pm\sqrt{17}}{4}$

(6) 円錐の高さをhとすると
$\pi\times3^2\times h\times\dfrac{1}{3}=12\pi$　h$=4$cm

(7) 与式$=-2x^3-\dfrac{2}{x^3}=2+2=4$

(8) ①$\dfrac{2}{\sqrt{2}}=\dfrac{2\times\sqrt{2}}{\sqrt{2}\times\sqrt{2}}=\dfrac{2\sqrt{2}}{2}=\sqrt{2}$
⑤$-\dfrac{3\times\sqrt{2}}{\sqrt{2}\times\sqrt{2}}=-\dfrac{3\sqrt{2}}{2}$

(9) $(x+3)(x-8)=x^2-5x-24$
$a=-5$　$2b=-24$
$b=-12$

(10) $x=-3\to y=-2\times(-3)^2=-2\times9=-18$
$x=0\to y=0$　$-18\leqq y\leqq0$

② (1) 箱ひげ図より　$a=44$　$d=92$
$c=66\times10-(56+58+74+92+44+48+62+78+84)=660-596=64$
$b=\dfrac{62+64}{2}=63$

(2) $78-56=22$

(3) 生徒F　$48+9=57$　生徒H　$78-10=68$

正しい点数に修正すると
第1四分位数　56→57
第2四分位数　63→63
第3四分位数　78→74

③ (2) ① 太郎さんが③をとる確率は$\dfrac{1}{5}$
花子さんが④をとる確率は$\dfrac{1}{4}$
よって$\dfrac{1}{5}\times\dfrac{1}{4}=\dfrac{1}{20}$
② 太郎さんが勝つ場合は
奇＋偶＝奇、　　偶＋奇＝奇の場合
$\dfrac{3}{5}\times\dfrac{2}{4}=\dfrac{3}{10}$　　$\dfrac{2}{5}\times\dfrac{3}{4}=\dfrac{3}{10}$
$\dfrac{3}{10}+\dfrac{3}{10}=\dfrac{6}{10}=\dfrac{2}{5}$

④ (1) 点A，Bから線分ABの長さをとる。
(2) BCを一辺とした正三角形を作る。
∠ABC＝90°より　90°−60°＝30°
残り30°を角の二等分線でわけて
∠ABD＝15°を作図する。

⑤ (4) i) BD＝xとすると　DC＝7−x
$8:4=x:(7-x)$
$4x=8(7-x)$
$4x=56-8x$
$12x=56$
$x=\dfrac{56}{12}=\dfrac{14}{3}$
ii) AI：ID＝BA：BD＝$8:\dfrac{14}{3}=24:14=12:7$
iii) △IBD：△ABC
底辺　2：3
　　　×　×
高さ　7：19
　　　14：57

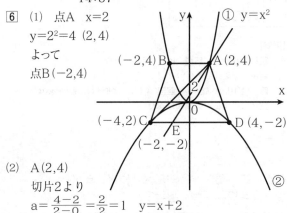

⑥ (1) 点A　x=2
$y=2^2=4$ (2,4)
よって
点B(−2,4)

(2) A(2,4)
切片2より
$a=\dfrac{4-2}{2-0}=\dfrac{2}{2}=1$　$y=x+2$

(3) AB：CD＝1：2より　点Cのx座標は
$-2\times2=-4$　$y=-4+2=-2$
点C(−4,−2)　$a=\dfrac{-2}{(-4)^2}=\dfrac{-2}{16}=-\dfrac{1}{8}$

(4) 四角形ABCDは台形になるので
$(4+8)\times6\times\dfrac{1}{2}=36$　$36\div2=18$
点Aから線分CDの交点をEとすると、△AEDの面積が18になればよい。
$ED\times6\times\dfrac{1}{2}=18$　ED＝6
$4-6=-2$　点E(−2,−2)

国語 ●解答と解説

【解答】

1

問一	a 取穫（シュウカク）	b 最（モット）も	c って	差（さ）げ	ほうむ

| 問二 | d 「扁」部首名 おおがい | 総画数 21 画 |

問三	オ
問四	極端な
問五	ウ
問六	エ
問七	イ

問八　多様な業種が混在し人口移動の激しい都会で希薄な人間関係

問九　都会人が自分の本質を隠し、偽りの自分を見せようとするため。

問十　ア

2

問一	a 説（とした）	b 潤（うるおした）	沢（さわ）って	編（あ）まれた

| 問二 | イ |

| 問三 | I エ | II イ | III ウ | IV ア |

問四　自分が死から見守って後ろめたくても子の成長をこの腕に

| 問五 | (1) ウ |
| | (2) 家族の名前が記してしりとりで繋がっていること（に気づいたから） |

問六	イ・カ
問七	ウ
問八	オ
問九	オ
問十	エ

3

問一	イ
問二	イ
問三	ウ・ア
問四	ウ
問五	エ
問六	なにごとも

【配点】

1　問二 2点×4　問八 5点　問九 4点
　問三 完解　他3点×7
2　問一・三 2点×9　問四・五(2) 5点×2　他3点×6
3　問一・二 2点×2　他3点×4

【解説】

金沢高校の国語
大問三題　論説文、小説文、古文。作文なし。
記述　～35字4題　抜出30字
文法出題　形容動詞「～だ・～な」の区別、係り受け

1　論説文

「キーワード」に線を引いて読もう

昔…移動手段がありませんでした
生まれた土地を生涯離れず…
狭い集落…互いの理解も容易
農業や漁業を村人総出で行う濃密な人間関係
現代…「コミュニケーション能力」が意識
移動が激しくなり、多様な価値観…
多様な業種が混在…人口移動の激しい都会
希薄な人間関係…問八
自分を加工して演じてみせる都会人
本質を隠し自分を偽装して差し出す…問九

2　小説文

「キーワード」に線を引いて読もう

琴美　喫茶店を切り盛りする母　まうだいの面倒
立ち退き話　母は過労で倒れ…
妊娠がわかり…店を手伝えないことを告げるため
「長女の最後の仕事」言葉が出ない
長女の役目はもう終わり
り⇒りこみ⇒みうつ⇒つは⇒はる⇒るり⇒りよう
まうま⇒まほ⇒ほしのり…「しりとり」…問五
家族の輪「ほしのり」が欠けて途切れる
ほしやどり　で繋ぐ
動けなくなる　まうだいがうまれない…問六
空から、子どもたちの成長を覗き見られる…問四
輪をつなげる…このこしかいない…ほしなり…問八

問二　形容詞「ない」を選ぶ

3　古文

成通は長年、蹴鞠を好んでいた。その功徳が、鞠の精が柳の枝に現れた。精は12～13歳の少年だった。何事も奥深い所を極めたこのような神仏の利益を現すというようなものだが、このような例は簡単にはできない。「学ぶ者は多いが、達する者は珍しい」「することは難しくないが、よくすることは難しい」とも言える。その通りである。

理科 ●解答と解説

【解答】

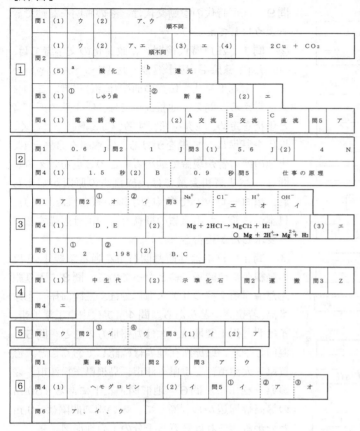

①

問1	(1)	ウ	(2)	ア、ウ 順不同			
問2	(1)	ウ	(2)	ア、エ 順不同	(3) エ	(4)	2Cu + CO₂
	(5)	a 酸化		b 還元			
問3	①	しゅう曲	②	断層	(2) エ		
問4	(1)	電磁誘導	(2)	A 交流　B 交流　C 直流		問5	ア

②

問1	0.6 J	問2	1 J	問3	(1)	5.6 J	(2)	4 N
問4	(1)	1.5 秒	B	0.9 秒	問5	仕事の原理		

③

問1	ア	問2	① オ　② イ	問3	Na⁺ ア　Cl⁻ エ　H⁺ オ　OH⁻ イ		
問4	(1)	D、E	(2)	Mg + 2HCl → MgCl₂ + H₂　○ Mg + 2H⁺ → Mg²⁺ + H₂	(3) エ	
問5	①	② 2　198	(2)	B、C		

④

問1	(1)	中生代	(2)	示準化石	問2	運搬	問3	Z
問4	エ							

⑤

問1	ウ	問2	⑤ イ　⑥ ウ	問3	(1) イ	(2) ア

⑥

問1	葉緑体	問2	ウ	問3	ア　ウ		
問4	(1)	ヘモグロビン	(2)	イ	問5	① イ　② ア　③ オ
問6	ア、イ、ウ						

【配点】

① 問1 2点×2　問2 2点×6　問3 2点×3　問4 2点×5
② 問1 2点　問2 2点　問3 2点×2　問4 (1) 2点
　(2) 1点×2　問5 2点
③ 問1 2点　問2 1点×2　問3 1点×4　問4 2点×3
　問5 (1) 1点×2　(2) 2点
④ 問1 2点×2　問2 2点　問3 2点　問4 2点
⑤ 問1 2点　問2 1点×2　問3 2点×2
⑥ 問1 2点　問2 2点　問3 1点×2　問4 2点×2
　問5 2点×3　問6 2点

【解説】

①　[小問総合]

問2　(1) 加熱後、試験管Pには銅が残る。
(3) 石灰水に二酸化炭素を通すと、石灰水が白く濁る。(4) 酸化銅（CuO）2つと炭素（C）1つが、銅（Cu）2つと二酸化炭素（CO₂）1つになる。

問5　光が解説図①のように進む。

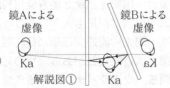

解説図①

②　[力と仕事]

問1　質量300gの物体の重さは3N、20cm = 0.20mだから、3 × 0.20 = 0.6（J）。

問2　重さ5Nの物体を0.20m引き上げるので、5 × 0.20 = 1（J）。

問3　(1) 重さ7Nの物体を0.80m引き上げるので、7 × 0.80 = 5.6（J）。

(2) ひもを引く力の大きさをx（N）とすると、仕事の原理より、x × 1.40 = 5.6　∴ x = 4

問4　(1) t秒とする。モーターAがする仕事について　0.4 × t = 3 × 0.20　∴ t = 1.5

(2) それぞれ T_a（秒）、T_b（秒）かかるとすると、
　0.4 × T_a = 3 × 0.60　∴ T_a = 4.5
　0.5 × T_b = 3 × 0.60　∴ T_b = 3.6

③　[酸とアルカリ]

問1　$\frac{4}{200} \times 100 = 2$（%）。

問2　BTB溶液はアルカリ性で青色、酸性で黄色。

問3　水酸化ナトリウム水溶液中にはナトリウムイオンと水酸化物イオンが同数存在し、水素イオンと塩化物イオンは存在しない。塩酸を加えると、中和が起こるので、水酸化物イオンは減少するが、ナトリウムイオンは変わらない。したがって、水酸化物イオンはイ、ナトリウムイオンはア。また、中性になるまでは水素イオンは存在しないので、水素イオンはオ。塩化物イオンは増え続けるので、塩化物イオンはエ。

問4　(1) マグネシウムは酸性の水溶液に溶けて、水素が発生する。

(3) アは二酸化炭素、イは酸素、ウは塩素。

問5　(1) 1%の水溶液をつくるので、水酸化ナトリウムの質量は全体の質量の1%。したがって、水酸化ナトリウムの質量は、200 × 0.01 = 2（g）。水は200 − 2 = 198（g）。

(2) 操作4の結果から、元の水酸化ナトリウム水溶液40gは塩酸40gとちょうど中和するので、濃度を半分にした水酸化ナトリウム水溶液40gは塩酸20gとちょうど中和すると考えられる。

④　[地層と堆積岩]

問3　図2①よりdの砂岩は標高670〜690mの間にあることがわかる。②は地下30〜10mにdの砂岩があるので、この地点の標高は700m。

問4　河口に近いときは大きな粒が堆積し、河口から遠いときは小さな粒が堆積する。

⑤　[火山と火成岩]

問2　火成岩Aは等粒状組織なので深成岩。白っぽい深成岩は花こう岩。火成岩Bは斑状組織なので火山岩。黒っぽい火山岩は玄武岩。

⑥　[生物のはたらき]

問3　葉Aと葉Bの違いは光の有無だけである。

問5　対照実験では、条件が1つだけ異なるものを比較する。

問6　ペットボトル内の酸素がペットボトルYよりも少なくなるものを選ぶ。

社会 ●解答と解説

【解答】

1

問1	ウ		問2	ア		問3 (1)	イ
問3 (2)	墾田永年私財法			問4	ウ	問5	ア
問6	織田信長		問7	ウ		問8	エ
問9	1年おきに領地と江戸を往復する参勤交代を義務づけた。						

2

問1 (1)	エ		(2)	坂本龍馬	
問1 (3)	新政府の中に、徳川慶喜の名前が含まれていなかった。				
問2 (1)	地租改正	(2)	エ	(3)	ウ
問3	エ	問4 (1)	国家総動員法	(2)	日韓基本条約
問5	阪神・淡路大震災	問6 1	東海道	2	横浜

3

問1	イ	問2	アウ	問3	リアス海岸
問4 (1)	阪神工業地帯	(2)	ウ		
問5 (1)	A市 大津市 B市 津市		(2)	ア	
問6 (1)	2万5千分の1	(2)	寺院		
問6 (3)	西田中周辺では川の洪水、堺区周辺では津波の被害がおきやすい。				

4

問1	A 黒海 B ガンジス川 C インド洋 D ロッキー山脈				
問2	エ	問3 パース	ウ	マナオス ア	東京 エ
問4	13時間	問5	ウ		
問6	国境線が直線になっている。国境線に経線や線路が用いられている。		問7	モノカルチャー経済	

5

問1	民主主義の学校	問2	ウ オ	問3	地方分権一括法
問4 (1)	二元代表制	(2) A ア B ウ C エ			
問5	Y	問6	イ	問7	NPO
問8 1	住民自治	2 条例	3 解散	4	不信任

6

問1	ウ		
問2	生産者から商品を買い、小売業者に売る。	問3	POS
問4 (1)	プライベートブランド	(2)	安い価格で購入できる。
問5	ア	問6 公共料金	問7 エ

【配点】

1 問1～問3(1) 1点×3　問3(2)～問8 2点×6　問9 3点×1
2 問1(1)(2) 問2～問4 1点×8　問5 問6 2点×3
　問1(3) 3点×1
3 問1～問5 1点×8　問6(1)(2) 2点×2　問6(3) 3点×1
4 問1～問5 1点×10　問6 3点×1　問7 2点×1
5 問1～問7 1点×11　問8 2点×4
6 問1～問7 2点×8

【解説】

1 **問1**　資料1の神殿は、イスラム教の聖地メッカにある。**問2**　都市アはローマ。カトリックの総本山バチカン市国がある。**問3**　惣は南北朝時代から室町時代につくられた農村の自治組織なので、奈良時代ではない。**問5**　戦国時代は、応仁の乱のあと、室町幕府が滅びるまでの約100年間。イのバテレン追放令は、豊臣秀吉が発した禁令。キリスト教を邪法として禁じた。ウの鉄砲伝来は、オランダ人ではなくポルトガル人が正しい。エの長篠の戦いは、織田信長・徳川家康連合軍と武田勝頼軍の戦い。鉄砲の使用により、織田・徳川連合軍が勝った。**問7**　ウの記述は、徳川幕府の政策である。**問8**　アは長州藩ではなく薩摩藩（鹿児島）、イは対馬藩ではなく松前藩（現在の北海道の一部）、ウは朝鮮ではなく中国に置き換えると正しい文になる。**問9**　江戸時代の参勤交代は、その説明を記述できるようにしておこう。

2 **問1**　江戸時代後期、化政文化の文学者では、「東海道中膝栗毛」の十返舎一九（じっぺんしゃいっく）、「南総里見八犬伝」の曲亭(滝沢)馬琴。この2人を覚える。**問2**　地租改正では、①土地の所有者と価格を定め、地券を発行する、②収穫高ではなく、地価を基準にして税をかける、③税率を3%とし、土地の所有者が現金で納める。この3点を覚える。**問3**　パリ講和会議では民族自決の原則が唱えられ、東ヨーロッパで多くの小国が独立した。一方、日本が占領した山東省の権益を、中国は返還するよう要求したが拒否された。

3 **問1**　日本は兵庫県明石市を通る東経135度の経線が標準時子午線となっている。**問3**　入り組んだ海岸線を持つリアス海岸では、三陸海岸、志摩半島、若狭湾などがある。**問4**　アは中京工業地帯、イは北九州工業地域、エは九州地方のこと。**問5**　混同しやすい県庁所在地名は確認しておくこと。滋賀県－大津市、三重県－津市、島根県－松江市、愛媛県－松山市。**問6**　地形図Ⅰ左上にある150mの等高線周辺から判断して、太い線の間隔は50mと分かる。これは2万5千分の1の地形図。

4 **問2**　ドバイのあるアラブ首長国連邦は、多くの人々がイスラム教である。エはその礼拝の様子。**問3**　南半球にある都市の気温の形は、東京と反対になる。中央部が凹の形になっているウが豪州のパースになる。**問4**　60÷15＝4、12－4＝8、ロンドンを発つときマナオスの標準時にすると12月20日午前8時である。午後9時から午前8時をひくと13時間。**問5**　Xの国は南アフリカ共和国。ケープタウン周辺は地中海性気候であるが、南半球にあるので6月頃に降水量は多くなる。エは誤り。

5 **問2**　弾劾裁判所は、国会に設けられる裁判所。**問4**　選挙で立候補できる権利を被選挙権という。これは参議院議員と都道府県知事の満30歳以外は、すべて満25歳である。**問5**　国からの援助金は、国庫支出金と地方交付税交付金であり、この二つの割合が最も大きいのはYである。

6 **問1**　流通関連業には、運送業、倉庫業、保険業、広告業などがある。ウの通信業は入らない。**問5**　ウクライナからの輸入量が減ると、供給量を表すSの線は左側に移動する。その結果、SとDの交点である市場価格は上に移動する。これを示しているのはアのグラフである。

英語 ●解答と解説

【解答】

[1]

1	イ	2	エ	3	ウ	4	ア	5	イ

[2]

1	イ	2	エ	3	ア	4	ウ	5	ア

[3]

1	playing	2	It	3	care
4	aunt	5	easier		

[4]

1	We (	can't swim in this	) river.
2	How (	many books do you	) have?
3	This movie (	is the most popular	) in Japan.
4	This (	is a book which she wrote	) last year.
5	He can play (	not only soccer but also	) tennis.

[5]

1	①	イ	②	ウ	④	ア		
2	A	イ	B	ア	C	ウ		
3	私はあなたが彼の自転車の一台を借りることができると思います。							
4	(1)	イ	(2)	エ	5	ア	6	ウ

[6]

1	to	2	④	meeting	⑨	called	⑩	grown
3	ウ	4	⑥	イ	⑦	ウ	⑧	ア
5	イ	6	(1)	ア	(2)	エ		
7	I will introduce (ア　　　Kenrokuen　　　) to a homestay student, because (イ　　it is one of the most beautiful gardens in Japan　　).							

【配点】

[1][2][3]　各2点　[4]　各3点　[5]　問3のみ5点ほかは各2点
[6]　問7のみ8点ほかは各2点

【解説】

【1】　1 B:Mary, 遅刻だよ。10時30分。
G: いつ映画は始まるの？ B:10分で始まる。
〈Q〉何時にその映画は始まりますか。
2 G: 放課後、一緒に図書館で勉強しましょう。
B: ごめん、できない。帰りに駅で弟に会わないといけないのです。G: わかった。明日は？ B: いいよ。
3 B:Nancy、買い物に行かない？ G: ごめん、Tom。この宿題を終わらせないといけない。B: それは残念だ。デパートで冬服のセールがある。G: あら、それなら、これ（宿題）を後でやる。
4 G: おはよう。授業を始めよう。本の23ページを開いてください。B: Jordan先生、本を忘れました。家に置いてきました。G:Peter、また？もし、もう一度そんなことがあったら、問題だね。
B: はい。Jordan先生、すみません。G: パートナーに見せてもらわないといけません。
5 G: 日曜日に、科学博物館で、特別に安いチケットがあります。B: 本当？ G: 昼前に行けば、生徒は半額で買えます。さらに、科学部なら、さらに200円引きになります。B:1500円のチケットの大きな節約になるね。

【2】　1 whose book「誰の本」　2 主語が三人称単数(Ken)で現在の文。'live' は一般動詞なので、疑問文には does を使う。3 before you eat「食べる前に」4 have to「～しなければならない」，主語は三人称単数(she)で、現在の文なので、has to　5 the boy playing the guitar「ギターを弾いている少年」
【3】1 enjoy ～ing「～することを楽しむ」
2 It is important to ～「～することは重要だ」
3 look after = take care of「～の面倒を見る」
4 父の姉(妹)＝おば (aunt)
5 A is more difficult than B「A は B より難しい」≒ B is easier than A「B は A より易しい」
【4】1. can't＋動詞の原形「～できない」
2. how many ～s「いくつの～を」
3. the most popular「最も人気のある」
4. a book which she wrote「彼女が書いた本」
5. not only A but also B「A だけではなく B も」
【5】（大意）水泳も走ることも好きな A が2つの部活に入ることができるか B に相談している。
B: トライアスロン部に入るのはどう？　A: トライアスロン？（① それは何？）B: 3つのスポーツ競技会（水泳、自転車、ランニング）。私の兄も2つのスポーツが好き。あなたは水泳と走ること、兄は水泳と自転車が好き。兄は今、春のトライアスロンをするために訓練しているよ。A: 良さそう。もっと教えて。B: 兄は水泳と自転車は毎日練習している。彼は走るのがあまり好きではなく、水泳や自転車ほど熱心に練習しない。また、走ることは最後だからいつもとても疲れている。でも、1つの競技会で2つの好きなスポーツをできるからトライアスロンが好き。A: いいね。でもいい自転車を持っていないよ。N:（②それは問題ないよ。）もしトライアスロンに興味があるなら兄の自転車を借りられるよ。3つも持っているし。あなたが入って、彼が早く走る訓練を手伝ってくれるなら、③自転車を1台借りられると思うよ。A:（④ それはいいアイディア。）ありがとう。トライアスロンをしたいから、入るよ。N: 最高！　[D]
兄に、部活のことをあなたに紹介するように頼んどくね。
【6】1 ① have been to ～「～に行ったことがある」② like to ～「～することが好きだ」③ say hello to ～「～によろしく」2 ④ look forward to ～ing「～するのを楽しみにする」⑨⑩ be＋過去分詞「～される」
3 ⑤を含む文の和訳：私たちがお互いを理解することを、私は望む。　4 ⑥～⑧を含む2文の和訳:私は海(the sea) の近くに住んでいて、毎日新鮮な魚を食べられる。また、私たちは様々なタイプの野菜を食べられるから、ここ石川にいてハッピーです。　5 代名詞 one は前に出てきた名詞を指す。ここでは、直前の文にある' cucumber（きゅうり）'が適切。

英語 ●放送による問題

ただいまより，リスニング問題を始めます。次の対話を聞き，質問に対する答えとして最も適切なものを，それぞれ**ア〜エ**の中から1つ選び，その符号を書きなさい。なお，対話はそれぞれ2回読まれます。

1　B: Mary, you're late! It's 10:30!
　　G: When does the movie start?
　　B: It starts in 10 minutes.
　　Q: What time does the movie start?
　　ア　At 10:30.　　　イ　At 10:40.　　　ウ　At 11:40.　　　エ　At 12:00.

2　G: Shall we study together in the library after school?
　　B: I'm sorry, I can't. I have to meet my brother at the station on the way home.
　　G: Oh I see, how about tomorrow?
　　B: Sure.
　　Q: Where will the boy go first after school?
　　ア　The hospital.　　　イ　The library.　　　ウ　Home.　　　エ　The station.

3　B: Nancy, do you want to go shopping with me?
　　G: Sorry, Tom. I have to finish this homework.
　　B: That's too bad. There's a sale of winter clothes in the department store.
　　G: Oh, then I'll do this later.
　　Q: What will Nancy probably do now?
　　ア　She will stay at home.　　　　　　イ　She will finish her homework.
　　ウ　She will go shopping with Tom.　　エ　She will play soccer with Tom.

4　G: Good morning, everyone. Let's start the class. Please open your books to page 23.
　　B: Miss Jordan! I've forgotten my book. I left it at home.
　　G: You did it again, Peter? If it happens one more time, there will be trouble.
　　B: Yes, Miss Jordan. I'm sorry.
　　G: Well, you'll just have to share with your partner.
　　Q: What is Peter's problem?
　　ア　He left his book at home.　　　　　イ　He didn't do his homework.
　　ウ　He didn't listen to his teacher.　　エ　He was late for school.

5　G: On Sunday, there are special cheap tickets at the science museum.
　　B: Really?
　　G: Yes. Students can get in for half price if they go before noon. And, if you are also a member of the Science Club, you can get 200 yen more off the ticket.
　　B: Wow, that's a big saving on the price of 1,500 yen!
　　Q: How much is a Sunday morning ticket for a Science Club student member?
　　ア　200 yen.　　　イ　550 yen.　　　ウ　750 yen.　　　エ　1,300 yen.

　　以上で，リスニング問題を終わります。

数学 ●解答と解説

【解答】

【1】

(1)	0	(2)	$-\dfrac{5}{4}$	(3)	-10
(4)	$6a^2b^2$	(5)	$-x^3y+xy^2$	(6)	$\sqrt{3}$

【2】

(1)	$(x-2y)(x-4y)$	(2)	$b=\dfrac{3}{5}a-\dfrac{4}{5}$	(3)	$x=2,\ y=3$
(4)	$x=-2,\ \dfrac{2}{3}$	(5)	$18°$		

【3】

(1)	A(2, 2)	(2)	$a=4$	(3)	3個
(4)	$y=\dfrac{1}{2}x+1$	(5)	1:1		

【4】

(1)	$120°$	(2)	$\dfrac{2}{3}\pi$ cm²	(3)	$45°$

【5】

(1)①	9通り	②	$\dfrac{1}{3}$	③	$\dfrac{1}{3}$
(2)	$\dfrac{5}{27}$				

【6】

(1)	17.5 m	(2)	ウ	(3)	ケ

【7】

(1)	(6, 3)	(2)	225
(3)	65	(4)	a^2-2a+2

【配点】
【1】,【2】,【3】,【5】　3点×20
【4】,【6】,【7】　4点×10

【解説】

【1】

(1) 与式＝$-3+2+1=0$

(2) 与式＝$\dfrac{5}{6}\times\left(-\dfrac{3}{2}\right)=-\dfrac{5}{4}$

(3) 与式＝$8-2\times9=8-18=-10$

(4) 与式＝$\dfrac{9a^3b^2\times-2ab}{-3a^2b}=6a^2b^2$

(5) 与式＝$-x^3y+xy^2$

(6) 与式＝$3\sqrt{3}+4\sqrt{3}-6\sqrt{3}=\sqrt{3}$

【2】

(1) 与式＝$(x-2y)(x-4y)$

(2) $3a-5b=4$　$-5b=-3a+4$
$b=\dfrac{-3a+4}{-5}=\dfrac{3a-4}{5}$

(3) $\begin{cases}2x-y-1=0\cdots① \\ y=-x+5\cdots\cdots② \end{cases}$　②を①に代入
$2x-(-x+5)=1$
$2x+x-5=1$　$3x=6$　$x=2\cdots\cdots③$
③を②に代入　$y=-2+5=3$

(4) $x=\dfrac{-4\pm\sqrt{16+4\times3\times4}}{2\times3}=\dfrac{-4\pm\sqrt{64}}{6}$
$=\dfrac{-4\pm8}{6}=\dfrac{2}{3},-2$

【5】（図）

△CABも
二等辺三角形より
∠CAB＝66°
∠ACB＝
$180°-(66°\times2)=48°$
平行線の錯角より
∠DAE＝48°　△EDAも二等辺三角形なので
∠ADE＝48°　∠CDE＝$66°-48°=18°$

【3】

(1) $y=\dfrac{1}{2}\times2^2=2$　A(2, 2)

(2) $a=2\times2=4$　$y=\dfrac{4}{x}$

(3) $(-1,-4)、(-2,-2)、(-4,-1)$の3個

(4) B($-4,-1$)　A(2,2)より
$a=\dfrac{-1-2}{-4-2}=\dfrac{-3}{-6}=\dfrac{1}{2}$　$2=\dfrac{1}{2}\times2+b$
$b=1$　$y=\dfrac{1}{2}x+1$

(5) 点Cの座標を求める。
$0=\dfrac{1}{2}x+1$　$\dfrac{1}{2}x=-1$　$x=-2$
$△OAD=1\times2\times\dfrac{1}{2}=1$
$△OCD=1\times2\times\dfrac{1}{2}=1$　よって1：1

【4】

(1) △ACF、△ABFは正三角形になるので
∠BAC＝$60°\times2=120°$

(2) $2^2\pi\times\dfrac{180}{360}$　$2^2\pi\times\dfrac{120}{360}=4\pi\times\dfrac{120}{360}$
$=\dfrac{4}{6}\pi=\dfrac{2}{3}\pi$ cm²

(3) ∠BAC＝$x°$とすると　$2^2\pi\times\dfrac{180}{360}=4^2\pi\times\dfrac{x}{360}$
$2\pi=\dfrac{16}{360}\pi x$　$x=2\times\dfrac{360}{16}=45°$

【5】

(1) ①$3\times3=9$通り
② $1-1、3-3、5-5$の3通り　$\dfrac{3}{9}=\dfrac{1}{3}$
③ $3-1、5-1、5-3$の3通り　$\dfrac{3}{9}=\dfrac{1}{3}$

(2) $3\times3\times3=27$通り　Aのみが勝つ場合、
$3-1-1、5-1-1、5-1-3、5-3-1、$
$5-3-3$の5通り。　よって$\dfrac{5}{27}$

【6】

(1) $(15+20)\times\dfrac{1}{2}=17.5$m

(2) D組の範囲5～35m。第1四分位数15～20、
第2四分位数15～20、第3四分位数20～25

(3) カ　アの箱ひげ図の四分位範囲は13m
キ　A組の第3四分位数は20～25m
ク　範囲が最も小さいのはBかDである。

【7】

(2) $1^2=1$　$2^2=4$　$3^2=9$ …$15^2=225$

(3) (8,1)は$8^2=64$　(1,9)はその次なので
$64+1=65$

(4) ($a-1$,1)は$(a-1)^2=a^2-2a+1$。
その次なので$a^2-2a+1+1=a^2-2a+2$

国語 ●解答と解説

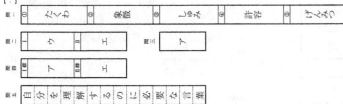

【解答】

【一】
問一　① たくわ（える）　② 象徴　③ しゅみ　④ 許容　⑤ けんあく
問二　Ⅰ ウ　Ⅱ エ　問三　ア
問四　Ⅰ群 ア　Ⅱ群 エ
問五　自分を理解するのに必要な言葉
問六　好き嫌いの理由が言えるかどうかの違い。
問七　Ⅲ 言葉をためる　Ⅳ 美意識をもっている
問八　ウ

【二】
問一　① うちあげ　② 消毒　③ めくば（せ）　④ 優等生　⑤ 首筋
問二　ウ　問三　Ⅰ 影
問四　死んでしまうかもしれない
問五　① しまい　② いろがみ　③（音読み）せいふう　④（訓読み）なまもの
問六　Ⅱ 本心　Ⅲ 真剣　Ⅳ 後悔
　　　Ⅴ 自分の弱みを感じとられたくなかった
　　　Ⅵ 病気で入院して孤独な自分が悲しくなった
問七　雪が降り積もるから。　比喩　イ　カ

【三】
問一　① ふう　② いい　問二　a
問三　Ⅰ 桜　Ⅱ 残念に
問四　自分の父が作ったむぎの花が散って、実ができないと思ったから。
問五　エ

【配点】
【一】問六 4点　問四五七 3点×5　他2点×9
【二】問七 4点×2　問八（比喩部分除く）3点×?　他2点×17
【三】問四 4点　問三 3点×2　他2点×4

【解説】

大問3題　論説文　小説文　古文
記述　23年～20字　22年～20字　21年～30字
文法　23・22年出題なし　21年「ない」の識別
　　　熟語の成り立ち　表現技法
文学史　21年 平安 清少納言 枕草子 随筆
　　　　23・22年出題なし
古文の「読解」易しいレベル

【一】論説文
「キーワード」に線を引いて読もう
自分を理解するのに必要な言葉が"たまる"…問五
「批評」批判
「自己意識」
「好き嫌いの批判」…問六
"理由"が入っている「批評」
美意識…問七
「自己のルール」を交換…問八
絶対に正しい「メガネ」というものはない
「自己のルール」との偏差を理解

【二】物語
「キーワード」に線を引いて読もう
ガンリュウ　やんちゃ　重い病気
好意を持っていない　クラスメイト
おとなになって　早く死んでしまう…問四
影が薄くなる
色紙　励まし…ほんとうなのか…答えられない…問六
僕　渡すんじゃなかった…悔やんだ…謝りたい

【三】古文
今は昔、田舎の児が比叡山へ登っていましたが、桜の花が見事に咲いていたところに、風がはげしく吹きつけるのを見て、この稚児は泣いていたのを見た一人の僧が静かに近づいて「なぜそんなに泣かれるか。この花が散るのを惜しいとお思いか。桜ははかないもので、このようにすぐに散ってしまうのです。ただ、それだけのことです。」と慰めの言葉をかけたが、「桜が散るのはどうしようもないこと、どうなってもかまいません。私の父が作る麦の花が、この風で散って実らないのではないかと思うと、悲しいのです」と言って、しゃくりあげて、おおおと泣いたのは、がっかりさせられる話ではないか。

一　歴史的仮名遣い「む」→「ん」「ふ」→「う」
二　b「桜が」　c「風が」　d「僧が」

理科 ●解答と解説

【解答】

[1]	(1)	ア，ウ	(2) 色の変化がオオカナダモのはたらきであることを確かめるため。
	(3)	A　エ　B　イ	(4) A　エ　B　ア
	(5)	光合成による二酸化炭素の吸収量と，呼吸による二酸化炭素の放出量が同じだったため。	

[2]	(1)	X 沸騰　Y 加熱　Z 突沸	(2) I エ　II ア
	(3)	だ液の消化酵素は，0℃でははたらかないが，40℃でははたらく。	
	(4)	アミラーゼ	(5) イ　(6) ウ

[3]	(1)	マグマのねばりけの違い。	(2) X	(3) エ
	(4)	エ	(5) 火砕流	

[4]	(1)	フラスコの中の水蒸気を増やすため。		(2) 露点
	(3)	水	(4) ア	(5) 上昇気流　(6) イ

[5]	(1)	X 溶質　Y 溶媒　Z 溶液		
	(2)	ア	(3) 10 ％	(4) 300 g

[6]	(1)	X オ　Y ア	(2) 水素イオン	(3) ア
	(4)	発熱	(5) ウ	

[7]	(1)	イ　ウ	(2) 13 A	(3) ウ，エ
	(4)	720 kJ	(5) X イ　Y ア　Z ア	

【配点】
【1】 (1) 2点 (2) 3点 (3) 2点×2 (4) 2点×2 (5) 3点
【2】 (1) 2点×3 (2) 2点×2 (3) 3点 (4) 2点 (5) 2点 (6) 2点
【3】 (1) 3点 (2) 2点 (3) 2点 (4) 2点 (5) 2点
【4】 (1) 3点 (2) 2点 (3) 2点 (4) 2点 (5) 2点 (6) 2点
【5】 (1) 2点×3 (2) 2点 (3) 2点 (4) 2点
【6】 (1) 2点×2 (2) 2点 (3) 2点 (4) 2点 (5) 2点
【7】 (1) 2点×2 (2) 2点 (3) 2点 (4) 3点 (5) 2点×3

【解説】

【1】 ［呼吸と光合成］
(2) AとC、BとDはそれぞれオオカナダモの有無だけが違う。AとC、BとDではBTB溶液の色の違いが生じているので、色の違いの原因はオオカナダモであるといえる。

(3) 青色のBTB液に息を吹き込むと緑色になるのは、二酸化炭素が増えたからである。さらに二酸化炭素が増加すれば、BTB溶液は黄色になる。Aでは光合成によって二酸化炭素が減少するので、元の青色にもどる。Bでは呼吸によって二酸化炭素が増加するので、黄色になる。

(4) 呼吸は常に行われている。

(5) 光の量が少ないと、光合成のはたらきも弱くなる。

【2】 ［だ液のはたらき］
(1) 糖をふくむ水溶液にベネジクト液を加えて加熱すると、赤褐色の沈殿ができる。

(2) ヨウ素液はデンプンの有無を、ベネジクト液は糖の有無を調べる薬品である。

(3) AとCを比較すると、温度が低いとだ液がはたらかないことがわかる。

(5) 胆汁は消化酵素をもたない。

(6) 栄養分を吸収するのは、ウの小腸である。

【3】 ［火山の噴火］
(1) 袋Aは小麦粉が多いので、混合物のねばりけが強い。

(2) 袋Bの混合物はねばりけが弱いので、袋から出ると周囲に広がるように流れる。これは、火山Xのマグマが周囲に広がるように流れるのと似ている

(3) ねばりけが弱いマグマは有色鉱物が多いので、黒っぽい火山灰になる。

【4】 ［雲の発生］
(4) 注射器のピストンを引くと、フラスコ内の空気が膨張する。

(5) 上空は気圧が低いので、上昇した空気は膨張する。

(6) ア、ウ、エも水蒸気が水滴になっているが、空気の膨張を伴わない。

【5】 ［砂糖水］
(2) 水溶液中の溶質は水溶液全体に均一に存在する。

(3) 全体の質量が 270+30 ＝ 300g だから、
$\frac{30}{300} \times 100 = 10(\%)$

(4) 濃度を半分にしたいので、水を加えて全体の重さを2倍にすればよい。

【6】 ［酸とアルカリ］
(1) フェノールフタレイン溶液はアルカリ性のときだけ赤色になる。赤色リトマス紙はアルカリ性の液体にふれると青色に変化し、青色リトマス紙は酸性の液体にふれると赤色に変化する。

(3) pHの値は酸性が強いと7より小さく、中性で7、アルカリ性が強いと7より大きくなる。

(5) 塩酸中には水酸化物イオンは存在しない。水酸化ナトリウム水溶液を加えると、水酸化ナトリウム水溶液中の水酸化物イオンは、塩酸中の水素イオンと結びついて水になるので、中性になるまでは混合液中に水酸化物イオンは存在しない。中性になると、水素イオンが存在しないので、加えた水酸化物イオンが混合液中にふえていく。

【7】 ［電流のはたらき］
(2) 流れる電流を x (A) とする。100Vで1300Wだから、 $100 \times x = 1300$ ∴ x = 13

(3) 100Vで20Aまで使えるので、電力の合計が2000Wまで使える。

(4) 10分間 ＝ 600 秒間だから、1200 × 600 ＝ 720000(J) ＝ 720(kJ)。

大学附属 金沢学院

社会 ●解答と解説

【解答】

【1】

問1	イ	問2	太政官			
問3	ウ	問4	執権			
問5	朝廷を監視し、西日本の武士を統制するため。					
問6	カ	問7	イ	問8	老中	問9	エ
問10	エ	問11	ウ	問12	ア		

【2】

問1	エ	問2	自由	問3	ウ
問4	南北		問5	イ	

【3】

問1	エ	問2	イ	問3	ア	問4	ウ	問5	エ
問6	イ	問7	ウ	問8	1月1日 午後3時				
問9	イ								

【4】

問1	A	甲府市	B	岐阜県	問2	イ
問3	エ	問4	エ	問5	ウ	問6	リアス海岸
問7	大陸から吹いてくる北西の季節風が日本海をわたるときに水分を含んで、雲をつくり、日本の山地にぶつかって雪を降らせるから。					

【5】

問1	イギリス	問2	エ	問3	ウ	問4	イ
問5	ア	問6	ヘイトスピーチ	問7	ウ		
問8	最高	問9	エ	問10	エ		
問11	男女雇用機会均等法	問12	ア	問13	オンブズマン		
問14	イ	問15	ウ					

【配点】

【1】問1～問4 問6～問12 2点×11　問5 3点×1
【2】問1～問5 2点×5 【3】問1～問9 2点×9
【4】問1～問6 2点×7　問7 3点×1 【5】問1～問15 2点×15

【解説】

【1】問1 「律」は刑罰について定めたもの。「令」は国の制度や政治の決まりなどを定めたものである。**問5** 鎌倉幕府は承久の乱後、後鳥羽上皇を隠岐（島根県）に流し、京都には六波羅探題を置いて朝廷を監視した。　**問6** 資料Ⅱは鎌倉時代。Xは紀元前であり、Zは16世紀の出来事なのでどちらもⅡの時代には入らない。　**問9** アは「漢委奴国王（かんのわのなのこくおう）」と刻まれた金印、イは正倉院にある琵琶、ウは東大寺南大門の金剛力士像、エは江戸時代の踏絵である。　**問10** 初代内閣総理大臣は伊藤博文。　**問11** 象徴天皇（ア）、議院内閣制（イ）、平和主義（エ）の3つは日本国憲法の内容である。　**問12** 大日本帝国憲法と日本国憲法は、ともに二院制であるが、前者は貴族院と衆議院、後者は参議院と衆議院から成り立つ。

【2】問1 新税をかけたイギリスに対してアメリカの植民地側は「代表なくして課税なし」と唱え、独立を求めて立ち上がった。よってエはイギリスの市民革命としては適当でない。　**問3** イギリスの技術者ワットは蒸気機関の修理を行う中で、無駄なく力を出せる新しい蒸気機関を作った。それはやがて工場、炭鉱、交通機関の動力として盛んに使われ、産業革命を進める大きな力となった。　**問5** アには茶・絹・陶磁器、イにはアヘン（これが正解）、ウには綿織物が当てはまる。

【3】問5 4つの雨温図は、ア-G（イタリア）、イ-J（シンガポール）、ウ-Ⅰ（モンゴル）、エ-H（サウジアラビア）の組み合わせである。　**問7** 輸出品の項目で、どの国かの判断が難しいとき、GDP（国の経済力の指標のひとつ）を比べると分かることもある。ここでは輸出額順に、1位中国（1845）、2位韓国（315）、3位香港（20）。　**問8** 135－45＝90、90÷15＝6、9＋6＝15　これより日本の日時は1月1日午後3時となる。

【4】問2 オートバイや楽器の生産が盛んな県は、Dの右隣の静岡県。　**問5** Yは長野県で、りんごやぶどうの生産量は日本屈指である。　**問6** リアス海岸はもともと山地の谷であった部分に、海水が入り込んでできた海岸を言う。　**問7** 日本海側は冬に降水量が多い。その理由を記述する問題はよく出題される。理由を書けるようにしておこう。

【5】問2 日米安全保障条約は1951年、サンフランシスコ平和条約と同時に日本とアメリカ合衆国との間で結ばれた条約。　**問3** Ⅱ・PKO、自衛隊のカンボジア派遣（1992年）→Ⅰ・防衛省発足（2007年）→Ⅲ・集団的自衛権の行使容認（2014年）　**問5** 外交関係の処理は内閣の仕事。外交によって結ばれた条約の承認は国会の仕事。　**問6** ヘイトスピーチ（hate speech）のhateは、英語で憎悪、憎むことを意味する。　**問7** 大正時代、被差別部落の人々は、差別からの解放を目指す運動を始めた。京都で全国水平社が結成され、この運動は全国に広まった。　**問10** 図1は国民審査の投票用紙の例である。これは最高裁判所の裁判官を罷免するかどうかを国民が判断する制度なので、ⅠとⅡ両方とも誤りである。　**問14** 2011年の東日本大震災による福島原子力発電所の深刻な事故で、全国の原子力発電所は操業停止を余儀なくされた。そのため2010年と2016年の二つのグラフを比較すると、イ（原子力発電）の項目が極端に減少することになった。

英語 ●解答と解説

【解答】

1 (1) ① where ② to
(2) ③ It's ④ important ⑤ to
(3) ⑥ in ⑦ front ⑧ of
(4) ⑨ Whose ⑩ umbrella
(5) ⑪ Shall ⑫ I

2 (1) This is the castle built by the king in 1800.
(2) My mother told me to study English.
(3) I'll show you the pictures I took in Ishikawa.
(4) Have you done your homework yet?
(5) He was too tired to clean his room.

3 問1 We〔I〕have to pay before eating〔we eat〕lunch.
問2 No, it is not.
問3 27 ドル
問4 8 ドル

4 問1 その日の授業が全て終わったということ。
問2 割引料金でメニューから好きなものをいつも見つけられるし、火曜日から土曜日まで美味しい日替わりランチを提供してもらえるから。
問3 from 問4 eight dollars
問5 I've { never heard anything about the mall }.
問6 そのモールは大きい4階建ての建物で、素敵で美しいデザインがあなたの目を引くでしょう。
問7 the mall 問8 restaurants

問9 5分おきに市の中心とモールの間を走る無料のシャトルバスがあります。
問10 午前11時に中心街で
問11 ① using ② to get ③ excited
問12 ④ to ⑤ for
問13 A 3 B 6 C 1 D 4 E 8

5 問1 1800000
問2 ㋐ They need two points.
㋑ They worked to protect and fight for their lords with swords.
問3 Instead of
問4 相手に敬意を示すため
問5 this → start and end with a bow
説明文 → All Kendo players practice hard and want to show thanks to each other for their good work and manners.
問6 ア
問7 子供もお年寄りも一緒に剣道を楽しめる。
問8 (解答例) I played badminton when I was a junior high school student. I want to try other sports at high school. My mother plays table tennis well. And she sometimes teaches me how to do it. So, I also like it.

【配点】
大問1 1点×12 大問2,3 3点×9
大問4 2点×20 大問5 問1～7 2点×9 問8 3点

【解説】

1 (1) where to ～ どこで～するのか
(2) it is ～ for 人 to … …することは人にとって～だ (3) ～の前に in front of ～ (4) 誰の whose
(5) ～しましょうか Shall I ～
2 (1) the castle the king built 王が建てた城 (2) tell 人 to ～ 人に～するように言う (3) show 人 何か 人に何かを見せる the pictures I took 私が撮った写真 (4) have + 主語 + 過去分詞 + yet? もう～しましたか (5) too ～ to … …するにはあまりにも～
3 問1 Please pay at the cashier before you eat lunch.「食べる前にレジで支払ってください」
問2 1行目 lunch special は「木曜日～土曜日」
問3 2行目 Lunch Special は10ドル、6歳以下30%引き 大人と8歳 $10、3歳 $7
問4 5歳 Lunch Special $7 + 飲み物 $1
4 問3 A through B = from A to B「AからBまで」 問5 have never 過去分詞 ～したことがない 問7 it (単数の代名詞) なので、単数の名詞を指す 問8 them (複数の代名詞) なので、複数の名詞を指す 問10 P4 3行目～ Linda「私は、土曜日の午前11時に、ダウンタウンでソフィアと会う予定。あなたは大丈夫ですか?」→ Grace「問題ないよ」 問11 ① by (前置詞) ＋～ing ② It takes 人 時間 to ～ 人 が～するのに時間がかかる ③ be excited ワクワクする 問12 ④ look forward to ～「～するのを楽しみにする」 ⑤ thanks for ～「～をありがとう」 問13 [A] 私も [B] 行こう! [C] それはどのようなものですか。 [D] どのようにしてそこに到着できますか。 [E] Sophia によろしく。
5 問1 1million ＝ 100万 問4～6 4段落の大意・・・〈4〉剣道は最も重要な日本のスポーツの1つであり、さまざまなことを学べる。全日本剣道連盟によると、剣道を練習すると人格の発達に役立つ。例えば、他人に親切にし、人を助けることを学ぶ。剣道の選手が点を取ったとき、喜びを見せず、相手に敬意を表する。選手全員が一生懸命に練習し、良い試合とマナーに対してお互いに感謝の意を表す。剣道の選手はいつもお互いにお辞儀をして練習や試合が始まり、終わる。「お辞儀で始まって、お辞儀で終わる」と聞いたことがあるだろう。剣道で、これは重要であり、お辞儀は相手に敬意を表現する。

数学 ●解答と解説

【解答】

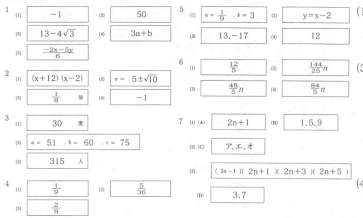

1 (1)	-1	(2)	50
(3)	$13-4\sqrt{3}$	(4)	$3a+b$
(5)	$\dfrac{-2x-5y}{6}$		

2 (1)	$(x+12)(x-2)$	(2)	$x=5\pm\sqrt{10}$
(3)	$\dfrac{1}{8}$ 倍	(4)	-1

3 (1)	30 度	
(2)	$a=51$, $b=60$, $c=75$	
(3)	315 人	

4 (1)	$\dfrac{1}{9}$	(2)	$\dfrac{5}{36}$
(3)	$\dfrac{2}{9}$		

5 (1)	$a=\dfrac{1}{9}$, $b=3$	(2)	$y=x-2$
(3)	$13,-17$	(4)	12

6 (1)	$\dfrac{12}{5}$	(2)	$\dfrac{144}{25}\pi$
(3)	$\dfrac{48}{5}\pi$	(4)	$\dfrac{84}{5}\pi$

7 (1)(A)	$2n+1$	(B)	$1,5,9$
(2)(C)	ア,エ,オ		
(3)	$(2n-1)(2n+1)(2n+3)(2n+5)$		
(D)	$3,7$		

【配点】

1～3　3点×12　3　(2)は完答　4～7　4点×16　5　(1)は完答

【解説】

1

(5) 与式$=\dfrac{2(5x-7y)-3(4x-3y)}{6}$

$=\dfrac{10x-14y-12x+9y}{6}=\dfrac{-2x-5y}{6}$

2

(2) $(-x+5)^2=10$　$-x+5=\pm\sqrt{10}$　$x=5\pm\sqrt{10}$

(3) 相似な図形の体積比は相似比の3乗に比例する

ので $\left(\dfrac{1}{2}\right)^3=\dfrac{1}{8}$倍

(4) 与式$=\dfrac{15b\times4a^4b^2}{5\times12a^3b^2}=ab=3\times\left(-\dfrac{1}{3}\right)=-1$

3

(2) 第1四分位数は箱ひげ図より $51\cdots a$

第2四分位数が58なので

$\dfrac{56+b}{2}=58$　$56+b=116$　$b=60$

平均値が60点なので総合点は $60\times10=600$

$c=600-(40+45+51+55+56+60+65+71+82)$

$=600-525=75$

(3) 昨年の男子を x 人、女子を y 人とすると

$\begin{cases} x+y=480+20 & ―① \\ -\dfrac{10}{100}x+\dfrac{10}{100}y=-20 & ―② \end{cases}$

②×10　$-x+y=-200$　$y=150$　―③

①　$\underline{+)x+y=500}$　$x+150=500$

$2y=300$　$x=350$

今年の男子は $350\times\dfrac{90}{100}=315$ 人

4

(2) $(a,b)=(1,5)(2,4)(3,3)(4,2)(5,1)$ の5通り

よって $\dfrac{5}{36}$

(3) $\sqrt{4}$, $\sqrt{9}$, $\sqrt{16}$, $\sqrt{25}$ になるには

$ab=3,8,15,24$ になる場合

$(a,b)=(1,3)(3,1)(2,4)(4,2)(3,5)(5,3)$

$(4,6)(6,4)$ の8通り　よって $\dfrac{8}{36}=\dfrac{2}{9}$

5

(1) 点 B $(-1,-3)$ より　$y=\dfrac{b}{x}$ に代入して $-3=\dfrac{b}{-1}$

$b=3$　$y=\dfrac{3}{x}$　点 A は　$y=\dfrac{3}{3}=1$　$(3,1)$

$y=ax^2$ に代入して　$1=a\times3^2$　$a=\dfrac{1}{9}$

(3) 点 P の y 座標を P とすると

$\triangle PAB=\dfrac{(P-(-2))\times1}{2}+\dfrac{(P-(-2))\times3}{2}=30$

$4(P+2)=60$　$4P+8=60$　$4P=52$　$P=13$

$P+2=13+2=15$　これが底辺となり、-2 より

下にくる場合は　$P=-2-15=-17$

よって点 P の y 座標は $13,-17$

(4) 点 A $(3,1)$ と y 軸に対称な点 C は $(-3,1)$ となる。

直線 AB の傾きは1

$1=-3\times1+b$　$b=4$　$y=x+4$

グラフ①との交点は

$\begin{cases} y=\dfrac{1}{9}x^2 & \dfrac{1}{9}x^2=x+4 \\ y=x+4 & x^2-9x-36=0 \end{cases}$

$(x-12)(x+3)=0$　$x=12,-3$

点 C 以外より　$x=12$

6

(1) $\triangle ABC \backsim \triangle HBA$　より

$BC:AC=AB:AH$　$5:4=3:AH$　$AH=\dfrac{12}{5}$

(2) 半径 $\dfrac{12}{5}$ の円になるので $\left(\dfrac{12}{5}\right)^2\pi=\dfrac{144}{25}\pi$

(4) 円錐の側面積$=\pi\times$母線$\times$半径

$\pi\times3\times\dfrac{12}{5}+\pi\times4\times\dfrac{12}{5}=\dfrac{84}{5}\pi$

7

(1) 連続する奇数は2ずつ増えるので

$2n-1+2=2n+1\cdots A$

$(2n-1)(2n+1)=4n^2-1$

これに1を加えれば4の倍数になる。

すべて求めなさいより4で割って1余る数は $1,5,9$

(2) (ア)$(2n-1)(2n+1)(2n+3)$

$=8n^3+12n^2-2n-3$

$=4(2n^3+3n^2)-(2n+3)$

1番大きい数をたすと4の倍数になる。

(エ)$(2n-1)(2n+1)(2n+3)-(2n+1)$

$=(4n^2-1)(2n+3)-(2n+1)$

$=8n^3+12n^2-4n-4=4(2n^3+3n^2-n-1)$

よって4の倍数になる。

(オ)$(2n-3)(2n-1)(2n+1)$

$=8n^3+12n^2-2n+3$

$=4(2n^3+3n^2)-(2n-3)$

1番小さい数をたすと4の倍数になる。

(3) $(2n-1)(2n+1)(2n+3)(2n+5)$

$=(4n^2-1)(4n^2+16n+15)$

$=4n^2(4n^2+16n+15)-4(n^2+4n)-15$

-15 に $3,7$ を加えると4の倍数になる。

国語 ●解答と解説

【解答】

一	問1	矢を取りに行くため、跪坐をしてカケを外そうとしていたとき
	問2	あくだけた言い方では失礼になると、そう思わせるほどすまたずまいが国枝には あったから。
	問3	切迫
	問4	倒置
	問5	乙矢の身体には力がみなぎっている。
	問6	・後ろに続く人を意識せず、焦っている点（別解）射を行う時にそういう意識を出しとしている点 ・弓に向かう姿勢が積極的にとらわれている点
	問7	乙矢を悪く言ったつもりはないが、自分の言葉で乙矢がショックを受けたようで申し訳ないと言いたかったが、なかなか気のすむ言葉をとどうにもならしている気持ち。（別解）悔い言葉を同じて乙矢にショックを受けたのではないかと申し訳ない気持ちになっている。
	問8	ア けだい　イ ほほえんだ　ウ 把握　エ 修練

二	問1	他人に迷惑をかけていたかもと思い無意識に謝る行動。
	問2	ウ
	問3	ア
	問4	言葉の頭に「もう」とか「いいえ」を付け足せばいい
	問5	A 副詞　B 基本形 分かる　終止形 五段活用
	問6	A は イ エ か ア 明確に述べ　B は 決断がつかないときに 曖昧 味に答えるという違い。
	問7	C
	問8	ア 自負　イ 基準　ウ 額面　エ 無難

三	問1	副 完 壁 登 宝 位
	問2	（親）孝行が帝の心を動かし、堯王が自分の娘を大舜の后にして天下を譲ったこと。
	問3	孝行
	問4	③ イ　⑤ ウ
	問5	a おおいに　b いう　c すなわち
	問6	A たてまつ　B イ　る エ
	問7	エ

四 略

【配点】
一 問1・2点、6、4点×3 問7 25点 他2点×8
二 問1・4、6 5点×3 他2点×10
三 2点×11
四 10点

採点基準例
〇150字…10点、～180字…3点減
〇「です」「ます」が混ざっている…2点減
〇どちらかの立場に立てていない…2点減

【解説】

金沢龍谷の国語 「良問」だが難易度私立No.1
「特進」5割「普通」4割が目安と予想
大問4題 論説文 小説文 古文 作文200字
知識問題 文法：品詞・活用・文節 熟語の成り立ち
記述～60字※字数指定のない場合一行30字×行数。

一 小説文
「キーワード」に線を引いて読もう
楓 弓道会入門 高1 乙矢 高3 国枝 老人

思わず敬語…くだけた言い方…失礼と
思わせる
切羽詰まった雰囲気…乙矢
乙矢の身体に力がみなぎっている
大前に合わせなきゃ…焦りました…乙
矢の顔が曇った
絶対外さないという気迫を感じ…る
ら に歪んだ
乙矢うなだれる
焦っている…国枝は優しい目で…弓に
向かう姿勢
…国枝は破顔一笑した

二 論説文
「キーワード」に線を引いて読もう
謝罪 謝る 無意識 反射的
嫌なら断ればいい イエス・オア・ノー
…同問6
日本人「ノー」と言わない 日本人特
有 婉曲的 断り方
「そいつは難しいね」「考えておきま
しょう」
「結構です」「もう」「いいえ」をつけ
る…同4
「ノー」を丁寧に気持ちよく…即刻に
明確に
決断がつかないとき「イエス・アンド・
ノー」…問6

三 古文
舜は大変孝行な人、父の名前は瞽叟、頑固者、母
はねじけた人、弟はおごった役立たず。象が来
ては、ひたすら孝行した。田を耕し草を取り、鳥が来ては舜の田を耕し、農作業を助けた。…王
は舜の孝行な心に感心し、娘を后にし皇帝の座を舜
に譲った。孝行の深い心があったからである。…王
は舜の孝行な心に感心し、娘を后にし皇帝の座を舜
に譲った。

四 作文（参考 小松大谷高校解説）

理科 ●解答と解説

【解答】

1

問1	$CH_4 + 2O_2 \rightarrow CO_2 + 2H_2O$	
問2	128	g
問3	（あ）化学	（い）熱
	（う）電気	
問4	11200	J
問5	発熱反応	

2

問1	16.7	%
問2	電池	
問3 (1)	a	
	（符号）エ	
(2)	（理由）（例）電解質の水溶液だから。	
(3)	キ	

3

問1	陰極線	
問2	電子	
問3	イ	
問4	（曲がる方向）Y	
	（理由）（例）電子は－の電気を帯びているから。	

4

問1	（押す力）8 N	（圧力の大きさ）10000 Pa
問2	（例）圧力の大きさは直方体と床が接する面積に反比例する。	
問3	50	個

5

問1 (1)	イ	
(2)(i)	Y	(ii) 992 hPa
(3)	（例）P内の気圧が下がることで、温度が露点より低くなったので、水蒸気の一部が水滴に変わったから。	
問2 (1)①	二酸化炭素	② デンプン
③	酸素	
(2)(iii)	単子葉類	(iv) 胞子
(v)	（裸子植物）カ	（離弁花類）ア
(1)③	オ	④ イ
問2 (2)	イ	
(3)	（例）自然環境が違うから。	

6

問1	（符号）E	（名称）核
	（細胞）①	
問2	（理由）（例）葉緑体があるから。	
問3	（名称）多細胞生物	（符号）ウ、オ

【配点】

1　問1　3点　問2　3点　問3　2点×3　問4　3点　問5　2点
2　問1　3点　問2　2点　問3 (1)　2点　(2)（符号）2点
　（理由）3点　(3)　2点
3　問1　2点　問2　2点　問3　2点　問4　（曲がる方向）2点
　（理由）3点
4　問1　3点×2　問2　3点　問3　3点
5　問1 (1)　2点　(2)　2点×2　(3)　3点　問2 (1)　2点×3
　(2)　2点×4　問3 (1)　2点×2　(2)　3点　(3)　3点
6　問1　2点×2　問2（細胞）2点（理由）3点　問3　2点×2

【解説】

1 ［化学変化と熱］

問1 メタンが燃焼すると、二酸化炭素と水ができる。CH_4 の係数を1とし、O_2、CO_2、H_2O の係数を a、b、c とすると、$CH_4 + aO_2 \rightarrow bCO_2 + cH_2O$
両辺を比較すると、炭素原子について、$1 = b$…①。水素原子について、$4 = 2c$…②。酸素原子について、$2a = 2b + c$…③。①、②、③より、a＝2、b＝1、c＝2。

問2 メタン32gと反応する酸素を x (g) とする。グラフでメタン6gと反応する酸素が24gだから、

メタンと酸素との質量比について、
$32 : x = 6 : 24$　∴ $x = 128$

問4 運動エネルギーは56000Jの20%（＝0.20）だから、$56000 \times 0.20 = 11200$（J）。

問5 周囲から熱を吸収する反応は、吸熱反応。

2 ［化学電池］

問1 水溶液の質量が $50 + 10 = 60$ (g)、溶質の質量が10gだから
$\frac{10}{60} \times 100 = 16.66\cdots \fallingdotseq 16.7$（%）

問3 (1) 化学電池の金属板は種類が違わなければいけないので、組み合わせはaまたはd。銅と亜鉛では、亜鉛の方がイオンになりやすいので、－極である金属板Aは亜鉛。

(3) 亜鉛原子（Zn）は電子（e^-）を2個手放して、亜鉛イオン（Zn^{2+}）になる。$Zn \rightarrow Zn^{2+} + 2e^-$

3 ［真空放電］

問3 電流の向きは＋の電気が流れる向き。－の電気をもつ電子がアの向きに流れるので、電流の向きはイになる。

4 ［圧力］

問1 0.8kg（800g）の直方体の重さは8N。面Aの面積は、$0.040 \times 0.020 = 0.0008$（$m^2$）。したがって、$\frac{8}{0.0008} = 10000$（Pa）。

問3 1000hPa ＝ 1000×100Pa ＝ 100000Pa。面Cの面積は $0.040 \times 0.10 = 0.0040$（$m^2$）。直方体を x 個重ねるとすると、重さは 8x（N）だから、
$\frac{8x}{0.0040} = 100000$　∴ $x = 50$

5 ［融合問題］

問1 (1) 低気圧の中心付近には上昇気流が生じ、低気圧に向かって、周囲から風が吹き込む。

(2)(i) 上昇気流が生じると雲ができて、天気が悪くなる。(ii) 普通、等圧線は4hPaごとに描く。

問2 (2)(iii) マツタケは菌類、トウモロコシは単子葉類、ツツジは合弁花類、スギナはシダ植物。

問3 (1) 熱は温度の高いほうから低いほうへ伝わる。ただし、断熱性が高いと熱は伝わりにくい。そのため、屋外の気温が高くても、熱が屋内に伝わりにくいので、室温はあまり上がらない。逆に、屋外の気温が低くても、熱が屋外に伝わりにくいので、室温はあまり下がらない。

(2) 汗が蒸発するときに体から気化熱をうばうので、体が冷える。

6 ［細胞］

問1 核や染色体は、酢酸カーミン液や酢酸オルセイン液で赤く染まる。

問2 「液胞があるから。」「細胞壁があるから。」でもよい。

問3 ゾウリムシ、ミカヅキモ、アメーバは1個の細胞でできているので、単細胞生物。

社会 ●解答と解説

【解答】

1 問1 胆沢城　問2 エ

問3 太政大臣は律令制度で最高の役職　問4 ア

問5 ウ　問6 ア　問7 イ、エ

問8 (1) 明　(2) イ

2 問1 ウ　問2 樺太をロシア領、千島列島を日本領とした。

問3 日本と清が朝鮮をめぐり対立し、それをロシアがうかがっている。

問4 ポーツマス条約　問5 (1) イ　(2) 国際連盟

問6 小作農家を減らし、自作農家を増やすこと。

3 問1 (1) アボリジニ　(2) マオリ

問2 (1) 南半球の国　(2) かつてイギリスの植民地であった。

問3 (1) 全体に占めるアジア系の人々は、かなり少ない。

(2) 白豪主義

(3) 白豪主義の撤廃とともに、アジアとの結びつきが強まり、特に中国からの移民が急増した。

問4 (1) 1 時間　遅くなる

(2) 時差があまりなく、季節が逆になるから。

4 問1 (1) 排他的経済水域　(2) ア

(3) 日本は周囲を海に囲まれた島国であり、広い範囲にわたって離島も多いから。

問2 (1) Ｉ 流れが急である　Ⅱ 大きい

(2) 災害 洪水

対策 川の上流にダムを造り、川の水量を調節する。

問3 (1) Ⅲ 季節　Ⅳ 対馬　(2) エ

5 問1 普 通 選 挙

問2 A ウ B イ

問3 (1) A イ B ア C ウ

(2) 控訴

理由 裁判を慎重に行い、人権を守るため。

(3) 刑事裁判

理由 被告人がいるから。(検察官がいるから。)

【配点】

1 問1〜問8 2点×9
2 問1 問4 問5 2点×4 問2 問3 問6 3点×3
3 問1 問2 問3(2) 問4(1) 2点×6 問3(1)(3) 問4(2) 3点×3
4 問1(1)(2) 問2(1) 問3 2点×7 問1(3) 3点×1 問2(2) 5点×1
5 問1 問2 問3(1) 2点×6 問3(2)(3) 5点×2

【解説】

1 問1 胆沢城（いさわじょう）は、坂上田村麻呂が、蝦夷（えみし）支配のために築いた城。
問2 壬申の乱は、天智天皇の没後のあとつぎをめぐる争い。672 年であり、武士の内乱や反乱とは関係ない。問4 新しく開墾した土地の永久私有を認めた墾田永年私財法により、有力貴族や寺社が広めていった私有地は、やがて荘園と呼ばれるようになり、公地公民制は崩れていった。問7 東日本はほぼ鎌倉幕府側、西日本はほぼ朝廷側で争われたのが承久の乱。

2 問1 フランス革命は、1789 年なので 18 世紀である。19 世紀のＡよりも古い。問3 資料１は、日清戦争前の各国の立場を描いたビゴーの風刺画。魚は朝鮮、左の武士は日本、右の人物は中国、中央のひげの人物はロシアを表している。問4 講和条約は、日清戦争＝下関条約、日露戦争＝ポーツマス条約、第一次世界大戦＝ベルサイユ条約である。確認しておこう。問5 第一次世界大戦中、日本は輸出超過で好景気になり、財閥（三井、三菱、住友、安田）は、力をつけて日本経済を支配していった。問6 農地改革が始まると、政府は地主の持つ小作地の多くを強制的に買い上げ、小作人に安く売り渡した。その結果、多くの自作農が生まれた。

3 問2 かつてイギリスの植民地だった国々は、イギリス連邦に加盟しており、自国の国旗の一部にイギリスの国旗（ユニオンジャック）を使用している。このことには現在、賛否両論起こっている。問3 オーストラリアではイギリスなどから移住した白人が、長い間有色人種の移住を制限してきた（白豪主義）。近年、その政策を廃止しアジア系移民が増加している。問4 日本の標準時子午線は明石市の東経 135 度なので、東経 150 度とは 15 度の差がある。日本の方がシドニーより西側にあるので、時刻は遅れている。よって「1 時間遅くなる」が正解。

4 問1 排他的経済水域は単に、経済水域とも呼ぶ。日本は多くの島が散らばっているので、経済水域は非常に広い。東シナ海上の尖閣諸島は日本固有の領土（沖縄県）であるが、中国が領有権を主張している。問3 冬の季節風と日本海側の気候に関する問題は、よく出題される。記述できるようにしておこう。副業の都市名は、アー愛知県常滑市、イー東京都、ウー沖縄県、エー新潟県小千谷市（おぢやし）である。

5 問1 選挙の四原則は、普通選挙、秘密選挙、平等選挙、直接選挙。問題文に「すべての人々に平等に」とあるので、平等選挙としないこと。平等選挙とは「一人一票」の意味である。問3 刑事裁判では罪を犯した疑いのある人を被疑者と呼び。起訴されると「被告人」となる。資料の写真では被告人とあるので刑事裁判である。民事裁判と刑事裁判では「訴えられた人」の呼び方が、似ているようで違うので確認しておく。民事では「被告」、刑事では「被告人」である。

英語 ●解答と解説

【解答】

I.

(1)	I (was sleeping when they started to sing the song).
(2)	(Students will have to finish their projects before going) on vacation.
(3)	Studying in (New Zealand is much more exciting than studying in) Japan.
(4)	The engineer (who designs the fastest drone will be invited to) the ceremony.

II.

(1)	a	(2)	b	(3)	c	(4)	f	(5)	e

III.

(1)	b	(2)	c	(3)	h	(4)	f	(5)	e
(6)	a	(7)	g	(8)	d				

IV.

(1)	m	(2)	l	(3)	g	(4)	n	(5)	c
(6)	f	(7)	k	(8)	e	(9)	i	(10)	d
(11)	a	(12)	j						

【配点】

I　各5点、　II　各4点、　III～IV　各3点

【解説】

I.

(1) 彼らが歌を歌い始めたとき、私は眠っていた。
接続詞 when の前後に文が必要。
be 動詞 + ～ ing　～している
start to ～し始める

(2) 生徒は、休みになる前に彼らの企画を終えなければならないだろう。
before + 動名詞　～ ing
go on vacation 休みを取る

(3) ニュージーランドで勉強することは、日本で勉強するよりもエキサイティングだ。
much は比較級を強調する「もっと、さらに」

(4) 最も速いドローンを設計した技術者は、その式典に招待されるでしょう。be 動詞＋過去分詞　～される

II.

3行目Student:私は図書館からこの本を借りたいが、借り方が分かりません。(a. 教えてくれますか) ？
6行目 Staff：心配しないでください。本当に簡単です。(b. 最初に「借りる」をクリックしてください)。それから、ユーザー ID を入れるためにそのワクをクリックしてください。
8行目 Staff：(c. あなたの ID カードを持っていますか。)

11行目 Staff：いいですね。スキャナーで ID カードの裏のバーコードをスキャンしてください。次にブック ID のワクをクリックして、本のバーコードをスキャンしてください。(f. これだけです)。
15行目 Staff：ところで、ときどきこのコンピューターは動かなくなります。(e. もし何か問題があれば)、事務所に電話してください。誰かが来て対応致します。

III.

(1)　such as ～のような
(2)　communicate with ～　～とコミュニケーションをとる
(3)　stay connected to ～　～とつながっている
(4)　share photos and news 写真とニュースをシェアする
(5)　the problems that happen because of social media ソーシャルメディアが原因で起こる問題
(6)　some angry people who attack other people 他の人を攻撃する、何人かの怒っている人々
(7)　get enough sleep or exercise 十分な睡眠や運動をする
(8)　different from ～　～と異なる

IV.

(1)　person who enjoys music 音楽を楽しむ人
(2)　while exercising or studying 運動や勉強をしている間に
(3)　play their music loudly 大きく音楽を流す
(4)　will say ～言うでしょう
(5)　intensity goes up 強さが増す
(6)　how far どのくらい遠く
(7)　sound is weak 音が弱い
(8)　a car alarm can be heard 車の警報が聞こえる
(9)　loud noise 大きい騒音
(10)　healthy 健康な
(11)　must cover カバーをしなければならない
(12)　too ～すぎ

数学 ●解答と解説

【解答】

1	(1) -11		(2) $\dfrac{3a+b}{4}$	
	(3) $-8x^8y^3$		(4) $\sqrt{2}+4\sqrt{5}$	
	(5) $21\sqrt{6}$		(6) $2\sqrt{7}$	
	(7) $-\dfrac{3}{2}<-\dfrac{6}{5}<-1$		(8) $\sqrt{15}<4<\dfrac{21}{5}$	
	(9) $r=\dfrac{180\ell}{\pi a}$		(10) $-18a+9$	
	(11) $9x-11y$			

2	(1) $xy^2(4y+6x^2-3xy^2)$	(2) $(x-3)(x-8)$
	(3) $(a+2b)(a-2b)$	(4) $(x+7)(x+3)$

3	(1) $x=-9$	(2) $x=\dfrac{20}{3}$
	(3) $x=-2,\ y=-1$	(4) $x=7,-5$
	(5) $x=-2\pm\sqrt{6}$	

4	$\dfrac{5}{6}$
5	$6<y<27$
6	$105°$
7	10

8

(1)

(2) $y=2x-4$

(3) $y=-\dfrac{5}{2}x+7$

(4)

(5) $0\le y\le12$

【配点】
1・8 3点×16 2～7 4点×13

【解説】

1

(1) 与式$=-9\times\dfrac{5}{6}-\dfrac{7}{2}=-\dfrac{15}{2}-\dfrac{7}{2}=-\dfrac{22}{2}=-11$

(2) 与式$=\dfrac{-2(a+b)+5a+3b}{4}=\dfrac{-2a-2b+5a+3b}{4}$
$=\dfrac{3a+b}{4}$

(3) 与式$=\dfrac{-8x^9y^3\times4xy^2}{4x^2y^2}=-8x^8y^3$

(4) 与式$=4\sqrt{2}-3\sqrt{5}-3\sqrt{2}+7\sqrt{5}=\sqrt{2}+4\sqrt{5}$

(5) 与式$=7\sqrt{2}\times3\sqrt{3}=21\sqrt{6}$

(6) $\dfrac{14\times\sqrt{7}}{\sqrt{7}\times\sqrt{7}}=\dfrac{14\sqrt{7}}{7}=2\sqrt{7}$

(7) $-1=\dfrac{-10}{10},\ -\dfrac{6}{5}=-\dfrac{12}{10},\ -\dfrac{3}{2}=-\dfrac{15}{10}$
$-\dfrac{3}{2}<-\dfrac{6}{5}<-1$

(8) $\dfrac{21}{5}=\sqrt{\dfrac{441}{25}}=\sqrt{17.64}$　$4=\sqrt{16}$
$\sqrt{15}<4<\dfrac{21}{5}$

(9) $\ell=2\pi r\times\dfrac{a}{360}$　$r=\dfrac{180\ell}{\pi a}$

(10) $a-5=A$,　$a+4=B$とすると
$A^2-B^2=(A+B)(A-B)$
$=(a-5+a+4)(a-5-(a+4))=(2a-1)\times(-9)$
$=-18a+9$

(11) $3(2A-B)-2(A-2B)=6A-3B-2A+4B$
$=4A+B=4(2x-3y)+x+y$
$=8x-12y+x+y=9x-11y$

2

(1) $4xy^3+6x^3y^2-3x^2y^4=xy^2(4y+6x^2-3xy^2)$

(4) $x+2=A$とすると
与式$=(A+5)(A+1)=(x+2+5)(x+2+1)$
$=(x+7)(x+3)$

3

(1) $4x-15=3x-24$　$x=-9$

(2) $6x=40$　$x=\dfrac{40}{6}=\dfrac{20}{3}$

(3) ①×5　$25x-10y=-40$
②×2　$-)\ 6x-10y=-2$
$19x\quad=-38$
$x=-2\cdots$③
③を②に代入　$-6-5y=-1$　$-5y=5$　$y=-1$

(4) $(x-7)(x+5)=0$　$x=7,-5$

(5) $x=\dfrac{-4\pm\sqrt{16+8}}{2}=\dfrac{-4\pm2\sqrt{6}}{2}=-2\pm\sqrt{6}$

4

出た目の差の絶対値が3より大きい場合は(1,5)
(1,6)(2,6)(5,1)(6,1)(6,2)の6通り
$36-6=30$　よって$\dfrac{30}{36}=\dfrac{5}{6}$

5

反比例の式は　$a=6\times9=54$
$y=\dfrac{54}{x}$　$x=2$のとき　$y=\dfrac{54}{2}=27$
$x=9$のとき　$y=\dfrac{54}{9}=6$　よって　$6<y<27$

6

円に内接する四角形の対角の和は180°より95°の
対角は85°　$180-(85+20)=75°$
∠xは75°の対角より　$\angle x=180-75=105°$

7

$\sqrt{(-5-3)^2+(2-(-4))^2}=\sqrt{64+36}=\sqrt{100}=10$

8

(2) $(2,0)(0,-4)$より　$a=\dfrac{0-(-4)}{2-0}=\dfrac{4}{2}=2$
$y=2x-4$

(3) $2y=-5x+3$　$y=-\dfrac{5}{2}x+\dfrac{3}{2}$
平行なので傾き$a=-\dfrac{5}{2}$　$-3=-\dfrac{5}{2}\times4+b$　$b=7$
$y=-\dfrac{5}{2}x+7$

(5) $y=\dfrac{1}{3}x^2$　$-6\le x\le3$　$x=0$のとき　$y=0$
$x=-6$のとき　$y=\dfrac{1}{3}\times36=12$
$0\le y\le12$

英語 ●解答と解説

【解答】

【1】	問1	え	問2	え	問3	い

【2】	問1	A 800	B 50	問2	う	問3	え

【3】	問1	(a) あ	(b) い	問2	い
	問3	(a) う	(b) い	(c) あ	
	問4	う	お		

【4】	問1	日本人の食習慣			
	問2	い	問3	う	問4 A twice B as
	問5	い	お		

【5】	問1	A which			
	問2	A have	B never	C seen	D such
	問3	う	問4	う	
	問5	A the hunter	B bring		
	問6	い	問7	お	

【配点】

各4点（【2】の1、【3】の4、【4】の4、5、【5】の2は完答して4点）

【解説】

【1】問1　7月26日土曜日に参加できるイベントは、7月26日土曜日に開く NEW3D-screen Theater と7月中開催している INTERNATIONAL MARKET の2つ。

問2　ミュージカルが見られるのは The Musical とある OLIVER で、売り場でチケットを買う必要がある。

問3　INTERNATIONAL MARKET は金曜日から日曜日の午前10時から午後8時まで開いている。

【2】問1　A. 6行目より、snowboarding goods は35ドル割引とあるので、835ドルから35ドル引く。

B. 12行目より、12歳以下の子供は ski set が50ドル割引になる。

問2　9行目 snowboard wear, goggles, 12行目 ski set, 14行目 skis, ski poles を買う。ski set は12歳の Mary に買うので割引された価格。

問3　広告から、今は11月25〜30日であると分かる。13行目に来月 Mary は13歳になる、とあるので、次の12月に13歳になる、が正解。

あ．北海道のスポーツショップに行くのではない。

い．8行目にブーツは今はいらない、とある。

う．スキーセットは Tommy ではなく Mary に買う。

【3】問1　a. common「一般的な」日本や中国の多くの人がマスクをしているが北米やヨーロッパでは一般的ではないという内容。

B. helpful「役に立つ」マスクはウイルスから私たちを守るのに役に立つ。

問2　挿入する文は another reason と、理由を追加する文である。前に一つ目の理由が出ていて自然につながる[い]が正解。アジアの人々の新型コロナ

ウイルスの死亡率が低い理由を述べる文脈に合う。

問4

あ　Aの文章でアジアの人々の新型コロナウイルスによる死亡率は米国やヨーロッパよりも低いことを述べている。

い　Aの文章の6行目にマスクが有用であるという内容がある。

う　Aの文章11行目の内容に合う。

え　billion「10億」Aの文章1行目より、死亡者は350,000人。

お　Bの文章10行目の内容に合う。

か　Bの文章13行目に手洗いの重要性について述べられているが、発展途上国の人々が重要性を知らないとは明言されていない。

【4】

問3　3段落からの内容を整理する。

1960年　牛・豚・鶏よりも鯨・馬・ラム・うさぎなど他の肉を食べていた→1960年に一番量が多いDは others。

1960年以降　豚肉と鶏肉が人気になり始めた。

2000年　牛肉の消費量のピーク→2000年に一番消費量が多くなっているのはC。

2015年　長い間最も人気だった豚肉が2位になった→Bが内容に合う。

問4　「Aの2倍のB」は twice as much B as A または two times as much B as A と表せる。

問5　い　11行目から述べられている1960年以降の変化の内容に合う。　お　9行目の内容に合う。

【5】大意

昔、自分を世界一の猟師だと思っていた男がいた。ある日、彼が森で狩りをしていると、見知らぬ森にたどり着いた。突然、美しい音楽が流れ、「約束を守らなければ後悔する」という声が聞こえてきた。それは岩の上に座り、ギターを抱えた小さな亀だった。彼はこの亀を捕まえて友達に見せたいと思い、翌日亀に自分の家に来てくれるよう頼んだ。亀は自分の秘密を誰にも言わないことを条件に承諾した。何ヶ月か経って、彼は村の人たちに歌う亀のことを話すことにした。自分が最も偉大な猟師であることを皆に認めてもらえるだろうと思った。村長はその話を聞き、集会に亀を連れてくるように猟師に言った。猟師は亀を連れてきたが、いくら待っても歌わなかった。ついに村長が彼は最高の猟師ではなく、彼の話は真実ではない、と言い、人々は笑った。彼は亀と人々に腹を立て、村を出て二度と戻ってこなかった。人々が集会所から離れ始めると、亀は「私は森で幸せだったが、猟師は約束を守らなかった」と言い、森に戻りながら「約束を守らなければ後悔する」と歌った。

数学 ●解答と解説

【解答】

(1)	0	
(2)	0.2236	
(3)	208π	cm³
(4)	ア，エ	
(5)	4	人
(6)	40°	度
(7)		
(8)	48	通り
(9)	$n=$ 16.61	
(10)	511	

【1】

[2]	(1)	$\dfrac{1}{4}$
	(2)	$\dfrac{1}{2}$
	(3)	$\dfrac{3}{16}$
[3]	(1)	ウ
	(2)	なし
	(3)	イ
[4]	(1)	$a=\dfrac{1}{2}$
	(2)	B$\left(3,\dfrac{9}{2}\right)$
	(3)	$y=-\dfrac{5}{6}x+\dfrac{14}{3}$
[5]	ア 236　エ 396	
	イ 99	
	ウ 495	

【配点】

【1】　4点×10　【2】～【4】　5点×9
【5】　ア　エ　完答5点　イ　5点　ウ　5点

【解説】

【1】　(1)　$a^2+3ab-10b^2=(a+5b)(a-2b)$
$=(-2+5\times0.4)(-2-2\times0.4)$
$=0\times(-2.8)=0$

(2)　$\sqrt{\dfrac{1}{20}}=\dfrac{1\times\sqrt5}{2\sqrt5\times\sqrt5}=\dfrac{\sqrt5}{10}=0.2236$

(3)

上の円柱を内に入れる
半径6cm高さ6cmの円柱
から半径2cm高さ2cmの
円柱を引いて求める。
$36\pi\times6-4\pi\times2=208\pi$ cm³

(5)　Bさんのヒストグラムより　12～18…7人
Aさんのヒストグラムより　12～16…3人
よって　16～18…7-3=4人

(6)　∠BAC＝∠BDC＝55°よりABCDは同一円周上
にある。円に内接する四角形の対角の和は
180°より　x＋55°＋60°＋25°＝180°
x＝40°

(7)　$(x-3)y+3-x=(x-3)y-(x-3)$
$=(x-3)(y-1)$　この形から求める。

(8)　点Aから6つの入口があり、次に4つ
最後に2つの入口があるので
6×4×2=48通り

(9)　$\sqrt{60(n+1)(n^2-1)}=\sqrt{2^2\times3\times5\times(n+1)(n+1)(n-1)}$
平方の形になれば根号を外せるので
$3\times5\times(n-1)$が平方になることを考える

$n-1=3\times5$　…$n=16$
$n-1=3\times5\times2^2$　…$n=61$

(10)　8と9の公倍数は72　72+7=79
1番目　72×2+7=151
6番目は72×7+7=511

【2】　(1)　2,3,4,5のうちの1つより$\dfrac{1}{4}$

(2)　偶数か奇数かで考えるので$\dfrac{3}{6}=\dfrac{1}{2}$

(3)　a+b=8となる組み合わせは
(a,b)=(2,6)(3,5)(5,3)の3通り
よって$\dfrac{3}{16}$

【3】　(2)　ア,イ,ウのどれを使っても証明できる。
(3)

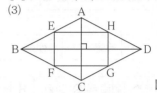

図のように　イ　長方形

【4】　(1)　A(-4,8)より　$8=a\times(-4)^2$　$a=\dfrac{1}{2}$

(2)　△OBCの面積12より
$8\times x\times\dfrac{1}{2}=12$　$4x=12$　$x=3$
$y=\dfrac{1}{2}\times3^2=\dfrac{9}{2}$　B$\left(3,\dfrac{9}{2}\right)$

(3)

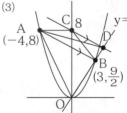

ABを結びABと平行に
点Cを通る線をひき、
直通OBとの交点をDとする。
△ABC=△ABD
よって四角形OACB=△OAD

点AからODの中点を結べば面積が2等分される
ABの傾き$=\dfrac{8-4.5}{-4-3}=\dfrac{3.5}{-7}=-\dfrac{1}{2}$
点Cを通る　傾き$-\dfrac{1}{2}$の直線　$y=-\dfrac{1}{2}x+8$
直線OBの傾き$\dfrac{4.5}{3}=\dfrac{3}{2}$　$y=\dfrac{3}{2}x$
交点Dは$\begin{cases}y=-\dfrac{1}{2}x+8\\y=\dfrac{3}{2}x\end{cases}$　より(4,6)
ODの中点$\left(\dfrac{0+4}{2},\dfrac{0+6}{2}\right)=(2,3)$
A(-4,8)中点(2,3)を通る直線
$a=\dfrac{3-8}{2-(-4)}=\dfrac{-5}{6}$　$3=-\dfrac{5}{6}\times2+b$
$b=\dfrac{14}{3}$　$y=-\dfrac{5}{6}x+\dfrac{14}{3}$

【5】　K=632-$\underset{ア}{236}$=$\underset{エ}{396}$

n=100a+10b+cとすると
M=100c+10b+a　m=100a+10b+c
K=100c+10b+a-(100a+10b+c)
$=99c-99a=\underset{イ}{99}(c-a)$

99の倍数　198,297,396,495…
n=198のとき　K=981-189=792×
n=297のとき　K=972-279=693×
n=396のとき　K=963-369=594×
n=495のとき　K=954-459=$\underset{ウ}{495}$○

星稜

国語 ●解答と解説

【解答】

	問一	エ	問二	人々の福祉を高めるためにある											から
（一）	問三	エ	問四	犠牲になる	問五	多様	問六	ウ	カ						
	問七	できます。	問八	エ											
	問九	a 大概		b 愛着		c 把握		d 顕著							

	問一	案の定	問二	ア	問三	一堂	問四	弱音	問五	展覧会	なん
（二）	問五	ア	品詞名	副詞							
	問六	父の作との近似		Ⅹ 父に捕らわれ続ける							
	問七	周三郎が絵	問八	イ							
	問九	a きょうそう		b ども		c 途端		d 迎合			

	問一	畜生 残害	問二	a カ	b ウ	問三	慈悲の心	問四	⑭ エ	⑮ ア
（三）	問五	⑴ いとけなき子		⑵ おとなしき人		問六	ウ			
	問七	〔C こ 〕 い 〔D し 〕 く			問八	イ	問九	ウ		

【配点】

【一】問一・五・九　2点×6　他4点×7　40

【二】問四・六・七　4点×4　他2点×10　36

【三】2点×12　24

【解説】

星稜一般入試の国語

大問3題　論説文、小説文、古文（＋随筆）、作文なし

抜出し15字3問　知識問題23年　品詞・係り結び　22年以前　文学史品詞

【一】論説文

「キーワード」に線を引いて読もう

「経済」多様な…人々…限りある資源…モノやサービスを生産・分配・消費

人々の福祉を高める

人間の多様性

協働…同じ量の資源からモノやサービス…利害一致

望む量を与えることは不可能…利害対立

【二】物語文

「キーワード」に線を引いて読もう

名をはせた画人の娘とよ　二十五回忌　主催

弟記六　他人事

兄周三郎「気に入ってくれる奴にだけ売るな」…

意外

「親父の絵から離れられねえ…超えられるもしれねえ」

とよ「珍しい…弱音を吐くなんて」

父に捕らわれ続ける　暁斎くの憎悪と愛着

周三郎が絵筆を握りしめたまま息を引き取った

とよの絵　暁斎の作にひどく似て…超えられるもので ない

父の作と近似が強い

賛辞…目に見えぬ軛

偉大過ぎる父を愛し、憎み足掻いていたのか

問五　形容詞「ひどい」「ない」「おびただしい」

【三】古文

鳥獣　小さな虫　命を惜しむのは人以上

慈悲の心が大事…問三

いとけなき子＝幼い子

おとなしき人＝大人…問五

ふたつ文字「こ」牛の角文字「い」

直ぐな文字「し」歪み文字「く」…「こいしく」

八蔵父に質問「仏はどんなもの？」父「人がなった」

「どうやって仏に成る？」父「仏の教えによってなっ た」「誰が教えた？」父「その前の仏の教えによって」

「第一の仏は、どんな仏？」父「降ったかおいたか」

「問い詰められ答えられなくなった」父は面白がっ た。

問九　係り結び「こそ…けれ」「こそ…だれ」

理科 ●解答と解説

【解答】

【1】	(問1)	1，4	(問4)	2，3，5	
	(問2)	5.3	%	(問5)	CuO
	(問3)	3，5	(問6)	3.5	g
【2】	(問1)	外骨格　　2	(問4)		
	(問2)	2，4，5			
	(問3)	3	(問5)	4	
			(問6)	1	
【3】	(問1)	⒜ 2　　⒝ 3	(問3)	55	%
	(問2)	3	(問4)	1	g
【4】	(問1)	3	N	(問4)	等速直線運動　番号 1
	(問2)	0.5	N	(問5)	浮力　大きさ 0.7	N
	(問3)	0.3	N	(問6)	(例)おもりの上面と下面にはたらく水圧の差が変わらないから。	
【5】	(問1)	1	(問4)	2	
	(問2)	水酸化物イオン	(問5)	0.71	g
	(問3)	H₂SO₄+Ba(OH)₂→BaSO₄+2H₂O	(問6)	12.5	cm³
【6】	(問1)	イ	(問4)	3	
	(問2)	4	(問5)	時間 0.5　速さ 60	cm/s
	(問3)	モーター	(問6)	1　　2	
【7】	(問1)	⒜花粉管 ⒝精細胞 ⒞卵細胞	(問4)	2	
	(問2)	栄養生殖	(問5)		
	(問3)	2	(問6)	発生　1	

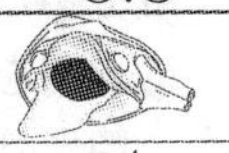

【配点】

【1】　(問1) 2点　(問2) 3点　(問3) 2点　(問4) 3点
　　　(問5) 2点　(問6) 3点
【2】　(問1) 完答3点　(問2) 2点　(問3) 2点
　　　(問4) 3点　(問5) 2点　(問6) 3点
【3】　(問1) 完答3点　(問2) 2点　(問3) 2点　(問4) 3点
【4】　(問1) 2点　(問2) 2点　(問3) 2点
　　　(問4) 完答3点　(問5) 完答3点　(問6) 3点
【5】　(問1) 2点　(問2) 2点　(問3) 3点　(問4) 2点
　　　(問5) 3点　(問6) 3点
【6】　(問1) 2点　(問2) 2点　(問3) 2点　(問4) 3点
　　　(問5) 完答3点　(問6) 完答3点
【7】　(問1) 完答3点　(問2) 2点　(問3) 2点　(問4) 2点
　　　(問5) 3点　(問6) 完答3点

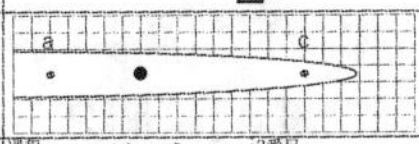

【解説】

【1】［化学総合］

(問2)　8％の食塩水 200g には、食塩が $200 \times 0.08=16$(g) 溶けている。水 100g を加えると全体の質量は $200+100=300$(g) だから、$\frac{16}{300} \times 100 = 5.33\ldots = 5.3$(％)。

(問6)　銅 2.8g を完全に燃焼させると x(g) の酸化銅ができるとする。グラフより、銅 0.8g から酸化銅 1.0g ができているから、
　　$2.8 : x = 0.8 : 1.0$　∴ x = 3.5

【2】［動物の分類］

(問4)　黒く塗りつぶされている部分はエラである。

(問6)　鳥類とホニュウ類は○が 3 個になる。

【3】［地球の公転と四季の星座、空気中の水蒸気］

(問3)　乾球の示度が 26℃、湿球の示度が 20℃。

図 2 の湿度表から、乾球示度 26℃、乾湿示差 6℃ のところを読み取る。

(問4)　気温 26℃で湿度 55％だから、この理科室内の空気 1m³ 中の水蒸気は、$24.4 \times 0.55 = 13.42 = 13.4$(g)。気温 10℃での飽和水蒸気量が 9.4g/m³ だから、水滴は 1m³ あたり、$13.4 - 9.4 = 4.0$(g) 生じる。250 L = 0.25m³ なので、$4.0 \times 0.25 = 1.0 = 1$(g)

【4】［力のはたらき］

(問2)　3N の 6 分の 1 だから、0.5N。

(問3)　おもりが動かなかったので、ばねばかりがおもりを引く力と摩擦力はつり合っている。したがって、摩擦力の大きさとばねばかりがおもりを引く力の大きさは等しい。

(問5)　浮力の分だけ軽くなるので、$3 - 2.3 = 0.7$(N)。

(問6)　浮力は物体にはたらく圧力の差によって生じる。

【5】［硫酸と水酸化バリウムの中和］

(問1)　硫酸は酸性。フェノールフタレイン液はアルカリ性のときだけ赤色になる。

(問4)　中性になるまでは、加えた硫酸イオンはすべてバリウムイオンと反応し不溶性の硫酸バリウムになる。そのため、中性になるまでは硫酸イオンは 0 である。中性になるとバリウムイオンがないので、硫酸を加えた分だけ硫酸イオンが増加する。

(問5)　表 2 から、実験Ⅱで用いた水酸化バリウム水溶液 20cm³ は、実験Ⅱで用いた硫酸 25cm³ とちょうど中和し、硫酸バリウムが 0.47 g できるとわかる。よって、実験Ⅱで用いた水酸化バリウム水溶液 30cm³ は実験Ⅱで用いた硫酸 37.5cm³ とちょうど中和し、このときできる硫酸バリウムを x (g) とすると、
　　$30 : x = 20 : 0.47$　∴ x = 0.705 = 0.71(g)

(問6)　2 倍にうすめたので、うすめた水酸化バリウム水溶液 20cm³ 中のイオンの数は、もとの水酸化バリウム水溶液 10cm³ 中のイオンの数と同じになる。したがって、中和するのに必要な硫酸の体積は 25cm³ の半分になる。

【6】［電流が磁界から受ける力、物体の運動］

(問5)　1 秒間に 60 回打点する記録タイマーだから、6 打点ごとに切り取ったテープは 0.1 秒間に進んだ距離をあらわす。

(問6)　物体に一定の力がはたらき続けると、一定の割合で速さが変化する。

【7】［生物の遺伝と生長］

(問4)　点 b は ac の中点より a 側になる。

社会 ●解答と解説

【解答】

[1]

問1	2	問2	4	問3	4	問4	a	イエズス	b	天正遣欧

問4 c	す	で	に	キ	リ	ス	ト	教	の	布
	教	は	禁	止	さ	れ	て	い	た	

問5	6	問6	4	問7	マスメディア

問8	a	2	b	1	c	1	d	1	問9	4	問10	2

[2]

問1	8	問2 都市名	ケープタウン	番号	3

問3	暖	流	の	北	大	西	洋	海	流	の
	上	を	偏	西	風	が	吹	く	か	ら

問4	フィヨルド	問5	カカオ	問6	ドバイ	問7	4

[3]

問1	2	問2	合計特殊出生率	問3	B	問4	3

問5	多国籍企業	問6	4	問7	1

[4]

問1	孔子	問2	4	問3	4	問4	岩倉具視	問5	2	問6	3

[5]

問1	2	問2	山形県	問3	1	問4	4

[6]

問1	5	問2	1	問3	5	問4	小選挙区比例代表並立制

問5	3	問6	モンテスキュー

【配点】

【1】問1〜問4(a)(b) 問5〜問10 2点×14　問4(c) 4点×1
【2】問1 問2 問4〜問7 2点×7　問3 4点×1
【3】問1 問3 問4 問6 問7 2点×5　問2 問5 3点×2
【4】問1〜問6 2点×6
【5】問1〜問4 2点×4
【6】問1〜問3 問5 問6 2点×5　問4 4点×1

【解説】

【1】 問1 インダス文明でも文字は使用されていたが、解読はされていない。古代文明と文字では、①エジプト文明＝パピルスに書かれた象形文字、②メソポタミア文明＝粘土板に刻まれたくさび形文字、③インダス文明＝まだ解読されていないインダス文字(象形文字)、④中国文明＝亀の甲に刻まれた甲骨文字。これを覚えておこう。　**問2** 大和政権は百済や伽耶地域(かやちいき)の国々と結んで高麗や新羅と戦った。これは好太王(広開土王)碑に記されている。　**問3** 正倉院には聖武天皇の愛用品などが納められている。　**問6** 「1」はポルトガル語ではなくオランダ語、「2」は横浜ではなく長崎の出島に置き換えると正解。「3」の日朝修好条規は、日本のみが領事裁判権を持つ不平等なものであった。　**問10** 湾岸戦争は、1991年に、イラクがクウェートに侵攻して始まった。

【2】 問2 輸出品目にプラチナがあるので、選択肢の中では、3の南アフリカ共和国のケープタウンと判断する。この国は鉱産資源が豊かで、プラチナ、ダイヤモンド、石炭は世界有数である。ケープタウンの気候は地中海性気候であり、この雨温図と一致する。　**問3** ヨーロッパは全体的に日本より高緯度であるが、大陸の東側に比べると温暖である。この理由を北大西洋海流と偏西風の用語を使い書かせる問題は頻出である。しっかり記述できるようにしておこう。　**問5** 日本で加工されるカカオは、大半がガーナから輸入されている。　**問7** 人口だけでも判断できる。日本の人口はおよそ1.2億人、アメリカは3.3億人と覚えておこう。

【3】 問1 高齢者とは65歳以上の人を指す。　**問2** 合計特殊出生率が低下し、高齢者の割合が増加することを少子高齢化という。　**問4** 選択肢の残り1、2、4の三つは国税かつ直接税である。　**問6** 情報リテラシーとは、情報を正しく活用する力であり、ICTは情報通信技術を意味する言葉。　**問7** 契約とは、契約書を交わすことだけではない。Aさんと店員のように当事者間の合意があれば成立する。

【4】 問2 Xは承久の乱で、Yは豊臣秀吉。　**問3** 年代で示すと、B十七条の憲法(604年)→A大宝律令(701年)→D大仏建立の詔(743年)→C坂上田村麻呂(802年)。Bは聖徳太子なので一番古く、Cは平安時代の初期で、順番としては最後になる。　**問5** 応仁の乱は1467年。この乱から約100年間にわたり戦国時代が続く。　**問6** 二毛作は鎌倉時代。小作争議は大正時代のこと。班田収授法は奈良時代なので、この三つは徳川綱吉とは関係ない。

【5】 問1 中国山地より北の地域は山陰とよばれ、冬は季節風の影響で雨や雪が多い。南の地域は山陽。新大阪と博多間を走るJRの新幹線は、山陽新幹線と呼ばれる。　**問3** 1940年代後半、誕生する子どもが急激に増えた現象をベビーブームと呼ぶ。　**問4** 4の「江戸時代、東京は天下の台所」の箇所が誤り。また、京浜工業地帯が「現在では工業生産額は日本一となっている」の箇所も誤りである。現在、日本一は中京工業地帯。

【6】 問2 三権の抑制と均衡に関する問題は、非常によく出題される。すべて暗記しておこう。「指名」と「任命」の違いには注意。天皇はすべて任命と覚える。　**問3** XとYの正しい表現は、「国会は国権の最高機関」、「内閣は国会の信任に基づいて成立し、国会に対して連帯して責任を負う」である。　**問4** 衆議院議員の定数は465人で、うち289人が小選挙区選出議員、176人が比例代表選出議員。　**問5** 国民は、最高裁判所の裁判官がその職に適任かどうかの信任投票権を持っている。

英語 ●解答と解説

【解答】

【1】

問1	問2	問3
え	う	い

問4　It will cost (**twelve**) dollars.

【2】

問1 (a)	(b)	問2	(1)	(2)	(3)
あ	い	い	い	え	あ

問3	問4	問5	問6
い	う	え	え

【3】

問1	They will sit in row (**26**).
問2	She will sit in seat (**G**).
問3	He will sit in seat (**J**).
問4	They will sit in seats (**H**) and (**I**). (順不同)

【4】

A

(1)	(2)	(3)	(4)	(5)
い	う	う	い	あ

B

(1)	was	when	(2)	It	necessary
(3)	would	you			

【配点】

各4点　（【3】問4と【4】Bは完答）

【解説】

【1】問1～3. Megは肉を食べたくない。野菜のトッピングをしたい。Peterはあまり野菜が好きではない。チラシの (Monthly)Special なら2枚目が半額で、Mサイズを1枚買うより安い。

問4 8(small)＋4(small の2枚目半額)＝12

【2】問1 (a) stop ～ ing「～するのをやめる」, stop to ～「～するために立ち止まる」
(b) try ～ ing「(試しに)～してみる」, try to ～「(がんばって)～しようとする」

問3 'to ＋動詞の原形' の基本3つの意味・・・
～すること, ～するための, ～するために
本文二重下線部　performed (実行した) to save (救うために)
あ　want (望む) to save (節約することを)
い　worked (働いた) to save (救うために)
う　It is ～ to save (救うことは～だ)
え　the way (方法) to save (救うための)

問4 本文 [う] の前の2文の訳
ある日、Fuji が飛ぼうとしたとき、tail fin が壊れた。それは泳ぐために作られていて、飛ぶためには作られていなかった。

【3】 (大意) ジョーンズさん家族は、旅行に行く。4人家族。父は Tom, 母は Jill, 姉は Veronica13 歳, 弟は Peter8 歳。会話を読み、後の問いに答えなさい。
(会話文から解ること)
Jill：家族で一緒に座るべきだ。
Tom：Jill の隣に座りたい。
Veronica：30-A にひとりで座りたい。

Tom：両親は家族で一緒に座りたい。
Veronica：わかった。それなら通路側にする。
Peter：飛行機に乗って、外を見たい。

【4】
A
問1　ディナーに誘ってくれてありがとう。行きたいです。私は肉を食べないし、ミルクの入ったものは食べません。

問2　暖房は午前7時～午前10時，午後4時から午後11時。この時間を変えようとしないでください。

問3　セールの洋服は返品できません。買う前に試着してください。

問4　Hi, David. 私は遅れるでしょう。カフェで私を待たないで。私は、直接レストランに行き、あなたに会います。 Emma より。

問5　この旅行をよく利用するなら，' Super Weekly Saver Ticket' で節約できます。

B
問1　(a) お風呂に入っていた。そして、そのとき電話が鳴った。(b) 電話が鳴ったとき、私は風呂に入っているところだった。

問2　(a) 日付は書かなくてもいいです。(b) 日付を書くことは、必要とされていません。

問3　(a) この本を読んでください。(b) 私はあなたにこの本を読んでほしい。

星稜

数学 ●解答と解説

【解答】

[1]	(1)	11
	(2)	$\dfrac{x-7y}{12}$
	(3)	$x=8$ ，$y=-9$
	(4)	$x=-7,8$
	(5)	$n=4,11,16,19,20$
	(6)	$y=\dfrac{1}{5}x^2$
	(7)	$\angle x=60°$ $\angle y=65°$
	(8)	$\angle DEC=35°$
	(9)	面 ア，イ，エ，カ
	(10)	48π cm³

[2]	(1)	15 通り
	(2)	$\dfrac{1}{5}$
	(3)	$\dfrac{3}{5}$
[3]	(1)	$0 \leqq x \leqq 10$
	(2)	$y=-27x+270$
	(3)	8 秒後
[4]	(1)	$\angle ECD=36°$
	(2)	二等辺三角形
	(3)	$\dfrac{1+\sqrt5}{2}$ cm
[5]	(1)	10 日
	(2)	⑤
	(3)	①，③ (③のみでも正解)

【配点】
[1]　4点×10　[2]〜[5]　5点×12

【解説】

[1]

(1) 与式$=5+16\times\dfrac{3}{8}=5+6=11$

(2) 与式$=\dfrac{4(x-y)-3(x+y)}{12}=\dfrac{4x-4y-3x-3y}{12}=\dfrac{x-7y}{12}$

(3) $\begin{cases}\dfrac{x}{2}+\dfrac{y}{3}=1\cdots①\\2x+y=7\cdots②\end{cases}$　①×6　$3x+2y=6\cdots①'$

$①'+②×2$　　$3x+2y=6$
　　　　　$\underline{-)4x+2y=14}$
　　　　　　$-x=-8$
　　　　　　　$x=8\cdots③$

③を②に代入
$2\times8+y=7$
$y=7-16$
$y=-9$

(4) $(x-8)(x+7)=0$　$x=8,-7$

(5) $n=20$のとき　$\sqrt{20-20}=0$
$n=19$のとき　$\sqrt{20-19}=\sqrt1=1$
$n=16$のとき　$\sqrt{20-16}=\sqrt4=2$
$n=11$のとき　$\sqrt{20-11}=\sqrt9=3$
$n=4$のとき　$\sqrt{20-4}=\sqrt{16}=4$

(6) $y=ax^2$に代入して$\dfrac{4}{5}=a\times2^2$

$a=\dfrac{4}{5}\div4=\dfrac{4}{5}\times\dfrac{1}{4}=\dfrac{1}{5}$　　$y=\dfrac{1}{5}x^2$

(7) $x=360-(115+115+70)=60°$
$y=360-(120+110+65)=65°$

(8) $\angle B+\angle C=180-70=110°$
$\dfrac{1}{2}\angle B+\dfrac{1}{2}\angle C=\dfrac{110}{2}=55°$
$\angle DBC+\angle DCB=\angle EDC=55°$
$\angle DCE=\dfrac{180}{2}=90°$
よって$\angle DEC=180-(90+55)=35°$

(10) 円柱から円錐を引いて求める。
$3^2\pi\times6-\dfrac{1}{3}\times3^2\pi\times2=54\pi-6\pi=48\pi$

[2]

(1) $\dfrac{6\times5}{2}=15$通り

(2) 積が奇数になるのは奇数×奇数のときだけ、
$3\times5,\ 3\times7,\ 5\times7$　の3通り
よって$\dfrac{3}{15}=\dfrac{1}{5}$

(3) 引いた組の数の差が奇数になる場合

$3\begin{smallmatrix}-4\\-6\\-8\end{smallmatrix}$　$4\begin{smallmatrix}-5\\-7\end{smallmatrix}$　$5\begin{smallmatrix}-6\\-8\end{smallmatrix}$　$6-7$　$7-8$

以上9通り　よって$\dfrac{9}{15}=\dfrac{3}{5}$

[3]

(1) $30\div3=10$　より　$0\leqq x\leqq10$

(2) $PC=3x$　　$BP=30-3x$
$y=18(30-3x)\times\dfrac{1}{2}=-27x+270$

(3) $QD=3(x-4)$　　$AQ=\{30-3(x-4)\}$
$\triangle ABQ=18\{30-3(x-4)\}\times\dfrac{1}{2}$
$18\{30-3(x-4)\}\times\dfrac{1}{2}=3(-27x+270)$
$-27x+378=810-81x$
$54x=432$　　$x=8$

[4]

(1) 正五角形の内角の和　$180(5-2)=540°$
1つの内角は$\dfrac{540}{5}=108°$
$\angle ECD=\dfrac{180-108}{2}=36°$

(3) ADとCEの交点をFとすると
$\triangle ACD\backsim\triangle CDF$より
$AD=x$とすると　$AF=CF=1$より
$FD=x-1$
$AD:CD=CD:FD$
$x:1=1:(x-1)$　　$x(x-1)=1$
$x^2-x-1=0$　　$x=\dfrac{1\pm\sqrt{1+4}}{2}=\dfrac{1\pm\sqrt5}{2}$
$x>0$より　$x=\dfrac{1+\sqrt5}{2}$

[5]

(1) A市のデータを並べかえると

7. 9. 10. 10. 11. 13. 14. 14. 15. 15. 25. 26
　　　　　　　　　　中央値
　　第1四分位数　第2四分位数　第3四分位数
　　　10　　　　$\dfrac{13+14}{2}=13.5$　　15
範囲　$26-7=19$　四分位範囲　$15-10=5$

(2) 上記より　⑤

国語 ●解答と解説

【解答】

[一]〔一〕（省略）

[二]〔二〕（省略）

〔三〕

	問一			問二	問三	問四	問五	問六
	a ゆえに	b にわかに	c かろうじて	係り結びの法則	ア	イ	をがみ（は）心配があること	イ
問七	駆除されてしまう							
問八	貧しい生活を楽しむ							こと

【配点】

【一】38点

【二】42点

【三】2点×10　20点

【解説】

星稜（推薦）の国語
大問3題　論説文、小説文、古文、作文なし
記述　〜15字　抜出23年〜20字　22年〜30字
知識：語彙　擬人法　品詞　係り結び　論語　返り点

【一】論説文（省略）

【二】小説（省略）

【三】古文

　ある時、都の鼠が片田舎に行った。田舎の鼠達は大切にもてなした。これに喜んだ都の鼠は、田舎の鼠を都に連れて行った。都の鼠が住んでいるのは大金持ちの蔵。だから食べるものは有り余る程あり、飢えることがない。そこで都の鼠が「都には、このように良いことばかり。みすぼらしい田舎に長年住んでどうなるものか」と語っているところに、家主が蔵に用事があって、急に扉を開く。都の鼠は場所をよく知っているので、穴に逃げ込んだ。しかし田舎の鼠はわからずあわてて、隠れるところもなく、かろうじて命は助かった。

　田舎の鼠は言った。「あなたは『都には良いことばかり』とおっしゃったが、そのことで、一晩で白髪になるかと思った。田舎なら足りないことはあっても、こんな心配はない」と。

　身分の低い者は都の人と一緒にならない方がよい。無理をすればわずらわしいだけでなく、たちまち災難にあうことになる。貧を楽しむ者は何事にも満足できる。諺にも「貧を楽しむ」と言う。

英語 ●解答と解説

【解答】

1	問1	1 a		2 c		3 a		4 c		5 b

	問2	1 a		2 c		3 a

		1 b		2 c		3 c

	問3	4　Yes, I'd like to work abroad, especially in Europe because I am interested in art. So I want to work in a museum and help many tourists. （別解答）I would like to work abroad because I am interested in foreign countries. I would like to work at a sushi restaurant in Paris.

2	1 A		2 B

3	1	① Do you have any place you want
		② wants guests to enjoy staying with

	2	A ウ	B エ	C ア	D イ	E ×

	3	what time will we leave here

	4	a ○	b ×	c ×	d ×	e ○	f ×

4	1 あ	2 い	3 い	4 う	5 い	6 う	7 い

5	1	農場で、野菜や果物を選んで、自分自身で収穫すること。
	2	A to	B on	C with
	3	① pay for the fruits or vegetables they have picked
		② Have you ever tried a piece of lemon meringue pie
	4	③ lower	④ less
	5	1　Because it isn't very hot early in the morning.
		2　You can eat as much fruit as you want (in 30 or 40 minutes).
		3　I want to pick some raspberries and make jam with them. I like raspberries but unfortunately, they are rare here in Japan.

【配点】

1 問3-4　4点、他各2点　　2 各2点
3 問4　各1点、他各2点　　4 各2点
5 問5-3　4点、他各3点

【解説】

1　問1　No.1　ホットレモネードを作ろうとしている2人の会話。　No.2　ピアノが上手な男性は、ほとんど毎日30分練習しているという。女性が尋ねた。「どのくらい、ピアノを弾いているのですか」　No.3　男性が女性にスパゲッティの茹で時間を尋ねている。

問2　1．スクリプト　1行目A：このレストランを知らなかった。　3行目B：これが、私の初めての訪問。　2．6行目A：金沢カレーって何？　7行目B：金沢カレーは…　9行目A：それにします。　10行目B：一番人気の料理をたべないと。　5行目B：ハンバーグステーキが一番人気の料理だ。　3．12行目A：デザートにパフェを食べる？　15行目B：安くない。食後にコーヒーだけ欲しい。

問3　No.1〈スクリプト1段落1〜3文〉先月、忘れ物を届けに、父の会社に行った。多くの日本人ではない人が働いていた。彼らは、技術を学び、彼らの国に持ち帰る予定の、ベトナムからのtechnical intern（技能実習生）だそうだ。　No.2〈2段落〉円グラフで一番大きい部分はベトナムで26%。中国人は2番目に人数が多い。3番目に大きい部分はフィリピン出身の人々。

No.3〈3段落〉日本に住んでいる外国人は、197カ国出身の2,880,000人の人々。

2　大意
1　弟に赤ペンを買ってきてもらった。200円払い、赤ペンはジュースより40円高かった。
2　Julieの2人後はSarah。KateはJulieの後か前。Emilyの後はSarah。EmilyとKateは対称。
3　1　①（Do you have any place you want）to go to?　②…（wants guests to enjoy staying with）their pets there.
2　選択肢の訳　ア　どういう意味？　イ　その道がどんな感じなのか想像できない。　ウ　海にいくのはどう？　エ　ここからそこに行くのにどのくらい時間がかかりますか？
3　解答例の訳：何時にここを出発しますか。
4　b. over three hours（3時間を超える）が誤り。　c. before going to Suzu cityが誤り。　d. road made by sand along the sea（海岸沿いに砂で作られた道）が誤り。本文では"a part of seaside beach like road made by sand（砂で作られた道のような海辺のビーチ）"　e. with Sakura's motherが誤り。

4
Term1：7月24日（月）〜8月3日（木）

コース	すること	日時
コンピュータ・プログラミング	問1.コンピュータのスキルは全ての生徒に必要だ。	
英会話	問2.Ms.Clintonと英会話を楽しめる。	
科学プログラム		

Term2：8月9日（水）〜8月24日（木）

コース	すること	日時
自然クラブ（アウトドア）	問6.…医王山に行っていろんな植物を見つけよう。	
英語ライティング	問4.英検準2級を取りたい生徒のための企画	
ゴスペル音楽		問5.水、木 11:00〜12:00

★　問3　部屋情報がないプログラムは全てセミナールームCで行う。
★　問7　準備と片付けのボランティアをしてくれる生徒は、教会に7月15日金曜日15時のスペシャルミーティングに参加。
5　2．(A) from A to B…AからBまで
(B) on＋曜日…〜曜日に　(C) with…〜と
4．lower priceより安い値段, pay less moneyより少ないお金を支払う
5-1　2段落2文目「ほとんどの農家が、まだ暑すぎない朝早く開く。」
5-2　6段落3文目「…農場に行って、30分か40分で好きなだけ食べられる」

英語 ●放送による問題

問1　次に放送されるそれぞれの問いについての会話を聞き、最後の発言に対する相手の応答として最も適切なものを、4つの
　　　選択肢 a～d の中から1つずつ選び記号で答えなさい。会話はそれぞれ 2 回読まれます。

No.1

M: It's getting really cold today. Shall we make some homemade hot lemonade?

W: That's a great idea. What do we need?

M: We need three things: honey, boiling water, and guess what the most important thing is?

No.2

W: Your piano playing sounds really great.

M: Thank you. I have practiced it almost every day for half an hour since I started to learn.

W: How long have you played?

No.3

M: I'm really hungry, so why don't we cook tomato spaghetti for our lunch?

W: Sounds nice. Please boil the spaghetti and I will make the tomato sauce.

M: Sure. How long would you like me to boil the spaghetti?

No.4

W: What time did you arrive at Kanazawa station yesterday?

M: Well, I left my home at nine o'clock as I was supposed to meet my friends there at ten o'clock, but
　　the bus was ten minutes late and it took 15 minutes longer than usual because of a traffic jam.

W: Oh, I'm sorry to hear that. Anyway, were you able to make it on time?

No.5

M: Here's the book you reserved 10 days ago.

W: Thank you. I've been waiting for it as I need it for my essay.

M: When do you have to finish your essay?

W: By next Friday, so I'm hoping that I can keep this book until then.

M: You can only keep it for one week so I'm afraid you have to return it the day before.

W: If it's the day before, then that's O.K. Can you kindly tell me what time this library will open that
　　day?

北陸学院

問2　あるレストランで 2 人が会話をしています。右ページのメニューを見ながら会話を聞き、 1 ～ 3 に当てはまるものを 3 つ の選択肢 a～c の中から 1 つずつ選び、記号で答えなさい。会話は 1 回だけ読まれます。

A: Oh, everything on the menu looks so delicious! I didn't know about this restaurant. Do you often come here?

B: No. This is my first time to come here, too. Sokkuri Donkey is a new restaurant. The Hamburg Steak tastes good and is very famous. "Mission Hamburger" is also famous but the Hamburg Steak is the most popular dish here.

A: I want to eat the Hamburg Steak but I also like Japanese soba, zarusoba. What is "Kanazawa Curry?"

B Kanazawa Curry is one of the most popular foods in Ishikawa. If you want it, you should order the "Kanazawa Curry Set." You can eat Kanazawa Curry and salad, and you can choose a drink.

A: Sounds good. I want it. How about you? What do you want to eat?

B: I ate ramen for lunch today, so I want something else. Maybe I should eat the most popular dish in this restaurant.

A: Do you want to eat a parfait as a dessert?

B: If it is not very expensive, I want one.

A: It is 800 yen.

B: Oh, that's not cheap. I just want coffee after eating.

A: Ok, let's call the waiter!

問3　次に流れるのは、高校 1 年生の花子が書いたレポートです。下のグラフを見ながら英文をよく聞いて、印刷されているあとの 質問に答えなさい。英文は 2 回読まれます。

Last week I visited my father's company to take him something he forgot. In the office I found many non-Japanese people working. According to him, they are technical interns from Vietnam who are learning some skills and plan to take them back to their own country.

Recently, I have seen more people from other countries than before in the city. I am really interested in the reasons why they are here in Japan. So I searched on the Internet and found some information with a pie chart from the government. It shows some details about foreigners living in Japan. Let's take a look at it.

The biggest part of the pie chart is people from Vietnam, 26 percent. Most of them came to Japan as technical interns as in my father's company. Chinese are the second biggest number of people. The information says that Chinese people work in Japan with the skills which they learned in their own country. The third largest part are people from the Philippines, especially women who got married to Japanese men. Actually, my mother takes an English conversation lesson online. A woman from the Philippines is her teacher. She is married to a Japanese man.

According to the information, the number of foreigners living in Japan is 2 million, 880 thousand people who come from 197 countries. 80 percent of them are from Asian countries. In Japan, there are more and more elderly people. The problem is the shortage of the labor force. We need a variety of human resources like foreign workers. So we need to welcome people from all over the world. I'd like to understand the differences between cultures and to be helpful to the global society. I know I need to study English much harder from now on.

北陸学院

数学 ●解答と解説

【解答】

1	(1) ③	(2) ④		

2	(1) -4	(2) 1	(3) $3xy$	(4) $\dfrac{2\sqrt{3}}{3}$

3	(1)① $2a(x+9)(x-2)$	(1)② $(a-2)(x-1)$
	(2)① $x=-\dfrac{6}{7}$	(2)② $x=2$

4	長さ 260 m	秒速 72 m

5	(1) 9600 円	(2)最大 6 冊	(2)残金 320 円

6	(1) オ	(2) イ	(3) カ	(4) ケ

7	(1) 16 通り	(2) $\dfrac{1}{4}$	(3) $\dfrac{1}{2}$

8	(1) 円柱の体積 960π cm³	(1) 円柱の表面積 368π cm²	(2) 円錐の体積 2560π cm³

9	(1)最大値 6 冊	(1)最小値 1 冊	(1)第1四分位数 2 冊	(1)第3四分位数 4 冊
	(3)中央値 2 冊	(3)四分位範囲 2 冊	(4) ⑤	

10	(1)① コ	(1)② オ	(1)③ カ	(1)④ ウ	(2)∠ADB 75°

11	(1) EF:FC= 2 : 3	(2) △FEB:△FCD= 4 : 9	(3) HCの長さ $\dfrac{24}{5}$ cm	(4) EG:DH= 4 : 9

12	(1)直線ℓ $y=-6x-8$	(2)① $\dfrac{15}{2}$	(2)② $t=-3+\sqrt{11}$

【配点】

1 2 3 5 6 7 9 10　2 点×32
4 8 11 12　3 点×12

【解説】

1 (2)正六角形の 1 つの外角は $360\div6=60°$
よって 1 つの内角は $180-60=120°$

3 (2)① $8x=15x+6$
$-7x=6$　$x=-\dfrac{6}{7}$
② $x+1=A$ とすると $A^2-6A+9=0$
$(A-3)^2=0$　$(x+1-3)^2=0$　$(x-2)^2=0$
$x=2$

4　新幹線の長さを xm、秒速 ym とする
$\begin{cases} 2260+x=35y \text{ — ①} \\ 1180+x=20y \text{ — ②} \end{cases}$　①−②$1080=15y$
$y=72$ — ③
③を②に代入 $1180+x=20\times72$　$x=260$

5　図鑑の代金を x 円とする
(1) $12000-\dfrac{2}{3}x : 7200-\dfrac{1}{3}x=7:5$
$5(12000-\dfrac{2}{3}x)=7(7200-\dfrac{1}{3}x)$
$60000-\dfrac{10}{3}x=50400-\dfrac{7}{3}x$
$-x=-9600$　$x=9600$ 円

(2) 最大 y 冊買うとする
$12000-\dfrac{2\times9600}{3}=5600$
$880y\leqq5600$　$y\leqq6.3\cdots$
最大 6 冊買えて $5600-880\times6=320$
320 円の残金

7 (2) a+b が 4 の倍数
$1+7, 3+5, 6+2, 8+4$ の 4 通り
$\dfrac{4}{16}=\dfrac{1}{4}$

(3) ab が 4 の倍数
$1\times4, 3\times4, 6\times2, 6\times4,$
$8\times2, 8\times4, 8\times5, 8\times7$
以上 8 通り $\dfrac{8}{16}=\dfrac{1}{2}$

8 (1) 体積 $8^2\pi\times15=64\pi\times15=960\pi$ cm³
表面積 $8^2\pi\times2+2\times8\pi\times15$
$=128\pi+240\pi=368\pi$ cm²

(2) 半径 16 cm、高さ 30 cm の円錐より
$16^2\pi\times30\times\dfrac{1}{3}=256\pi\times10=2560\pi$ cm³

9 (3) 四分位範囲 $3-1=2$ 冊
(4)⑤ 3 冊以上は 1、2 年生はそれぞれ
60 人以上は分るが 3 年生は不明。

10 (2) $\angle ABD=\dfrac{180-40}{2}=70°$
$\angle ABD=70\div2=35°$
$\angle ADB=180°-(70°+35°)=75°$

11 (1) $△BEF\backsim△DCF$ より
$BE:DC=2:3$　よって $EF:FC=2:3$

(2) 面積比は相似比の 2 乗に等しいので
$2^2:3^2=4:9$

(3) $△DFH\backsim△DBC$ より $DF:FB=3:2$
$DF:DB=3:5$　$DH:DC=3:5$
$HC=12\times\dfrac{2}{5}=\dfrac{24}{5}$ cm

(4) $EG=12-4-\dfrac{24}{5}=\dfrac{16}{5}$
$DH=12-\dfrac{24}{5}=\dfrac{36}{5}$
$\dfrac{16}{5}:\dfrac{36}{5}=16:36=4:9$

12 (1) $A(-4,16)$　$B(-2,4)$ より
$a=\dfrac{16-4}{-4-(-2)}=\dfrac{12}{-2}=-6$
$4=-6\times(-2)+b$　$b=-8$
$y=-6x-8$

(2)① $C(1,1)$ を通り傾き -6 の直線
$1=-6\times1+b$　$b=7$　$y=-6x+7$
$D(0,7)$
B,C を通る直線は
$a=\dfrac{4-1}{-2-1}=\dfrac{3}{-3}=-1$　$1=-1\times1+b$
$b=2$　$y=-x+2$
$△BCD$ を y 軸で分けて求める
$\dfrac{5\times2}{2}+\dfrac{5\times1}{2}=\dfrac{10}{2}+\dfrac{5}{2}=\dfrac{15}{2}$
② 四角形 $BPCQ=△BPQ+△CPQ$
$P(t,t^2)$　$Q(t,-6t+7)$ とする
底辺 $PQ=(-6t+7-t^2)$
高さ $1-(-2)=3$
$(-6t+7-t^2)\times3\times\dfrac{1}{2}=\dfrac{15}{2}$
$-6t+7-t^2=5$
$t^2+6t-2=0$
$t=\dfrac{-6\pm\sqrt{36+8}}{2}=\dfrac{-6\pm2\sqrt{11}}{2}=-3\pm\sqrt{11}$
$0<t<1$ より $t=-3+\sqrt{11}$

北陸学院

国語 ●解答と解説

【解答】

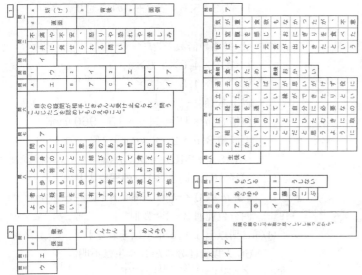

【配点】

① 問三 3点　問六 5点　問八 6点　他2点×14問

② 問五 5点　問七 6点　他3点×9問

③ 問三 4点　他2点×8問

【解説】

北陸学院の国語

大問三題。論説文、小説文、古文。

記述字数が多い。八十字、八十字、五十字、四十字。

「スピード」「時間配分」「取捨選択」がポイント。

知識問題

文法　19年「ようだ」20年「ない」21年「文の成分」

22年「ようだ」23年「の」

① 論説文

「キーワード」に線を引いて読もう

問一　不満や不安…発せられる問い…問二

問二　こと…に意味はあるのか？……問八

　　　自分自身を…結びつけて…

問三　は　より深くなり、哲学的になる…問八

　　　一歩でも二歩でも考えを進め…問八

　　　答えが出るかどうかは問題ではない

　　　まっとうな問い…認めてくれれば…問六

　　　疑問を共有する…問八

　　　疑問がきちんと受け止められる…問六

問四　問うているのだと認められること が重要…問六

　　　他の人と対話…対話の意義がある

問六　「要約型記述」の3ステップ

❶「キーワード⇒キーフレーズ」を見つけ線をひく

①「自分自身…結びつける」②「共有」または「対話」

❸　8割（80字なら64字）以上になるようまとめる

最後三段落を要約した別解

問うことに意味があり、自分自身を問いに結びつけ、そこから一歩でも二歩でも考えを進め、答えが出な

くても、他の人と対話し、疑問を共有し認められる 問い。

② 小説

「キーワード」に線を引いて読もう

藤木朝香　クレームを受けた私

気が重い　おなかがすいていない…問五

桐山くん「おにぎり、食う？」

不意に空腹をおぼえた…食欲なかったのに…問五

急に元気が出てきた

目の前のことにひたむきに取り組んでいく

過去がんばりが役に立ったり、いい縁ができたり…問七

問二　「こと・もの」に置き換えられる「の」

問三　小春日和…初冬の頃の暖かくて穏やかな天気。

③ 古文

あるなまよ人が、山寺の僧を信じ、日常や仏道に関わらず、深く頼りにし、病気になると、薬のことなども問いきいていた。この僧は、医術の心得もなかったので、どんな病気にも「藤のこぶを煎じてお飲みなさい」と教えた。そこで在家人はそれを信じ服用したが、どんな病気も治らないことはなかった。

ある時（在家人が）馬を失って「どうしたらよいでしょう」と相談すると僧はいつものように「藤のこぶを煎じてお飲みなさい」と言う。納得がいかなかったけれども、理由があるのだろうと信じ（藤のこぶを探したが、あまりに取り尽くして近所には無かったので、ある山のふもとを探し求めるうちに、谷の辺りでいなくなった馬を見つけた。これも僧を信じたおかげである。

理科 ●解答と解説

【解答】

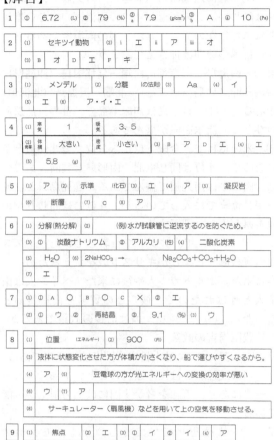

1　① 6.72（L）　② 79（%）　③ₐ 7.9（g/cm³）　③ᵦ A　④ 10（Pa）

2　(1) セキツイ動物　(2) i エ　ii ア　iii オ　(3) B オ D エ F キ

3　(1) メンデル　(2) 分離（の法則）　(3) Aa　(4) イ　(5) エ　(6) ア・イ・エ

4　(1) 寒気 1　暖気 3、5　(2)体積 大きい　密度 小さい　(3) B ア D エ　(4) エ　(5) 5.8（g）

5　(1) ア　(2) 示準（化石）　(3) エ　(4) ア　(5) 凝灰岩　(6) 断層　(7) C　(8) ア

6　(1) 分解（熱分解）　（例）水が試験管に逆流するのを防ぐため。　(3)① 炭酸ナトリウム ② アルカリ（性）　(4) 二酸化炭素　(5) H₂O　(6) 2NaHCO₃ → Na₂CO₃+CO₂+H₂O　(7) エ

7　(1)① A ○ B ○ C ×　② エ　(2) ウ 再結晶 9.1（%）ウ

8　(1) 位置（エネルギー）　(2) 900（円）　(3) 液体に状態変化させた方が体積が小さくなり、船で運びやすくなるから。　(4) ア　(5) 豆電球の方が光エネルギーへの変換の効率が悪い　(6) ウ　(7) ア　(8) サーキュレーター（扇風機）などを用いて上の空気を移動させる。

9　(1) 焦点　(2) エ　(3)① イ ② イ　(4) ア

【配点】

1　①2点　②2点　③2点×2　④2点
2　(1)2点　(2)1点×3　(3)1点×3
3　(1)2点　(2)2点　(3)2点　(4)2点　(5)2点　(6)2点
4　(1)1点×2　(2)完答2点　(3)1点×2　(4)2点　(5)2点
5　(1)2点 (2)2点 (3)2点 (4)2点 (5)2点 (6)2点 (7)2点 (8)2点
6　(1)2点 (2)2点 (3)1点×2 (4)2点 (5)2点 (6)2点 (7)2点
7　(1)1点×4 (2)1点×3 (3)2点
8　(1)2点 (2)2点 (3)2点 (4)1点 (5)2点 (6)1点 (7)1点 (8)2点
9　(1)2点 (2)2点 (3)1点×2 (4)2点

【解説】

1　[小問総合]
① 60mL＝0.06L だから、$0.06 \times 112 = 6.72$（L）。
③(a)図3から、この金属の体積は、
$59.0 - 50.0 = 9.0$cm³。よって $\frac{71.1}{9.0} = 7.9$（g/cm³）。
④ 500g の物体の重さは5N。$\frac{5}{0.5} = 10$（Pa）

2　[動物の世界]

3　[遺伝]
(4) 子の Aa どうしをかけ合わせると、孫の遺伝子は、
AA：Aa：aa ＝1：2：1 になるので、AA の遺伝子をもつ個体は全体の $\frac{1}{4}$。$8000 \times \frac{1}{4} = 2000$（個）。
(5) 子葉が黄色の個体は、AA の遺伝子をもつものと Aa の遺伝子をもつものが1：2の割合で含まれる。数字を小さくするために、AA の遺伝子をもつ個体1個と、Aa の遺伝子をもつ個体が2個あったとし、そ

れぞれが自家受粉によって4つの種子をつくったとする。AA の個体を自家受粉させてできる4つの種子はすべて AA の遺伝子をもつ。Aa の個体を自家受粉させてできる4つの種子は AA が1つ、Aa が2つ、aa が1つできる。したがって、全体では、12 個の種子のうち、AA が6つ、Aa が4つ、aa が2つできる。よって、それらを発芽させると、黄色の子葉：緑色の子葉＝（6+4）：2＝10：2＝5：1。

4　[前線]
(5) $7.3 \times 0.80 = 5.84 \fallingdotseq 5.8$（g）。

5　[地層と堆積岩]
(8) れき岩層の上面の標高を比較する。Aでは、標高160m の地下8m だから、れき岩層の上面の標高は152m。同様に、Bでは157m。Cでは162m。Dでは157m。AとCを比較すると、地層は南から北へ向かって下がっているといえる。

6　[炭酸水素ナトリウムの分解]
(7) 炭酸水素ナトリウム 3.0g を加熱すると炭酸ナトリウムが 2.5g できるので、このとき発生した水と二酸化炭素の質量の和は、$3.0 - 2.5 = 0.5$（g）である。炭酸水素ナトリウム 4.5g を加熱して、水と二酸化炭素が x（g）発生したとすると、
$4.5 : x = 3.0 : 0.5$　∴ $x = 0.75$

7　[溶解度]
(1) ①図1から 30℃の水 100g に溶ける量は、食塩約 37g、硝酸カリウム約 45g、ミョウバン約 17g。
②図1から 50℃の水 100g に溶ける硝酸カリウムは約 85g。したがって、50℃の水 200g に溶ける硝酸カリウムは約85×2＝約170g。20g 溶けているので、まだ溶ける硝酸カリウムは、$170 - 20 = 150$（g）。
(2) ① 10℃の水 200g に溶ける食塩は36.3×2＝72.6g。同様に、硝酸カリウム 44.0g、ミョウバン 15.2g。③ 10℃の水 200g に硝酸カリウムが 20g すべて溶けているから、$\frac{20}{200+20} \times 100 = 9.09\cdots = 9.1$（%）。
(3) 60℃の水 200g に溶ける量は、食塩約 74g、硝酸カリウム約 220g、ミョウバン約 116g。よって、ビーカーAは食塩を $74 - 15 = 59$（g）以上加えると結晶ができる。同様に、ビーカーBは硝酸カリウムを 200g 以上、ビーカーCはミョウバンを 86g 以上加えると結晶ができる。

8　[エネルギー]
(2) $1500 \times 1 \times 30 = 45000$（Wh）＝ 45（kWh）。1kWh あたりの電気料金は 20 円だから、$45 \times 20 = 900$（円）。　(5) 別解・「発光ダイオードはエネルギーの変換効率がよい」

9　[レンズと像]
(4) レンズを通過する光の量が減るので実像は薄くなるが、実像の形は変化しない。

社会 ●解答と解説

【解答】

I

1	B	2	エ	3	ウ	4	パンパ	5	②	6	ア	7	①	8	イ

II

1	エ

2	太平洋から吹き付ける南東の**季節風**が、寒流である**親潮**によって冷やされ、**濃霧**を発生させるから。

3	択捉島	4	名称	知床	流れつくもの	流氷	5	エ	6	エ

III

1	あ	鉄砲	い	室町		安土
2	A	フランシスコ＝ザビエル		B	南蛮貿易	
3	A	楽市・楽座	B	イ	4	姫路城

5	農民らが一揆をおこすことを防ぎ、農業に専念させるため。

IV

1	イ・オ	2	国際連合	3	イ・ウ	4	ウ
5	ベルリンの壁	6	冷たい戦争（冷戦）	7	イ・ウ		

V

1	A	き	B	象徴	C	国民投票
2	A	い	B	記号	え	正しい言葉	秘密選挙	C	国会議員
3	A	お	最低限度	C	小さな	政府から	大きな	政府へ

ここからは選択問題です。1～6の選択問題のうち4つの問題を選び、それぞれ答えなさい。
なお、「選択した問題番号」と書かれた場所の右側にある二重線の枠内に選択した問題番号を書いてから答えること。

選択した問題番号	1	1	イスラム教 （イスラーム、イスラム）	2	ペルシャ湾 （ペルシア湾）	3	OPEC
		4	ア	5	イ	6	ウ	7	エ

選択した問題番号	2	1	讃岐平野（漢字のみ○）	2	ため池（人工の池）	3	松山（市）
		4	エ	5	ウ	6	イ	7	ア

選択した問題番号	3	1	奉公	2	御恩	3	源頼朝
		4	ア	5	イ	6	イ	7	エ

選択した問題番号	4	1	三角	2	日米和親	3	太平天国
		4	ア	5	ウ	6	エ	7	ウ

選択した問題番号	5	1	45	2	30	3	為替相場 （為替レート）
		4	ウ	5	ウ	6	イ	7	エ

選択した問題番号	6	1	立法	2	行政	3	司法
		4	イ	5	イ	6	ア	7	ウ

【配点】

I　問1～問8　1点×8
II　問1　1点×1　問2　3点×1　問3～問6　2点×5
III　問1　問2　1点×5　問3　問4　2点×3　問5　3点×1
IV　問1～問7　2点×7
V　問1～問3　2点×11
［選択問題4問］　1点×7×4

【解説】

I　(1) この世界地図では、経線は36本あるので、本初子午線から18本目のBの線が日付変更線となる。また、クマシ（ガーナ）を通る経線が、イギリスを通っている本初子午線である。その経線を伸ばすとBの線になると考えてもよい。　(3) 赤道（緯度0度）はアフリカ大陸の中央よりは少し南になる。左につきでた部分の南にあるギニア湾を通ると覚えておこう。その赤道の線を引くとクマシは北半球にあることが分かるので、(ウ)は誤り。　(6) クマシはガーナの都市であり、表の「カカオ」の項目のあるアが正解。　(7) オーストラリアの先住民はアボリジニ、ニュージーランドはマオリである。

II　(1) 北海道は冷帯（亜寒帯）の気候で、冬の寒さは厳しい。冬の気温が4つの雨温図の中で0度以下はエだけなので、これが札幌の雨温図である。

(3) 日本の範囲は押さえておこう。

東端－南鳥島（東京都）、西端－与那国島（沖縄県）、南端－沖ノ鳥島（東京都）、北端－択捉島（北海道）である。　(4) B半島は知床半島で、世界自然遺産のひとつ。流氷観光が盛んである。

(6) 米の項目で、全国1位から3位まで北海道と東北なので、4位は同じ東北の山形県と判断。あるいは、肉用牛は南九州で盛んである。鹿児島県と宮崎県が3位までに入っているが、4位には同じ九州の熊本県が入ると判断する。

III　(2) 1549年、アジアで布教していたイエズス会の宣教師ザビエルがキリスト教を伝えるために日本に来た。ポルトガル人や後に来たスペイン人は南蛮人と呼ばれたので、彼らとの貿易を南蛮貿易と言った。　(3) ア、ウ、エは信長の政策であるが、イは豊臣秀吉の政策。

IV　(1) ア、ウ、エは大日本帝国憲法の説明である。　(3) 「bの機関」とは国際連合のこと。本部はニューヨークにあり、平和を脅かす国には武力制裁が可能である。

V　(1) 人権思想ででてくるロック、モンテスキュー、ルソーについては整理しておこう。

(3) できるだけ政府の仕事を企業などに任せようというのが「小さな政府」、その逆に政府に多くの仕事を任せようというのが「大きな政府」。

【選択問題】

1　(5) 30÷15＝2、9－2＝7、2月1日午前9時から7時間前。　(7) 聖典のコーランにある戒律により、豚肉や飲酒は禁止されている。

2　(3) 愛媛県は松山市、間違いやすい島根県は松江市。　(6) 岡山県のぶどう、愛媛県のみかんの生産は全国上位に入る。　(7) アはストロー現象のこと。

3　(4) イは鎌倉以降、ウとエは鎌倉以前。

(5) 鎌倉時代は女性の権利も男性と同等に認められていた。　(6) 開祖は、アー親鸞、イー法然、ウー一遍、エー日蓮である。

4　(4) Aによって起こった戦争はアヘン戦争。

(6) 日米和親条約で開港したのは、下田と函館の2港。

5　(4) 1ドル＝100円が1ドル＝80円になることを円高という。数字だけ見て、100が80になったから円安だということではない。逆である。注意しよう。

6　(4) 罷免とは、職務をやめさせること。裁判官の罷免は、国会内に設置される弾劾裁判所で判断する。　(6) 憲法改正の発議は国会の仕事である。

英語 ●解答と解説

【解答】

1

(1)	ア	(2)	イ	(3)	ア	(4)	ア	(5)	イ

2

(1)	Shall		I	(2)	younger	than
(3)	would	like	(4)	have	sent	
(5)	Which	better				

3

(1)	3番目	カ	5番目	ア	(2)	3番目	ア	5番目	イ
(3)	3番目	イ	5番目	ウ	(4)	3番目	オ	5番目	イ

4

(1)	Since 2008 we	have already rescued more than 1,000 cats	and found them a new family.					
(2)		私たちは猫たちに新しい家族との良い生活を与えたい。						
(3)		closed						
(4)	ア	(No), they (can't).						
	イ	(28)(cats)(are)(waiting) for their new family.						
	ウ	This family (has) to (pay) $ (15) for the event.						
(5)	ア	×	イ	○	ウ	○	エ	×	オ	○
(6)	ちひろ		B	ともみ		A	まさひろ		C

5

(1)	ウ				
(2)	It's	three thirty			
(3)	父親の助言を聞かずに、スラックラインに挑戦し、転んだため				
(4)	to	take	off	your	shoes
	to	walk	little	by	little
(5)	1位	イ	2位	ウ	3位	ア
(6)	ア	×	イ	○	ウ	×	エ	×
(7)	ウ				

【配点】

[1] [2] [3]　各3点、[4](1)のみ4点　ほかは各2点、[5] 各2点

【解説】

[1]

(1) 主語が三人称単数 (Mr. Yamada)。三人称のとき、動詞は has を使う。

(2) 主語が複数 (three notebooks)。be動詞は are を使う。

(3) 先行詞が人以外 (cat) なので、関係代名詞は which。先行詞が人なら who になる。

(4) the baby を' sleeping on the bed(ベッドで寝ている)' が修飾。

(5) thanks to 〜　「〜のおかげで」

[2]

(1) shall I 〜「〜しましょうか」

(2) 〜 er than …　「…より〜だ」

(3) would like to 〜「〜したい」

(4) have not 過去分詞 … yet「まだ〜していない」

(5) Which do you like better, A or B?
A と B ではどちらが好きですか。

[3]

(1) It is 〜 for 人 to …　…することは人にとって〜だ

(2) make A B　A を B にする , who は関係代名詞

(3) when +文の形　〜のとき

(4) be + 過去分詞　主語は〜される

[4]

(1) 訳：2008 年から、私たちは 1000 匹を超える猫をすでに助けて、彼らに新しい家族を見つけてきた。
have + already +過去分詞「すでに〜した」

(2) want to 〜「〜したい」, give A B「A に B を与える」

(3) be 動詞＋〜 ed（過去分詞）「〜されている」
③：第 1, 第 3 土曜日は閉められている（休み）。

(4) ア P3〈Reservation〉参照。電話番号の隣に月曜日から金曜日と書いてあるので、weekend（週末）は電話予約できない。

イ P2〈Waiting Cats〉参照。※印 1 つ目に「28 匹の猫が新しい家族を待っている」とある。How many 〜 s「いくつの〜」, wait for 〜　「〜を待つ」

[5]

　ニュージーランドに住んでいる 17 歳の James が、先週末 10 月 31 日に初めてみるスポーツを TV で見て、父に初心者セットを買ってもらった。親友の Emma と土曜日の午後に East Park でそのスポーツをする約束をし、父にも手伝うように頼んだ。

　当日、East Park で会った。そのスポーツには 2 本の大きい木が必要だったが、たくさんの子供や親がいた。3 時に West Park は数人しかいなかった。Emma はそのスポーツの名前を尋ね、James は「スラックライン」であり、アメリカ発祥のスポーツだと答えた。彼らはやり方を知らず説明書を読んだ。

　（省略：Slackline の準備）そこについて 30 分かかった。

　彼らは Slackline をプレイし始めた。James は TV で見た Trick Line をしたかったが、父が、Long Line を最初はするように言った。なぜなら初心者にはベルトの上を歩くことも難しいからだ。James は父のアドバイスを聞かず、Slackline をしようとして、ベルトに乗ることができずに落ちた。①彼らは James のことを心配した。次に Emma がやってみた。彼女は様々なスポーツが上手で、ベルトに上手に乗れ、少し歩けた。Emma は彼らに歩き方を教えた。最初に靴を脱ぐこと。次に、少しずつ歩くこと。ゆっくり歩くとバランスをとりやすいこと。彼女のアドバイスで、彼らは 1 時間練習した。暗くなって、Long Line をすることにした。

　一所懸命に練習し、みんなが最初より上手く歩けるようになった。Emma が 8m, James が 3m, 父が Emma の半分歩けた。楽しく過ごし、帰宅した。夕食後に Emma と電話で今日のことを話した。それから、Emma は尋ねた。「モルックって知ってる？それやってみない？」

数学 ●解答と解説

【解答】

1.				
(1)	8	(2) −7	(3) 0.6	(4) −30

2.				
(1)	ア	5	(2) イ	4	ウ	6
(3)	エ	6	オ	1	(4) カ	1	キ	6
(5)	ク	2	ケ	7	コ	3

3.		
(1)	$y=\frac{5}{2}x+17$	(2) (3, 2)
(3)	9	(4) 45

4.		
(1)	2	(2) $\frac{1}{2}$
(3)	$\frac{2}{3}$	(4) $a=\frac{1}{3}, b=-1$

5.		
(1)	$\frac{1}{4}$	(2) $\frac{5}{18}$
(3)	$\frac{13}{18}$	

6.				
(1)	中央値	2.35 (kg)	平均値	2.3 (kg)
(2)	誤	2.3 (kg)	正	2.9 (kg)
(3)	②	(4)	26 通り
(5)	546 (円)		

7.		
(1)	32°	(2) $\frac{256}{3}\pi$
(3)	64π	(4) 円すい
(5)	96π	

【配点】
1.～6. 3点×27　**2.**　(2)～(5)は完答
7. (1) 3点　(2)～(5)　4点×4

【解説】

1.
(1) 与式＝(16＋24)÷5＝40÷5＝8
(2) 与式＝$-\frac{1}{5}-\frac{2}{7}\times\frac{14}{5}-6=-\frac{1}{5}-\frac{4}{5}-6=-7$
(4) 与式＝18−48＝−30

2.
(1) 8x−4−5x−5＝6　3x＝15　x＝5
(2) $\begin{cases}3x-2y=0 \\ 4x+2y=28\end{cases}$　7x＝28　x＝4　12＝2y　y＝6
(3) A²−A−12＝(A−4)(A＋3)
　　＝(a−2−4)(a−2＋3)＝(a−6)(a＋1)
(4) x²＋5x−6＝0　(x＋6)(x−1)＝0
　　x＝1, −6
(5) 3x²＋4x−1＝0　$x=\frac{-4\pm\sqrt{16-4\times3\times(-1)}}{2\times3}$
　　$x=\frac{-4\pm\sqrt{28}}{6}=\frac{-4\pm2\sqrt{7}}{6}=\frac{-2\pm\sqrt{7}}{3}$

3.
(1) $a=\frac{12-2}{-2-(-6)}=\frac{10}{4}=\frac{5}{2}$　$12=\frac{5}{2}\times(-2)+b$
　　b＝17　$y=\frac{5}{2}x+17$

(2) y＝−2x＋8に　y＝2を代入
　　2＝−2x＋8　2x＝6　x＝3　(3, 2)
(3) 3−(−6)＝9
(4) $9\times(12-2)\times\frac{1}{2}=45$

4.
(1) $a=\frac{8}{(-2)^2}=\frac{8}{4}=2$
(2) $(-1+4)\times a=\frac{3}{2}$　$3a=\frac{3}{2}$　$a=\frac{1}{2}$
(3) x＝−3のときy＝6　$a=\frac{6}{(-3)^2}=\frac{6}{9}=\frac{2}{3}$
(4) x＝−3のときy＝3　$a=\frac{3}{(-3)^2}=\frac{1}{3}$
　　$y=\frac{1}{3}\times b^2=\frac{1}{3}$　b²＝1　b＝±1　b＝−1

5.
(1) (1,3)(2,2)(2,6)(3,1)(3,5)(4,4)(5,3)(6,2)(6,6)
　　の9通り　$\frac{9}{36}=\frac{1}{4}$
(2) (1,1)(1,2)(1,3)(1,4)(2,1)(2,2)(2,3)(3,1)(3,2)
　　(4,1)の10通り　$\frac{10}{36}=\frac{5}{18}$
(3) (2)より　$1-\frac{5}{18}=\frac{13}{18}$

6.
(1) 中央値$\frac{2.3+2.4}{2}=2.35$kg
　　平均値(3.2＋1.2＋2.3＋2.0＋2.7＋2.4)÷6
　　＝2.3kg
(2) 平均値が0.1kg上がることよりどれかが
　　＋0.6kgになる
　　2.3kg⇒2.9kgにするとすべて成り立つ。
(3) データを並びかえると
　　12、15、17、21、㉓、26、29、31、35
　　　　　↓　　　第2四分位数　　↓
　　　　16　　　　　　　　30
　　第1四分位数　　　　　第3四分位数
(4) データを並びかえると
　　498、500、525、550、550、555、560
　　525≦a≦550のとき　中央値は変化する
　　よって　26通り
(5) a＝535×8−(498＋500＋525＋550＋550＋
　　555＋560)＝4280−3738＝542
　　中央値　$\frac{542+550}{2}=546$円

7.
(1) ∠x＝180−(128＋20)＝32°
(2) $\frac{4}{3}\pi\times4^3=\frac{256}{3}\pi$ ㎤
(3) $4\pi\times4^2=64\pi$ ㎠
(5) 底面積＝6²π＝36π
　　側面積＝10×6×π＝60π
　　36π＋60π＝96π ㎠

国語 ●解答と解説

【解答】

一

問1	自分の外とコミュニケーション通じ合う力。
問2	ア ウ ア ト
問3	その先の「一人の他人」との接点がない。
問4	A ウ　B エ
問5	ア
問6	ウ
問7	経験値

二

問1	イ
問2	ウ
問3	イ
問4	(1) 頭　(2) 左右
問5	イ
問6	雪結晶の写真を撮るのに黒とか紺の傘が一番いい
問7	エ

三

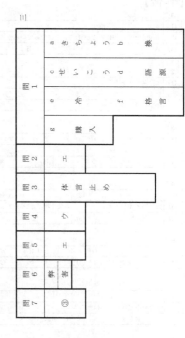

問1	a きちょう　b 換
	c せいり　d 語源
	e 冷　f 格言
	g 購入
問2	エ
問3	体言止め
問4	ウ
問5	エ
問6	弊害
問7	③

【配点】

一　問1・3　5点×2　他　4点×6　34
二　問6　6点　他　4点×7　34
三　問1　2点×7　3点×6　32

【解説】

遊学館の国語

大問三題　論説文　小説文　随筆文　作文なし
記述　21年度1題25字　22年度なし　抜出し25文字
知識問題　23年度語彙　四字熟語　22年度　熟語の成り立ち　品詞　可能動詞

一 論説文

「キーワード」に線を引いて読もう
22年度　情報　ディジタル化
23年度　コミュニケーション
好き・嫌いを超え…自分を通用させ…
自分の外とコミュニケートで、通じる力…問1
外の人物と関わったり話しを通じさせている力…鍛えられていない…「他者」がいない
その先の「一人の他人」との接点がない…問3
偏差値より…距離感のある人間と…何人と…どう関わってきたわかり合えなかったという痛みも…大事な経験値となる

二 小説

「キーワード」に線を引いて読もう
わたし「星六花」が好き　奥平「富田さんぽい」
心が喜びに満たされる…その声は心地よい…幸せな気分
「結晶…黒とか紺の傘が一番…」問6
「ああ……」うろたえ…問5…顔が火照るのを感じ
甘い展開…ない…恥ずかしく…顔を見られない…問7

三 随筆

問2　日進月歩…たえまなく進歩すること。
問6　⑥　「弊害」…害となる悪い事。
問7　⑥と③　「本来の自然」。

理科 ●解答と解説

【解答】

1

(1)	a：	胞子	b：	単子
(2)	胚珠が子房の中にあるか、むき出しになっているかの違い。		(3)	ア、エ
(4)	A：	マツ、イチョウ	B：	イヌワラビ

2

(1)	比例関係がある			
(2)	P波	エ	S波	イ
(3)	午前4時(29)分(18)秒			
(4)	地盤の性質が違うため		(5)	活断層

3

(1)	（ オ ）→（ ウ ）→（ イ ）→（ カ ）→（ エ ）→（ ア ）→（ キ ）→（ ク ）			
(2)	白くにごったから		(3)	有機物
(4)	炭酸ナトリウム		(5)	食塩

4

(1)	イ		(2)	HCl＋NaOH→NaCl＋H₂O
(3)	塩化物イオン：エ		水酸化物イオン：ウ	
(4)	NaCl		(5)	塩

5

(1)	3.0 Ω	(2)	12 W	(3)	33 ℃
(4)	2880 J	(5)	6 ℃		

6

(1)	b、d		(2)	エ
(3)	血液を逆流させないはたらき		(4)	ヘモグロビン
(5)	血しょう	(6)	①：肝臓	②：じん臓

7

(1)	コップの中の温度を均一にするため		(2)	76 ％
(3)	低い時：オ	高い時：ア	(4)	ウ
(5)	①：小さく	②：露点		

8

(1)	0.4 N	(2)	0.8
(4)	変わらない		
(5)	エ		

(3)

【配点】

1 (1) 2点×2 (2) 2点 (3) 2点 (4) 2点×2
2 (1) 2点 (2) 2点×2 (3) 2点 (4) 2点 (5) 2点
3 (1) 2点 (2) 3点 (3) 2点 (4) 2点 (5) 2点
4 (1) 2点 (2) 3点 (3) 2点×2 (4) 2点 (5) 2点
5 (1) 2点 (2) 2点 (3) 3点 (4) 3点 (5) 3点
6 (1) 2点 (2) 2点 (3) 2点 (4) 2点 (5) 2点 (6) 2点×2
7 (1) 2点 (2) 2点 (3) 2点×2 (4) 2点 (5) 2点×2
8 (1) 2点 (2) 2点 (3) 3点 (4) 2点 (5) 2点

【解説】

1 ［植物の分類］

2 ［地震］

(2) 震源から16kmの地点にP波が到着した時刻は午前4時29分20秒、震源から40kmの地点にP波が到着した時刻は午前4時29分23秒だから、P波は、40－16＝24kmを3秒間で伝わるといえる。同様に、S波は24kmを6秒間で伝わるといえる。 (3) P波の速さは8km/秒だから、P波が16km伝わるのに2秒間かかる。したがって、地震が発生したのは午前4時29分20秒の2秒前。

3 ［物質の性質］

(5) 実験1から、有機物なので、粉末Bは砂糖。実験

2から、加熱すると化学変化を起こしているので、粉末Aは炭酸水素ナトリウム。

4 ［中和］

(1) BTB溶液は酸性で黄色、中性で緑色、アルカリ性で青色。水酸化ナトリウム水溶液はアルカリ性。

(2) 塩酸(HCl)と水酸化ナトリウム(NaOH)水溶液を混ぜると、水(H₂O)と塩化ナトリウム(NaCl)ができる。 (3) 塩酸を加えるごとに塩化物イオンは増加する。一方、水酸化物イオンは中和が起こるので減少し、中性では0になる。

5 ［電流による発熱］

(1) 6Vで2Aだから、$\frac{6}{2}=3(\Omega)$。 (2) 6Vで2Aだから、6×2＝12(W)。 (3) 表1より、4分間で4℃上昇しているので、10分間で10℃上昇すると考えられる。23.0＋10＝33.0(℃)。 (4) 12(W)で4分間(＝240秒間)だから、12×240＝2880(J)。 (5) 2Ωで6Vだから、電流は3A。したがって、電力は18W。電力が1.5倍なので、発熱量も1.5倍になる。よって、4分間で4℃の1.5倍上昇する。

6 ［心臓］

(1) bの右心室とdの左心室が収縮する。 (2) bの右心室から送り出されて肺に向かう血液が流れている。 (5) 不要な物質は血しょうに溶けて運ばれる。

7 ［空気中の水蒸気］

(2) 10時の気温は31℃、くもりはじめた水温(＝露点)は26℃。31℃での飽和水蒸気量が32.1g、26℃での飽和水蒸気量が24.4gだから、$\frac{24.4}{32.1}×100=76.0…≒76(\%)$。 (3) 気温が高いと湿度は低く、室温が低いと湿度は高い。また、露点が高いと空気中の水蒸気量は多いので、湿度は高い。 (4) 室温が29℃だから、空気1m³あたり28.8gまで水蒸気をふくむことができる。また、露点が25℃だから、空気1m³中には23.1gの水蒸気が含まれている。したがって、空気1m³中には、あと28.8－23.1＝5.7(g)の水蒸気をふくむことができる。よって、教室全体では、5.7×170＝969(g)。

8 ［浮力］

(1) 表1から、物体aの重さは1.6N。物体Bの重さをx(N)とすると、ばねの伸びは重さに比例するので、
1.6：x＝12：3.0 ∴x＝0.4

(2) 浮力の分だけ軽くなるので、1.6－0.8＝0.8(N)。 (4) 浮力の大きさは沈んでいる体積に比例するので、全体が沈んでしまうと、その後どれだけ深く沈めても浮力は変化しない。 (5) 水圧は面に対して垂直にはたらき、その大きさは深さに比例する。

社会 ●解答と解説

【解答】

1	問1	1	フビライ=ハン		2	阿倍仲麻呂	3	聖徳太子

	4	菅原道真	5	平清盛

1

問2	①	日清 **戦争**	②	日米和親 **条約**	③	倭寇

問3　 5 → 2 → **6** → 9 → **8** → 3 → 7 → 4

問4	徳政 **令**	問5	防人

問6	刀狩	問7	三国干渉

問8　天 皇 中 心 の 国 づ く り を 目 指 し た 。

問9	国風 **文化**	問10	イ

問11	人物名	足利義満	記号	④	問12	院政

問13　(1)　オ　(7)　ウ　(9)　エ

2

問1	①	ユーロ	②	○	③	ロッキー
	④	○	⑤	15		

問2	アジアNIES（新興工業地域）

問3	記号	エ	気候名	地中海性 **気候**

問4	一人当たりの（国民総）所得の格差が西ヨーロッパと東ヨーロッパとの間で10倍以上ある。

問5	フィヨルド	問6	ア、ウ

問7	標準時子午 **線**	問8	排他的経済水域（EEZ）

3

問1	a	9	b	自衛 **隊**	問2	ア

問3	三権分立	問4	都市名	広島	長崎

問4	非核三原則	「 持たず、（ 作ら ）ず、（ 持ち込ませ ）ず。」

問5	エ	問6	プライバシー **の権利**	問7	国民主権（主権在民）

問8	県名	沖縄 **県**
	説明	自国が攻撃を受けていなくても攻撃を受けた同盟関係にある国の防衛活動に参加する権利

問9	（国連）平和維持活動（PKO）

【配点】

1.　2点×22　2.問1〜問3　問5〜問8　2点×12
　　問4　4点×1　3.　2点×14

【解説】

1.　問3　(1)〜(9)は次のキーワードで時代を判断する。　(1)北条時宗＝鎌倉、(2)白村江の戦い＝飛鳥（大化の改新の後）、(3)豊臣秀吉＝安土桃山、(4)朝鮮で農民の暴動＝明治、(5)推古天皇＝飛鳥（初期）、(6)遣唐使廃止＝平安（前半）、(7)ペリー来航＝江戸（幕末）、(8)日明貿易＝室町、(9)日宋貿易＝平安（後半）である。すでに解答欄にある6（平安時代）、8（室町時代）、4（明治時代）の前後を考える。

問4　1297年の幕府の出した御家人救済令は永仁の徳政令。効果はなく、かえって社会混乱の一因となった。

問6　兵農分離とは、武士と農民の身分をはっきり分けること。織田信長や豊臣秀吉がこの政策を推し進めた。

問10　アのルネサンスは14世紀から始まった。ウの十字軍（第一回）は1096年。エの中華民国成立は日本の大正時代。よって江戸時代の鎖国の時期とは重ならない。

問11　［Ｘ群］のアは、勘合貿易（日明貿易）を行った足利義満。イは江戸幕府を開いた徳川家康。ウは平清盛。［Ｙ群］のＡは、厳島神社で平家と関係が深い。Ｂは金閣、Ｃは日光東照宮陽明門。ア－Ｂ、イ－Ｃ、ウ－Ａの組み合わせになる。

問13　元軍は九州北部に攻めてきたので「オ」、ペリーは浦賀（神奈川県）に来たので「ウ」、平清盛は日宋貿易を大輪田泊（兵庫）で行った。現在の兵庫県なので「エ」が正解。

2.　問1　①　ユーロ（EURO）は、EUの共通通貨。アメリカのドルに次ぐ基軸通貨である。
③　ロッキー山脈は、カナダからアメリカにわたって北アメリカ大陸の西部を南北に連なる高くて険しい大山脈。アンデス山脈は、南アメリカ大陸西側を北から南まで貫いている山脈。⑤　経度15度で1時間の時差が生じる。

問3　イタリア地中海沿岸では、夏は高温で乾燥し、冬は温暖で雨が多い。ア〜オの降水量の形からエの雨温図が正解である。

問6　機械化されたアメリカの農業でも、広大な面積の農地において手作業の必要な場面では、メキシコ系の季節農業労働者たちが重要な役割を担っている。

問8　排他的経済水域は、沿岸から200海里（約370km）以内までとされている。

3.　問1　日本国憲法は、憲法前文で国際協調主義を宣言し、第9条で戦争の放棄、戦力の不保持、交戦権の否認を定めている。

問2　大日本帝国憲法は君主（天皇）が定める憲法＝欽定憲法であり、日本国憲法は国民が定める憲法＝民定憲法である。

問4　原爆は8月6日に広島、9日には長崎に投下された。核兵器を「持たず、作らず、持ち込ませず」を非核三原則という。

問6　社会の変化にともなって保障が主張されるようになった権利に、「プライバシーの権利」「環境権」「知る権利」がある。

問8　沖縄は1972年に返還されたが、アメリカ軍基地が多く残っている。集団的自衛権とは、日本と密接な関係にある国が攻撃を受けた場合に、自国が攻撃されていなくてもその国を助けて反撃できる権利。

問9　国際貢献のひとつであるPKO（平和維持活動）は、Peacekeeping Operationsの略。

英語 ●解答と解説

【解答】

1

A (1) エ (2) イ (3) エ (4) ア (5) ウ (6) エ

B ① ア ② ウ ③ オ ④ エ ⑤ イ

2 (1) ウ (2) イ (3) ア (4) イ (5) イ

3
(1)	February	(2)	aunt	(3)	kitchen
(4)	fall	(5)	sightseeing		

4
(1)	traditional	(2)	known	(3)	history
(4)	the students to talk to her				

5
(1)	ア	It is held at Ishikawa Community Center.
	イ	It opens for five hours.
	ウ	They should bring their notebooks, textbooks, and pencils.

(2)	①	on	②	for	③	with

	A	パンやおやつ。
	B	主催者の鈴木さんに電話する。

6
(1)	It is a big event that introduced Japanese culture to the world.
(2)	漫画を買ったり、好きなキャラクターの写真を撮ったりして楽しんだ。
(3)	Naruto is loved by many people.
(4)	侍になりたかったので、自分が剣道着を着て侍のように見えたから。
(5)	could
(6)	It was difficult for me to remember these manners
(7)	イ　　オ

7
(1)	I (	want something hot to drink	).
(2)	Which (	season does Karen like the	) best ?
(3)	Shota (	finished doing his homework before dinner	).
(4)	They (	have been talking for an hour	).
(5)	The man (	singing under the tree is my friend	).

【配点】 1〜4(1)(2)(3)、5(1)(2)、7　2点×35

4(4)、5(3)、6　3点×10　※6(7)は完答

【解説】

1 **[A]** **No.1** A: 何読んでるの？ B: ギターマガジン A: 終わったら借りてもいい？〈答〉いいよ。

No.2 A: 雨が降っているよ。 B: 知ってる。 A: 出かけるとき、レインコートを着なさい。〈答〉うん。そうする。

No.3 A: お腹すいた？ B: 夕食を作ろう。 A: 何を食べようか？　〈答〉ピザを食べたい。

No.4 A: 中国語の授業どう？ B: 好きじゃない。A: 何で？〈答〉難しすぎる。

No.5 A: どうした？ B: 財布が見つからない。A: 一緒に探そう。〈答〉ありがとう。

No.6 A: すいません。 B: どうしましたか？ A: 金沢駅までの乗車券はいくらですか？〈答〉800円。

[B] ● 図書館の前に映画館がある。

● Second Street 沿いに公園。

●カフェの隣にフルーツ屋。

●アイス屋はカフェの前にあり、パン屋の隣にある。First Street 沿い、スーパーの近くにコンビニ。

●レストランと消防署の間に美術館。

2 (1) T: 先週末、小松市役所の近くの新しいイタリアンレストランに行ってきた。S: どうだった？

T: すごくおいしかった。また行きたい。

(2) R: 今度の日曜日、花火大会に行く？

K: 花火好きだけど、混んでいるのが好きではない。だから行かない。

(3) C: 何かお手伝いしますか。M: お願いします。

Tシャツを探しています。

(4) H: この部屋暖かい。M: 窓を開けよう。H: いいね。

(5) M: 部屋を掃除しないの？ S：すぐする。

3 (1)3月の前の月　(2) 父親か母親の姉（妹）(3)食事の準備や調理するために使われる部屋　(4)夏の後、冬の前の季節　(5)おもしろい場所を訪れること

4 (1) traditional 伝統的な　(2) be known to　〜に知られている　(3) Japanese history 日本の歴史 (4) want 人 to〜　人に〜してほしい

5(1) ア どこでChildren's Cafeteriaは開催されるか。イ どのくらい（長く）Children's Cafeteriaは開いているか。ウ 高校生と勉強したいとき、子供たちは何を持ってこないといけないか。

(2) ① on+ 日付　② wait for 〜を待つ　③ help 人 with 人が〜するのを手伝う

(3) be + 過去分詞（主語は）〜される

6 （大意）今年の夏、フランスで the Japan Expo へ行った。それは、世界へ日本の文化を紹介するイベントだ。外国人は日本の文化に興味がある。そこには、さまざまなパフォーマンスがあった。人々は漫画を買ったり、好きなキャラクターの写真を撮ったりして楽しんだ。①私もした。日本のアニメのキャラクターはとても魅力的だ。私は日本のアニメのキャラクターが好きだ。特に、Naruto。Naruto は忍者だから、日本文化の象徴だ。その漫画を読めば、日本の忍者を想像できる。②Naruto はたくさんの人々に愛されている。

　私たちは、the Japan Expo で日本文化を体験できる。私はそこで武道を体験した。武道は日本のスポーツだ。たとえば、柔道、剣道、空手などがある。私は剣道を始めてした。剣道は伝統的な剣術のスポーツだ。剣道着を着ると、私が侍のように見えた。③私はとても興奮した。なぜなら、私は侍になりたかったからだ。剣道を経験した後で、私は日本人の精神について学んで理解することが④できた。世界中のますます多くの人が武道に興味を持っている。最近、たくさんの武道がオリンピック種目に入っている。そのイベントに茶道があった。私は日本のお茶の飲み方を教わった。いくつかのマナーがあった。⑤私がそれらのマナーを覚えるのは難しかった。the Japan Expo で、日本食を食べることができた。私はたこ焼きを食べた。たくさんの他の種類の日本食が出されていた。どら焼き、牛丼、寿司も売られていた。（後略）

7 (1) something hot to drink　飲むための暖かい何か　(2) which season （どの季節）で書き始める。(3) finish + 〜 ing 〜することを終える　(4) have been 〜 ing ずっと〜している　(5) singing under the tree が the man を修飾。

英語 ●放送による問題（一般）

ただ今より放送による問題を始めます。問題は A と B、2 題あります。放送中、メモを取ってもかまいません。まず、A の問題を始めます。A では、6 つの対話文が流れます。それぞれの対話文の最後の文に対する応答として最も適切な文をア～エから選び符号で書きなさい。

No.1　A: What are you reading, Mai?

　　　　B: It's a guitar magazine.

　　　　A: Really? Can I borrow it after you finish?

　（ア. Yes, I do.　　　　　イ. Me, too.　　　ウ. It's interesting.　　　エ. Sure. ）

No.2　A: It's raining now.

　　　　B: Yeah. I know.

　　　　A: Put on your raincoat when you go out.

　（ア. I have no idea.　　　イ. OK. I will.　　　ウ. At supermarket.　　　エ. It's 11 o'clock.）

No.3　A: Are you hungry, Aya?

　　　　B: Yes. Let's make dinner.

　　　　A: What shall we eat?

　（ア. At a new restaurant.　　イ.I'm full now.　　ウ. This is my favorite.　　エ. I want pizza.）

No.4　A: How is your Chinese class?

　　　　B: I don't like it.

　　　　A: Why not?

　（ア. It's too difficult.　　　イ. It's exciting.　　ウ. Don't give up.　　　エ. You can do it.）

No.5　A: What's the matter?

　　　　B: I can't find my wallet.

　　　　A: Well, let's look for it together.

　（ア. In the kitchen.　　　イ. No, I don't.　　ウ. Thanks.　　　エ. I see.）

No.6　A: Excuse me.

　　　　B: Yes. May I help you?

　　　　A: How much is a ticket to Kanazawa station?

　（ア. About 50 minutes.　　イ. At 8:30.　　ウ. For 2 hours.　　　エ. It's 800 yen.）

次にBの問題に移ります。Bでは、中学生のEmiが新しく来たALTのスティーブン先生に地図を示しながら学校付近の様子を説明しています。その内容に合うように、①～⑤の建物の位置を、地図上のア～オからそれぞれ1つずつ選び、符号で答えなさい。

① Convenience store ④ Ice cream shop
② Movie theater ⑤ Museum
③ Fruit store

Post Office ウ	Library	エ / Bakery	Cafe オ	Park

Second Street

Restaurant イ	City Hall / Bank Drugstore		Hospital	High School

First Street

Fire Station	Police Station	Station ア		Flower Shop / Supermarket

Please look at the map. We can see a movie theater in front of the Library. We have a park along the Second Street. People play baseball and soccer in the park. There is a fruit store next to the café. In front of the café, there is an ice cream shop next to the bakery. Along the First Street, we have a convenience store near the supermarket. There is a museum between the restaurant and the fire station. You can learn about the history of our city in the museum.

小松大谷

数学 ●解答と解説

【解答】

1

(1)	(a) 9	(b) $\dfrac{x}{2}$	(c) $\dfrac{4a}{5b}$	(d) $-2\sqrt{2}$
(2)	$a=-4$	(3) $(x-1)(x+3)$		(4) $x=\dfrac{5\pm\sqrt{17}}{4}$
(5)	61 度	(6)(a) ウ、オ		(b) 48 cm³
(7)	イ	(8) $x=77$		(9) $a=0$, $b=-7$

2

(1) $\dfrac{1}{6}$	(2) $\dfrac{1}{12}$	(3) $\dfrac{7}{9}$

3

(1) 12π cm²	(2) 8π cm	(3) 8π cm

4

(1) 斜辺と他の一辺がそれぞれ等しい

(2)
△BGD と △BCE において
∠BDG＝∠BEC＝90°－①
∠ABC＝60°（△ABC は正三角形）－②
△ABF≡△CBF より ∠ABF＝∠CBF＝60÷2＝30°－③
∠CBE＝90°－60°＝30°－④
③④より ∠DBG＝∠CBE＝30°－⑤
①⑤より 2 組の角がそれぞれ等しいので
△BGD ∽ △BCE

(3) BG＝$\dfrac{4\sqrt{3}}{3}$ cm

5

(1) $a=\dfrac{1}{4}$	(2) $y=\dfrac{1}{4}x+3$	(3) △OAC:△OAB＝ 9 : 7

6

(1) a 木	(2) b $6n-5$	(3) c 金	d 84

【配点】

1 3点×12 (9) 3点(完答)　2 3点×3　3 4点×3
4 (1)(3) 3点×2 (2) 6点
5 6 4点×7

【解説】

1
(1) (a) 与式＝5－(－4)＝9
(b) 与式＝$\dfrac{3x-2-2x+2}{2}=\dfrac{x}{2}$
(c) 与式＝$\dfrac{6a^2b\times2}{5\times3ab^2}=\dfrac{4a}{5b}$
(d) 与式＝$4\sqrt{2}-6\sqrt{2}=-2\sqrt{2}$
(2) x＝2を代入する　2a－2＝6＋4a
－2a＝8　a＝－4
(3) 与式＝(x－1)(x＋2＋1)＝(x－1)(x＋3)
(4) $x=\dfrac{5\pm\sqrt{5^2-4\times2}}{2\times2}=\dfrac{5\pm\sqrt{17}}{4}$
(5) ∠BCG＝30°＋40°＝70°
∠B＝180°－(49°＋70°)＝61°
平行四辺形の対角は等しいので∠D＝∠B＝61°
(6) (b) 台形 AEFS＝(2＋4)×4×$\dfrac{1}{2}$＝12
体積12×4＝48cm³
(7) ア…四分位範囲はA市の方が大きい。
ウ…A市の方は最高気温が36度だった日がある
とはいえない。
エ…A市の方は35度以上なら7日以上はあるが、
35度を超えた日となると35度ちょうどは入れる
ことはできないので7日以上は正しくない。

(8) 総合点＝72×10＝720
x＝720－(65＋57＋70＋92＋75＋72＋76＋
65＋71)＝77
(9) $\begin{cases} 2b+6+8=a\cdots① \\ 8+b=2a+1\cdots② \end{cases}$

①´ －a＋2b＝－14
②´ －2a＋b＝－7
①´　　　 －a＋2b＝－14
②´×2　－)－4a＋2b＝－14
　　　　　　 3a　　＝0　　　a＝0…③
③を②´に代入してb＝－7

2
(1) y＝x の点 (1,1)(2,2)(3,3)(4,4)(5,5)(6,6)
の 6 通り　$\dfrac{6}{36}=\dfrac{1}{6}$
(2) y＝$\dfrac{4}{x}$ の点 (1,4)(2,2)(4,1) の 3 通り
$\dfrac{3}{36}=\dfrac{1}{12}$
(3) 36－(6＋3－1)＝28 通り　$\dfrac{28}{36}=\dfrac{7}{9}$

3
(1) $4^2\pi\times\dfrac{270}{360}=12\pi$ cm²
(2) 中心Aが動いた長さは円周に等しい
2×4×π＝8π cm
(3) 中心Bの動いた長さは円周の$\dfrac{1}{4}$が2つと円周
の$\dfrac{1}{2}$すなわち円周に等しいので8π cm

4
(3) △BGD∽△BCEより
BD:BG＝BE:BC　　2:x＝2$\sqrt{3}$:4
x＝$\dfrac{2\times4\times\sqrt{3}}{2\sqrt{3}\times\sqrt{3}}=\dfrac{4\sqrt{3}}{3}$ cm

5
(1) x と y の変域より B (4,4)
a＝$\dfrac{4}{4^2}=\dfrac{1}{4}$
(2) 点Aの座標は y＝$\dfrac{1}{4}\times(-3)^2=\dfrac{9}{4}$
$(-3,\dfrac{9}{4})$
AB を通る式　a＝$\dfrac{4-\frac{9}{4}}{4-(-3)}=\dfrac{\frac{7}{4}}{7}=\dfrac{1}{4}$
4＝$\dfrac{1}{4}\times4+b$　b＝3　y＝$\dfrac{1}{4}x+3$
(3) 点Cの座標を求める　O＝$\dfrac{1}{4}x+3$
－$\dfrac{1}{4}x$＝3　x＝－12　(－12,0)
△OAC＝12×$\dfrac{9}{4}\times\dfrac{1}{2}=\dfrac{27}{2}$
△OAB＝3×3×$\dfrac{1}{2}$＋3×4×$\dfrac{1}{2}=\dfrac{21}{2}$
$\dfrac{27}{2}:\dfrac{21}{2}$＝27:21＝9:7

6
(1) 6で割って余りでグループが決まる。
77÷6＝12…5
余りが5より木のグループ
(2) 水のグループは6(n－1)＋1＝6n－6＋1
＝6n－5
(3) 500÷6＝83…2　余り2より金のグループ
6(n－1)＋2＝500　6n－6＋2＝500
6n＝504　n＝84番目

小松大谷

国語 ●解答と解説

【解答】

一

問1
a つるぐる（操縦）　b ヘンシュウ（編（ト））　c チョウコク（彫刻）
d せんさい（繊細）　e かれい（華麗）

問2
(1) スリランカに降り立った（夜の）とき
(2) この旅をそれほど大切な変化を持ち帰る旅になるということ。

問3　一時的な気

問4
(1) 自分の弱みをうつして開くのがつらいから。
(2) エ　問5 ア　問6 なぜか懐かしく夕焼け

問7　未知なるものの中に

問8　ア

二

問1
a はいご（背後）　b おくそく（臆測）　c めがしら（目頭）
d かべ（壁）　e まよう（迷（惑））

問2　Ⅰ エ　Ⅱ ウ　Ⅲ ア　Ⅳ イ

問3　1 カ　2 ア　3 オ

問4　うらやましいという感情

問5　喜びしても、うらやむお母さんを困らせないように、家事の手伝いもうらやむ母が働くことを支えていること。

問6　彼女十年前の罪を告白した。

問7　イ　カ

三

問1　① こ（えだか）　問2 ① エ　② ウ

問3　Ⅰ ア　Ⅱ イ　問4 ア　問5 F　問6 エ

四 採点基準例

○「全国としたいこと」が書かれていない…5点減点
○百五十字以上下…○点、百八十字以下…3点減点
○「です」「ます」が混さっている…2点減点
○誤字脱字…各1点減点
○案件違反「マス目を埋めていない」「段落を作っていない」
　…各条件2点減点

【配点】

一 問1 2点×5 問2 (2)4点 他3点×8　38点
二 問5 4点 他2点×16　36点
三 2点×8　16点
四 10点　10点

【解説】

小松大谷（一般）の国語

大問四題　随筆または論説文、小説文、古文、作文二百字

記述〜30字（解答欄を埋める長さ）抜き出し〜20字

知識問題　係り結び、文学史、短文作り

一 説明文

「キーワード」に線を引いて読もう

旅で得たもの

一、「からだ」に対する意識の変化
・「からだ」の声を聞く
・生きものとしての自分と向き合う…問3

二、風景の見え方の変化

三、「戻っていく」感覚

二 小説

「キーワード」に線を引いて読もう

母＝私＝有里　言い争う場面

「千絵ちゃんにあやまってきなさい」

母　類をたたいた

母をこまらせたくなかった

母が大好き　自慢の母　働く母　格好いい

有里と千絵「本音」の場面

有里「千絵ちゃんのことうらやましい」

千絵「うそつき…思ってないくせに…私だって東京に住みたかった」

有里「うらやましいなら私と代わって」

母をこまらせないように…気持ちかくしてきた

千絵がうらやましい…するい…あこがれていた

三 古文

家隆が言うに「歌は不思議なもの。ちょっと見ると面白くて悪くないと感じても、次の日見るとひどく興ざめしてきます。この歌を良いと思ったことが不思議と感じる」と。本当にその通りである。

四 作文

減点されるポイント

1 字数制限（できれば九割、最少八割）

2 原稿用紙の使い方
　段落最初の一マス目はあける

3 語字脱字（自信のない字は別の言葉に変える）書ける漢字のひらがなはダメ

4 話し言葉
　×僕　　　　→○私
　×なので　　→○だから
　×でも、だけ→○しかし
　×やっぱり　→○やはり

5 「だ・である」と「です・ます」が混さる。

6 主語と述語が合っていない。
　○一文を短めに（長くて二行）
　○一文に、主語、述語を一組まで

7 条件を守る

★短時間で素早く、そしてうまく見えるように「型」を使って書く練習をしておこう。

○お勧めの構成の型
1 はじめ「意見」
2 なか「体験」
3 まとめ「前向きに」

　私はフィンランドに行ってみたい。何をしたいかと言うと「寝っ転がりながらオーロラを見ること」。きっかけはテレビでオーロラを見たこと。映像で見てもそれは絶景で、実物をなんとか一度は見てみたいと心に響いた。しかし日本からの距離は遠く、簡単に行くことがむずかしいのが難点。学生の間に語学力をつけること、大人になったらしっかり働いてお金をためること。いつか夢のオーロラを必ず見る。これが私の夢だ。

英語 ●解答と解説

【解答】

1

A

	(1)	(2)	(3)	(4)	(5)
	ア	エ	ウ	イ	エ

B

	(1)	(2)	(3)	(4)	(5)
	ウ	ウ	イ	エ	イ

2

(1)	(2)	(3)	(4)
1	3	2	4
(5)	(6)	(7)	(8)
2	3	4	3

3

問1

1	I will use my computer more easily.		
2	am interested in	3	how to make it
4	looking at stars	5	on August 20

問2	Learn ASL	問3	米

問4	wear	gold	clothes	問5	イ，ウ

4

問1		42億	トン	

問2	(A)	throwing	(B)	produced
	(C)	sold	(D)	eaten

問3	are	not	good	in	color	or	size

問4	1	They	live in Africa and Asia.
	2	We	can take them home.

問5	A	2	B	1	C	2	D	2	E	1

5

(1)	enter	(2)	hobby	(3)	cap
(4)	uncle	(5)	hospital		

6

(1)	Many things that we see every day come from overseas.
(2)	We call this flower "himawari"
(3)	Do you know who cleaned this room?
(4)	The guitar used by Tom is very old.
(5)	Athletes show us that anything is possible.

7

例	It is club activities. Many students in this school think so, too. I am in the soccer club. We practiced hard every day.
	（　　）語

【配点】

④問5 各1点　⑦5点　他2点

※③問4、5と④問3は完答で2点

【解説】

1 A **No.1** 母：Emma、急いで。お父さんが車で待っている。娘：手を洗っている。（後略）〈質問〉Emma は今何している？〈答〉手を洗っている。

No.2 女性：あなたのピアノのレッスンはいつ？少女：月木。　女性：バイオリンのレッスンもしていたよね。　少女：それは土曜日。〈質問〉バイオリンのレッスンはいつ？〈答〉土曜日。

No.3 母：どうしたの？娘：友達の Mike から電話があって、今夜の誕生日パーティに来れないんだって。母：なぜ？　娘：風邪だって。〈質問〉なぜ Mari は悲しいのか？〈答〉マイクがパーティに来られないから。

No.4 娘：その店でオレンジを買ってくれない？3個必要なの。母：いいよ。他に何かいる？　娘：りんご2個お願い。母：わかった。4時30分までに帰るね。〈質問〉オレンジが何個いる？〈答〉3個。

No.5 娘：このサンドイッチ私の？母：違うよ。お父さんの。娘：よかった。私、ハムとチーズ好きじゃないから。母：あなたに卵サンド作るよ。〈質問〉ハムとチーズのサンドイッチは誰の？〈答〉ユリのお父さんの。

B **No.1** Brown さんは、正午にたいてい昼食を食べるが、今日は11時から12時30分まで会議があった。空腹で1時に昼食を食べた。〈質問〉今日、何時にブラウンさんの会議は終わったか。

No.2 Jim は家族とテニスをし、週末友達と水泳にも行く。しかし彼の好きなスポーツは野球だ。テレビで見るのが好きだ。〈質問〉Jim は何のスポーツが一番好きか。

No.3 今日は宿題がないから、公園でテニスをする。でも出かける前に皿を洗わなければならない。〈質問〉いつ、女の子は公園に行くのか。

No.4 Haruto は日本出身だが、アメリカに住んでいる。冬にスキーをしにカナダによく行く。〈質問〉Haruto はどこで大学に通っているのか。

No.5 Takeshi は去年の夏に友達と東京に行った。彼はラグビーの試合を見て楽しんだ。〈質問〉Takeshi は東京で何を楽しんだか。

2 (1) A: 今夜外食に行かない？ B: イタリア料理はどう？ (2) A: 今日は調子どう？ B: あまり良くない。まだ熱がある。(3) A: 大きなテニスの試合はいつ？ B: 明日。今週あまり練習できていない。だから少し心配。(4) A: 君のお姉さんは明日海に来る？ B: 今夜聞く。来れるなら多分車で連れて行ってくれる。(5) A: この漫画見たことない。どこでゲットした？ B: ネットで買った。あの本屋でも売られてた。(6) A: 向こうでバナナを食べている猿を見て。B: かわいい。(7) A: いつ君のバイオリンのレッスンが始まるの？ B: 5時。(8) A: もしもし。スミスさんをお願いします。B: すみません。他の電話に出ています。かけ直すように言いましょうか。

3 **問1** 2. be interested in 興味がある 3. how to make it それの作り方

4. enjoy watching stars 星を見ることを楽しんだ 5. on August 20 8月20日に

問2 8月21日にパーティーに行くので、"Learn ASL" には参加できない。

問3 eight(八), ten(十) and eight(八)で、rice(米)の漢字。

問4 （い）を含む文の和訳「その（88歳の）誕生日の人はよく金色の服を着るが、私の祖父はしない（金色の服を着ない）だろう。」

4 **問1** 世界で14億トンの食べ物が捨てられる。これは、すべての食べ物の3分の1だ。

問2 A keep ～ ing ～し続ける　B,C,D は過去分詞「～される」

6 (1) 'that we see every day' が 'things' を修飾。(2) call A B「A を B と呼ぶ」(4) 'used by Tom' が 'guitar' を修飾「トムに使われているギター」(5) show 人 何か「人に何かを見せる」，that「～だということ」

小松大谷

英語 ●放送による問題（推薦）

ただ今より放送による問題を始めます。問題はＡ、Ｂと２題あります。放送中、メモを取ってもかまいません。

まず、Ａの問題を始めます。Ａでは、５つの対話文が流れます。それぞれの対話文の後に質問を読みますから、その質問に対する最も適切な答えを、ア〜エの中から１つずつ選び、符号で答えなさい。英文と質問は２回繰り返して読まれます。それでは始めます。

No.1

Mother : Hurry up, Emma.　Your dad is waiting in the car.

Daughter : OK.　I'm just washing my hands.

Mother : Have you closed the window in your room?

Daughter : Yes.

Question :　What is Emma doing now?

　　ア　Washing her hand.　　　　　イ　Looking for a key.

　　ウ　Closing a window.　　　　　エ　Waiting in the car.

No.2

Woman : When are your piano lessons?

　Girl : On Mondays and Thursdays.

Woman : You also take violin lessons, right?

　Girl : Yeah, they're on Saturdays.

Question :　When are the girl's violin lessons?

　　ア　Every day　　イ　On Mondays.　　ウ　On Thursdays.　　エ　On Saturdays.

No.3

Mother : You look sad, Mari.　What's wrong?

Daughter : My friend Mike called.　He can't come to my birthday party tonight.

Mother : Oh, no.　Why not?

Daughter : He caught a cold.

Question :　Why is Mari sad?

　　ア　Mike forgot to buy a present.　　　イ　Her mother caught a cold.

　　ウ　Mike can't come to her party.　　　エ　No one liked her birthday cake.

No.4

Daughter : Mon, can you get me some oranges at the store?   I need three.

  Mother : Sure.   Anything else?

Daughter : Two apples, please.

  Mother : OK.   I'll be back by 4:30.

Question :   How many oranges does the girl need?

    ア Two.   イ Three.   ウ Four.   エ Five.

No.5

Daughter : Mom, is that sandwich for me?

  Mother : No, Yuri.   It's for your dad.

Daughter : Good.   I don't like ham and cheese.

  Mother : I'll make you an egg sandwich.

Question :   Whose ham and cheese sandwich is it?

    ア Yuri's.   イ Yuri's sister's.   ウ Yuri's mother's. エ Yuri's father's.

    次に、Bの問題に移ります。Bでは、5つの短い英文が読まれます。それぞれの英文の後に質問を読みますから、その質問に対する最も適切な答えを、ア～エの中から1つずつ選び、符号で答えなさい。英文と質問は2回繰り返して読まれます。それでは始めます。

No.1

Mr. Brown usually eats lunch at noon, but today he had a meeting from eleven to twelve thirty.   He was very hungry and ate lunch at one o'clock.

Question :   What time did Mr. Brown' meeting end today?

    ア At 11:00.   イ At 12:00.   ウ At 12:30.   エ At 1:00.

No.2

Jim likes sports.   He plays tennis with his family.   He also goes swimming with his friends on weekends.   But his favorite sport is baseball.   He loves watching it on TV.

Question :   Which sport does Jim like the best?

    ア Swimming.   イ Tennis.   ウ Baseball.   エ Soccer.

小松大谷

No.3

I don't have any homework today, so I'm going to play tennis in the park.   But I have to wash the dishes before I leave.

Question :   When will the girl go to the park?

  ア After finishing his homework.   イ After washing the dishes.

  ウ After playing tennis.   エ After going to a sports store.

No.4

Haruto is from Japan, but now he lives in the United State.   He studies English at a university there.   In winter, he often visits Canada to go skiing.

Question :   Where does Haruto go to university?

  ア In Canada. イ In Japan. ウ In Australia. エ In the United States.

No.5

Takeshi went to Tokyo with his friend last summer.   He enjoyed watching the rugby game.   He couldn't go to the Olympic Games two years ago, so he was really happy.

Question :   What did Takeshi enjoy in Tokyo?

  ア Meeting his friend.   イ Watching the rugby game.

  ウ Going to the Olympic Games. エ Taking some pictures.

数学 ●解答と解説

【解答】

1

(1)	①	-9	②	$\dfrac{4a+11b}{15}$	③	$\dfrac{x}{4y}$	④	$-1-3\sqrt{2}$

(1)	②	$x=1, -\dfrac{1}{3}$		
(3)		$2(a+3)(a-1)$	(4) ① 正12角形　② 1800度	
(5)	①	$-8 \le y \le -\dfrac{8}{3}$	② a $-\dfrac{8}{3}$　b 0	

2

(1)	3通り	(2)	18通り	(3)	$\dfrac{1}{2}$

3

(1)	$y=2x+6$	(2)	$(4,20)$	(3)	8倍

4

(1)	△ABDと△ACEにおいて AB＝AC(正三角形)－① AD＝AE(仮定)－② ∠BAC＝∠BCA＝60°(正三角形)－③ ∠BCA＝∠CAE(平行線の錯角)－④ ③、④より∠BAD＝∠CAE－⑤ ①、②、⑤より 2組の辺とその間の角がそれぞれ等しいので　△ABD≡△ACE
(2)	$\dfrac{3}{32}\pi a^2$　(3)　28倍

5

(1)	31	(2)	上から 10　左から 12	(3)	n^2-n+1

6

(1)	(ア) 6	(イ) 7	りんご 11個	柿 27個

【配点】

1 2　3点×14
3 5 6　4点×11
4　(1)6点　(2)(3)4点×2

【解説】

1

(1) ①与式＝$(-6-4) \div 2-4 = -5-4 = -9$

②与式＝$\dfrac{3(3a+2b)-5(a-b)}{15} = \dfrac{9a+6b-5a+5b}{15}$
$= \dfrac{4a+11b}{15}$

③与式＝$\dfrac{3x^2y \times 2}{8 \times 3xy^2} = \dfrac{x}{4y}$

④与式＝$2-2\sqrt{2}-3-\dfrac{4 \times \sqrt{2}}{2\sqrt{2} \times \sqrt{2}}$
$= -1-2\sqrt{2}-\sqrt{2} = -1-3\sqrt{2}$

(2) $x = \dfrac{2 \pm \sqrt{4+12}}{2 \times 3} = \dfrac{2 \pm 4}{6}$　$x = 1, -\dfrac{1}{3}$

(3) $(a+3)\{a+3-(5-a)\} = (a+3)(2a-2)$
$= 2(a+3)(a-1)$

(4) ①外角をxとすると　内角は5x
$x+5x = 180°$　$6x = 180°$　$x = 30°$
$360° \div 30° = 12$　正12角形
②$180(12-2) = 1800°$

(5) ②　$a<0$より　$(1, -\dfrac{8}{3})(3,-8)$
$a = \dfrac{-8-(-\dfrac{8}{3})}{3-1} = \dfrac{-\dfrac{16}{3}}{2} = -\dfrac{8}{3}$

$-8 = -\dfrac{8}{3} \times 3 + b$　$b = 0$

2

(1) $1+5=6$　$1 \times 6 = 6$　$2+4=6$　3通り

(2) $3 \times 2 \times 3 = 18$通り

(3) $2+6, 2 \times 4, 2 \times 5, 2 \times 6,$
$3+5, 3+6, 3 \times 4, 3 \times 5, 3 \times 6$　以上9通り
よって　$\dfrac{9}{18} = \dfrac{1}{2}$

3

(1) A$(-2,2)$　B$(6,18)$より
$a = \dfrac{18-2}{6-(-2)} = \dfrac{16}{8} = 2$　$18 = 2 \times 6 + b$
$b = 6$　$y = 2x+6$

(2) AOとEBは平行四辺形なので平行で長さが等しい。
O→A　x方向－2　y方向＋2
B$(6,18)$→E$(6-2, 18+2)$　E$(4,20)$

(3) 点Cの座標はO＝$2x+6$　$x = -3$
$(-3,0)$　△AOC＝$\dfrac{3 \times 2}{2} = 3$
△AOE＝△AOB(等積変形)
$\dfrac{6 \times 2}{2} + \dfrac{6 \times 6}{2} = 6+18 = 24$
$\dfrac{24}{3} = 8$倍

4

(2) AD＝$\dfrac{3}{4}$a　∠DAE＝60°より
$(\dfrac{3}{4}a)^2 \pi \times \dfrac{60}{360} = \dfrac{9}{16}a^2\pi \times \dfrac{1}{6} = \dfrac{3}{32}\pi a^2$

(3) 台形ABCE：△CDF
$\dfrac{(3+4) \times 4}{2} : \dfrac{1 \times 1}{2} = 28:1$　28倍

5

(1) 1番上の列は　$1, 4, 9, 16, 25 \cdots n^2$
$6^2 = 36$　$36-(6-1) = 31$

(2) $12^2 = 144$　135は144から下に10個目

(3) $n^2-(n-1) = n^2-n+1$

6

(1)
$$\begin{cases} x+y+7=20 & \cdots ① \\ (400+500)+(900+500) \times 4+(400+1000)x \\ +(500+500)y+1000 \times 2 = 23900 & \cdots ② \end{cases}$$

②′　$1400x+1000y = 15400$
①′　$x+y = 13$
②′　$\div 10$　　$14x+10y = 154$
①′　$\times 10$　$-\underline{)10x+10y = 130}$
　　　　　　　$4x \qquad = 24$
$x = 6$　$y = 7$

(2) りんご　$1+4+6 = 11$個
柿　$4+2 \times 6+7+4 = 27$個

国語 ●解答と解説

【解答】

一　（省略）

二

問1	a ふっそう（疾走）	b かたん（加担）	c ぐうぜん（偶然）
	d しゅうしゅう（収拾）	e はさ（挟む）	
問2	ウ		
問3	エ		
問4	中田さんに（うちあけ）助けてもらうしかない。		
問5	武藤は先生や中田さんに相談してくれたと期待したが、してくれないとわかったくやしさを		
問7	Vサイン	不安が	① つのりが	② 送った	おさえて
問8	末永以外の二年生全員がカラスうちあわせコート整備を未永ひとり		
問9	オ		

三

問1	a 小童（こわらべ）	b 童（わらえ）	問2	エ
問7	ア	イ	問4	ア
問5	イ	ロ イ	問6	エ

四　採点基準例

○○「原動力」と「した」ことが明確でない…5点減点
○○「百五十字」字以下」…0点が「百八十字以上」下…3点減点
○○誤字脱字…各1点減点選択している」…2点減点
○○各条件違反「一マス目を埋めていない」「段落を作っている」
…各2点減点

【配点】

一	29点
二	問5 4点 問8 5点 他2点×14 37点
三	3点×8（問3完答）24点
四	10点

【解説】

小松大谷（推薦）の国語
大問四題　論説文、小説文、古文、作文二百字
記述20〜60字　抜出〜60字
解答欄を埋める長さで字数調節
文法 23年度 「修飾」

一　論説文　（省略）

二　小説

「キーワード」に線を引いて読もう

武藤　未永　久保　グレーじゃけん
未永 ハメた
中田さんに頼む
Vサイン これまでより強くなる
3 二行後「気になったしかたがない」疑心暗鬼
7 「文節」で答えることに注意。
8 「悪だくみ」とは未永ひとりでコート整備をさせること。

三　古文

陰陽師のもとにいる小童こそ、まくものりこと知っている。祓などに出ると、祭文などを読むのを人は聞いているがすくに立ち走りして「酒

水をかけなさい」とも言わないのにしてまわる様子の、慣例を理解して、少しも主人にもの言わせないのが羨ましい。このような者がいれば、使おうと自然に思われる。

四　作文

1　減点されるポイント

1　字数制限（できれば九割、最少八割）
2　原稿用紙の使い方
　段落最初の一マス目はあける
3　誤字脱字（自信のない字は別の言葉に変える）
　書ける漢字のひらがなはダメ
4　話し言葉
　×僕　　　　　→○私
　×なので　　　→○だから
　×でも、だけど→○しかし
　×やっぱり　　→○やはり
5　「だ・である」と「です・ます」が混じる。
6　主語と述語が合っていない。
　○一文を短めに（長くて二行）
　○一文に、主語、述語を一組まで
7　条件を守る
　★短時間で素早く、そしてうまく見えるように「型」を使って書く練習をしておこう。
　○お勧め構成型
　1 はじめ「意見」
　　「確かに…しかし」というフレーズは便利。
　2 なか「体験」
　3 まとめ「前向きに」
　「努力は裏切らない」部活動の先生がいつも語っていた言葉が私の原動力である。私は誰よりも長く練習をしていた。けれど私は試合に出ることができなかった。確かに努力をしても成果が出ないことはあるだろう。しかし、高校生になっても「努力」を継続したい。部活動と勉学の両立に励みたい。努力と成長は必ずセットだと確信している。成果だけでなく「成長の過程」を大切にする高校生活を目指す。

理科 ●解答と解説

【解答】

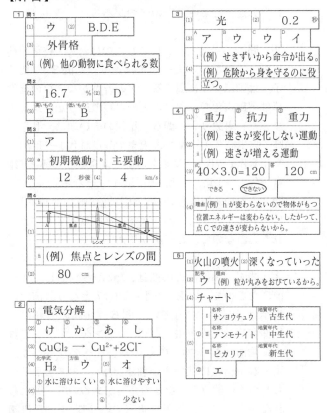

① 問1
(1)	ウ	(2)	B.D.E
(3)	外骨格		
(4)	(例) 他の動物に食べられる数		

問2
(1)	16.7 ％	(2)	D
(3)	高いもの E	低いもの B	

問3
(1)	ア		
(2)	a 初期微動	b 主要動	
(3)	12 秒後	(4)	4 km/s

問4
(1)

ii (例) 焦点とレンズの間
(2) 80 cm

② ②
(1)	電気分解			
(2)	け	か	あ	し
(3)	$CuCl_2 \rightarrow Cu^{2+}+2Cl^-$			
(4)	化学式 H_2	方法 ウ	(5)	オ
(6)	① 水に溶けにくい	② 水に溶けやすい		
	③ d	④ 少ない		

③
(1)	光	(2)	0.2 秒
(3)	ア ウ ウ イ		
(4)	i (例) せきずいから命令が出る。		
	ii (例) 危険から身を守るのに役立つ。		

④
(1)	重力 抗力 重力		
(2)	i (例) 速さが変化しない運動		
	ii (例) 速さが増える運動		
(3)	式 $40×3.0=120$	答 120 cm	
(4)	できる ・ できない		
	理由 (例) hが変わらないので物体がもつ位置エネルギーは変わらない。したがって、点Cでの速さが変わらないから。		

⑤
(1)	火山の噴火	(2)	深くなっていった
(3)	記号 ウ	理由 (例) 粒が丸みをおびているから。	
(4)	チャート		
(5)	①	名称	地質年代
	I	サンヨウチュウ	古生代
	II	アンモナイト	中生代
	III	ビカリア	新生代
	② エ		

【配点】
① 問1 2点×4　問2 2点×4　問3 2点×5　問4 2点×3
② (1)2点　(2)1点×4　(3)2点　(4)2点×2　(5)2点　(6)1点×4
③ (1)3点　(2)3点　(3)1点×4　(4)3点×2
④ (1)2点×3　(2)2点×2　(3)2点×2　(4)2点×2
⑤ (1)2点　(2)2点　(3)完答2点　(4)2点　(5)①それぞれ完答2点×3
②2点

【解説】
① [小問総合]
問1 (2) 魚類、両生類、爬虫類は変温動物。鳥類、哺乳類は恒温動物。
問2 (1)(2)(3)　食塩水Aの濃度は、
$\frac{20}{100+20} \times 100 = 16.66\cdots ≒ 16.7$(%)。同様に、食塩水B～食塩水Fの濃度は、15.2%、18.5%、16.7%、20.0%、18.9%。
問3 (1)(2) P波が到着すると初期微動が始まり、遅れてS波が到着すると主要動が始まる。
(3) P波の速さは6km/秒で、地点Aは震源から72km離れているから、$\frac{72}{6}$=12(秒)。
(4) 地震発生12秒後にP波が到着し、さらに6秒後にS波が到着しているので、S波は72kmを12+6=18(秒間)で伝わったことになる。したがって、S波の速さは$\frac{72}{18}$=4(km/秒)。
問4 (1) Aの先端から出て軸に平行に進む光は、レンズで屈折し、右側の焦点を通って進む。Aの先端から出てレンズの中心を通る光は、レンズで屈折しない

で進む。この2つの光が交わるところに実像ができる。
(2) 身長の半分の高さがあればよい。
[解説図①]

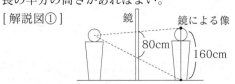

② [水溶液とイオン]
(2) 実験1の装置では、電極Aが陰極、電極Bが陽極である。Aの陰極には＋の電気をもつ銅イオン(Cu^{2+})が引き寄せられ、電子を2個受けとって銅原子(Cu)になり、電極Aに付着する。
(4) 実験2の装置では、電極Cが陰極、電極Dが陽極である。Cの陰極には水素イオン(H^+)が引き寄せられ、電子を1個受け取って水素原子(H)になり、さらに水素分子(H_2)になる。アとエは二酸化炭素、イは酸素、オはアンモニアが発生する。
(5) 電極Bと電極Dは陽極で、塩化物イオン(Cl^-)が引き寄せられ、電子を1個手放して塩素原子(Cl)になり、さらに塩素分子(Cl_2)になる。アは二酸化炭素、イはアンモニア、ウは硫化水素、エは酸素。
(6) 塩素は水によく溶ける。一方、水素は水に溶けにくい。そのため、塩素と水素が同量発生しても、たまる量は塩素の方が少ない。

③ [刺激と反応]
(1) 目は光の刺激を受け取る。
(2) 表1の5回の平均は、
$(19.0+20.0+18.5+18.0+19.5) ÷ 5=19.0$(cm)
図1のグラフから、ものさしが落ちた距離が19.0cmになる時間を読み取る。

④ [運動とエネルギー]
(1) 地球上にある物体には必ず重力がはたらく。また、接している2つの物体の間には、ほとんどの場合、力がはたらく。
(2) 図2では物体の間隔が一定になっているので、速さが変化していないといえる。図3では物体の間隔が次第に広くなっているので、速さは増えているといえる。
(3) 図2から、物体の水平方向の速さは40cm/秒なので、$40 \times 3.0 = 120$(cm)

⑤ [地層と堆積岩、火成岩]
(1) 凝灰岩は火山灰が堆積してできる。
(2) 海面から浅いところには粒の大きいれきが堆積し、深いところには粒の小さい泥が堆積する。地層は下の方が古いから、D→C→Bの順に堆積したと考えられる。したがって、水深は次第に深くなったといえる。
(3) 泥岩、砂岩、れき岩は上流から運搬された土砂が堆積してできる。土砂は運ばれる途中で角がとれ、丸みをおびる。

社会 ●解答と解説

【解答】

1
問1	ア	問2	日本アルプス	問3	Ⅲ	問4	黒潮(日本海流)
問5	エ	問6	屯田兵	問7	ウ	問8	共助

2
問1	イ	問2	卑弥呼	問3	イ

問4	家柄にとらわれず、才能や功績のある人物を役人にとりたてるため。

問5	後鳥羽　上皇	問6	Ⅱ → Ⅳ → Ⅲ → Ⅴ → Ⅰ

問7	男女共同参画社会基本法

3
問1	西暦	2017	年	問2	①ウクライナ	② 文化

問3	今なお沖縄県では面積の約8%がアメリカ軍施設であること。

問4	働き方改革	問5	SDGs(持続可能な開発目標)	問6	ア・エ・カ

4
問1	③	問2	ア	問3	A

問4	う：イギリス　え：オーストラリア【X】：アメリカ　【Y】：日本

問5	名称：砂漠化
	過程：人口が増え、食料や燃料の確保のため、過度な森林伐採が行われた。

問6	キト：Ⅰ
	特徴：アンデス山脈高地の高山気候は年間を通して降水量は少なく低温である。また昼夜の気温差がとても大きい。

5
問1	ウ	問2	(前) 図3　(後) 図2	問3	イ	問4	二十一か条の要求
問5	イ → カ → ウ → オ	問6	財閥解体				

6
(1)	Ⅰ	Y	Ⅱ	X	Ⅲ	80	Ⅳ	90	Ⅴ	仮想通貨
(2)	物品の　価値を測る　機能									

問2	ウ → ア → イ

問3	① クラウドファンディング	② 市場	③ ビッグ	④ 食品ロス

【配点】

1 問1〜問8　2点×8
2 問1 問2 問3 問5〜問7　2点×6
　問4　3点×1
3 問1 問2 問4〜問6　2点×6
　問3　3点×1
4 問1〜問4　2点×7
　問5 問6　3点×2
5 問1〜問6　2点×6
6 問1〜問3　2点×11

【解説】

1 問1　広島県のことなので、①の航路は瀬戸内海、②の消費地は近畿地方を選ぶ。　問2　3千メートル級の山々が連なる飛騨山脈、木曽山脈、赤石山脈は日本アルプスと呼ばれる。

問3　上越市は日本海側の気候なので、冬の降水量が夏よりも多くなっているⅢを選ぶ。　問4　黒潮は日本海流でも正解。　問5　北陸の伝統工芸品は冬の副業として発達した。　問6　明治政府は、蝦夷地を北海道に改め、統治を強化した。開拓の中心となったのは、北海道以外の日本各地から移住してきた農業兼業の兵士、屯田兵であった。　問7　阪神工業地帯は、金属工業を中心に発達した。また現在、出荷額では中京工業地帯に次いで2位である。

問8　災害の被害を最低限に抑えるための助けは、①自分(家族)の命は自分で守る＝自助、②行政・公的機関が守る＝公助、③自分達(地域社会、組織)は自分達で守る＝共助の3つがある。

2 問1　守護大名を任命したのは管領(将軍の補佐役)ではない。よってイは誤り。　問3　「枕草子」は国風文化に属する。アの万葉がな、ウの徒然草は国風文化ではない。エの「寝殿造りが庶民に広まった」も誤り。　問6　年代の古い順は、Ⅱ卑弥呼(弥生時代)→Ⅳ推古天皇(飛鳥時代)→Ⅲ国風文化(平安時代)→Ⅴ承久の乱と北条政子の訴え(鎌倉時代)→Ⅰ応仁の乱(戦国時代)となる。

問7　1999年施行の「男女共同参画社会基本法」は、男女平等や女性の社会参加を問うとき必ず出される用語なので、しっかり覚えておく。

3 問1　衆議院の解散は、(a)から判断して4年前になるので、2021－4＝2017となり、前回の選挙は2017年になる。　問6　4名の会話に①候補者や政党の主張(イ)、②インターネットで賛否両論あった(ウ)、③性の多様性への理解(オ)、④一票の格差に裁判所が判決(キ)、⑤憲法7条にもとづく解散(ク)などの発言があるので、触れられなかったのは、住民投票(ア)、内閣不信任決議(エ)、国民審査(カ)である。ア、エ、カが正解の三つである。

4 問1　この地図では、面積は高緯度になるほど、実際よりも大きく表示される。　問2　日付変更線は太平洋上に引かれているので、Ⅰ(南北アメリカ大陸)とⅡ(日本や豪州)の間にある。　問4　組み合わせは、Aメキシコ「い」、B中国「あ」、Cオーストラリア「え」、Dイギリス「う」となる。Xはメキシコ、イギリス、中国との貿易額が1位なのでアメリカと分かる。Yは中国、オーストラリアとの貿易額から判断して日本となる。

5 問1　安政の大獄は1858年、桜田門外の変は1860年である。　問2　樺太・千島交換条約(1875年)では図3の領土となり、ポーツマス条約(1905年)では図2の領土となった。　問5　イ(満州事変、1931年)→カ(国連脱退、1933年)→ウ(二・二六事件、1936年)→オ(盧溝橋事件、1937年)の流れになる。

6 問2　ハイリスク・ハイリターンとは投資した金額を失う危険(リスク)は高いが、利益(リターン)が多い金融商品のことをいう。ローリスク・ローリターンはその逆のこと。

英語 ●解答と解説

【解答】

| 1 | (1) | ① | (2) | ③ | (3) | ④ | (4) | ③ | (5) | ④ |

| 2 | (1) | ① | (2) | ③ | (3) | ③ | (4) | ③ | (5) | ② |

3	(1)	(There were many cats) in the park.
(2)	He (doesn't know how to use) this computer.
(3)	Could you tell(me when the next train will come)?
(4)	(This is the book I have been looking) for.
(5)	(Which train should I take to go) to Kanazawa?

| 4 | (A) | ① | (B) | ② | (C) | ④ | (D) | ③ |

5	問1	(ア)	has
		(イ)	to
	問2	(ウ)	家族や友達と連絡を取ることが簡単になること。
		(ク)	サイト上で他人の悪口を言うこと。
	問3	(エ)	②
		(オ)	③
		(キ)	①
	問4	(カ)	the(number of children who have smartphones)is increasing.
	問5		子供達が早い時期にスマートフォンの使い方を学べる方がいいから。
	問6	①	He thinks it can be dangerous for children.
		②	Yes, she does.
		③	He is worried about the effect of using smartphones on children's minds.

| 6 | I want to live in Canada. I will work as a YouTuber there. I will post a video on YouTube to introduce many beautiful places in Canada. And I also make many videos to teach Japanese students English. I study English hard and read a lot of books about Canada now. |

【配点】

1～5　3点×31、6　7点

【解説】

1

Q1．S：図書館は8時に閉まるね。
E：そう。でも今日は早く閉まる。7時30分に。
S：本当？30分しかない。
E：いいえ。15分しかないよ。
S：あら、僕の時計は遅れてる。
〈Q〉今何時ですか。〈A〉7時15分

Q3．S：やあ、Yumi。質問してもいいですか？
Y：いいよ、Shin。
S：なんで先生になったのですか？
Y：子供に教えることに興味があったからです。そして、オーストラリアで2年間勉強したから、経験を子供達とシェアしたいのです。あなたは将来何になりたいの？
S：子供の頃、バスケットボール選手になりたかったけど、今、夢は歌手になることです。私の声で人を幸せにしたい。
〈Q〉今、Shinの夢は何ですか。〈A〉歌手

Q4．E：放課後、英語の宿題を手伝ってくれる？
S：ごめん、Emi。今日の放課後、Makotoとテニスをすることになっている。Tomoに頼んだら？
E：今日、学校にいなかったよ。
S：Masamiはどう？彼女は英語が上手だね。
E：彼女は料理教室に行く。
S：いいよ。僕が学校を出る前に手伝うよ。
〈Q〉Shinはテニスコートに行く前に何をしますか。〈A〉宿題でEmiを手伝う。

2

(1) Have you ever been to ～　～に行ったことがありますか。
(2) There is ～, There are ～　～がある
(3) May I ～　～してもいいですか
(4) 名詞 + ～ing … ～している名詞
(5) If I were you（もし私が君なら）は仮定法過去。過去形を使って現在の事実と異なることを言う。後半の文は助動詞の過去形（could, wouldなど）。

3

(1) There was ～, There were ～　～があった
(2) how to use　どのように使うのか，～の使い方
(3) 間接疑問文 when の後ろは普通の語順
(4) the book をI have been looking for（私がずっと探していた）が修飾。
(5) 電車に乗る take, to＋動詞の原形 ～するために

4

Italian：highest fee 一番高い料金・・・A
Japanese：A professional cook teaches you high-level cooking skills プロのコックがハイレベルな料理の技術を教える, for three hours 3時間・・・B
French：learn basics of French フレンチの基礎を学ぶ, low fees 安い料金, takes three hours 3時間かかる・・・D
Mexican：the cheapest 最も安い

5

問1．ア　have + 過去分詞　ずっと～している
イ　It is ～ to … …することは～だ
問2．ウ　下線部訳は「すごい機能の一つ」
ケ　下線部の訳は「子供たちの心への悪い影響」
問3．can できる, may かもしれない, should すべきだ
問4．the number of ～s ～の数, who は関係代名詞
問5．下線部訳「スマートフォンを使うことは彼らにとってとても重要だ。」

鵬学園

英語 ●放送による問題

リスニング　スクリプト

ただ今からリスニングテストを始めます。このテストでは聞き取る英語はそれぞれ 2 回繰り返されます。該当の選択肢は音声ではなく、全て問題用紙に印刷してあります。問題は全部で 5 問あります。解答は答案用紙の解答欄に正しく記入してください。それでは始めます。

Question　No.1
（1）S: The library closes at eight, right?

　　　E: Yes, but today it'll close earlier. At seven thirty.

　　　S: Really? I have only thirty minutes.

　　　E: No, Shin. Look! We have only fifteen minutes.

　　　S: Oh, no! My watch is behind.

Question　What time is it now?

　　　（　5秒　）

　　　繰り返し

　　　（　10秒　）

(1)　　　① 7:15　　② 7:30　　③ 7:45　　　④ 8:00

Question　No.2
（2）E: Welcome to GOE burger. What would you like today?

　　　S: Well, Two hamburgers and two cups of cola, please.

　　　E: Anything else?

Question　What is the man going to say next?

　　　（　5秒　）

　　　繰り返し

　　　（　10秒　）

(2)　　　① See you.② No problem.　③ No, thank you.　④ Here you are.

Question　No.3
（3）S: Hi, Yumi. Can I ask you a question?

　　　Y: Sure, Shin.

　　　S: Why did you become a teacher?

　　　Y: Because I was interested in teaching children English and I studied abroad in Australia for two years, so I want to share my experience with children. What do you want to be in the future?

　　　S: When I was a little child, I wanted to be a basketball player. But now, my dream is to be a singer. I want to make people happy with my voice.

　　　Y: That's great.

Question　What is Shin's dream now?

　　　（　5秒　）

　　　繰り返し

　　　（　10秒　）

(3)　　　① teacher　　② doctor　　③ basketball player　④ singer

Question　No.4

　　　E: Hello, Shin. Could you help me with my English homework after school?

　　　S: Sorry, Emi, but I'm going to play tennis with Makoto after school today. Can you ask Tomo to help you?

　　　E: He isn't at school today.

　　　S: Oh, How about Masami? She is good at English.

　　　E: She is going to take a cooking class after school.

　　　S: OK. I will help you before I leave school.

Question　What is Shin going to do before he goes to tennis court?

　　　（　５秒　）

　　　繰り返し

　　　（　１０秒　）

(4)　　　① He is going to ask Masami to help Emi.　　② He is going to take cooking class.

　　　　　③ He is going to help Emi with her homework　　④ He is going to ask Tomo to help her.

Question　No.5

（５）S: Emi, Your birthday is coming soon. I'm going to sing a birthday song with a guitar for you.

　　　E: Sounds fun. Let's enjoy the party, Shin.

　　　S: I will also give you a special present.

　　　E: Thank you. My mother will make a cake and dishes for us. Can you bring some drinks?

　　　S: Yes, I will.

Question　What will Shin bring to Emi's birthday party?

　　　（　５秒　）

　　　繰り返し

　　　（　１０秒　）

(5)① He will bring a cake.

　② He will bring nothing.

　③ He will bring dishes.

　④ He will bring a special present and drinks.

これでリスニングテストを終わります。

鵬学園

数学 ●解答と解説

1

問1　7　　問2　$5a-5$

問3　$-\sqrt{2}$

問4　$(x-2)(x-3)$

問5　$x=\dfrac{2\pm3\sqrt{2}}{2}$

問6　$x=-5$　　問7　34

問8　$y=5x^2$

2

(1)　21°　　(2)　105°

3

問1　円錐

問2　270°　　問3　84π cm²

4

問1　$\dfrac{1}{36}$　　問2　$\dfrac{11}{36}$

5

問1　3　時間

問2

下りの速さ　時速　$x+y$ km

上りの速さ　時速　$x-y$ km

問3

モーターボートの速さ　時速　20 km

川の流れの速さ　時速　2 km

6

問1　1　　問2　39

7

問1　$y=2x+4$

問2　$\dfrac{4}{9}$

問3　$(6,16)$

問4　$\left(-\dfrac{5}{2},\ -9\right)$

【配点】
1～4　4点×15　5　問1　4点　問2　3点×2
問3　3点×2　6、7　4点×6

【解説】

1

問1　与式$=5+2=7$

問2　与式$=3a+1+2a-6=5a-5$

問3　与式$=2\sqrt{2}-3\sqrt{2}=-\sqrt{2}$

問5　$x=\dfrac{4\pm\sqrt{4^2+56}}{2\times2}=\dfrac{4\pm\sqrt{72}}{4}=\dfrac{4\pm6\sqrt{2}}{4}$
　　　$=\dfrac{2\pm3\sqrt{2}}{2}$

問6　$6x=5(x-1)$　$6x=5x-5$
　　　　　　　　　　　$x=-5$

問7　$7^2-2\times7\times3+3\times3^2=49-42+27$
　　　　　　　　　　　　　　　$=34$

問8　$a=\dfrac{20}{2^2}=\dfrac{20}{4}=5$　$y=5x^2$

2

(1)　$40+28=47+x$　$x=21°$

(2)　$x=38+67=105°$

3

問2　$\dfrac{6}{8}\times360=270°$

問3　$6^2\pi+8\times6\times\pi=36\pi+48\pi$
　　　　　　　　　　　　$=84\pi$ cm²

4

問1　PQがAEと一致する場合は
　　　4-4のみ　$\dfrac{1}{36}$

問2

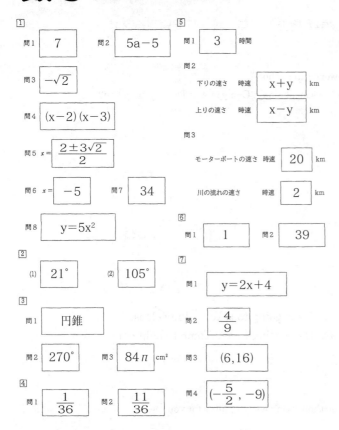

ねじれの位置にある場合は11通り
よって　$\dfrac{11}{36}$

5

問1　上りにかかった時間をaとすると
　　　下りにかかった時間は$\dfrac{2}{3}a$
　　　$a+\dfrac{2}{3}a=5$　$3a+2a=15$　$5a=15$
　　　　　　　　　　　　　　　　　　　$a=3$

問3　30分間$=\dfrac{1}{2}$時間流されるので
　　　上り　$\dfrac{5}{2}(x-y)-\dfrac{1}{2}y=44$ —①
　　　下り　$2(x+y)=44$ —②
　　　①×2　$5x-5y-y=88$
　　　　　　　$5x-6y=88$ —①´
　　　①´　　　$5x-6y=88$
　　　②×3　$+)6x+6y=132$
　　　　　　　　$11x=220$
　　　　　　　　　$x=20$ —③
　　　③を②に代入
　　　$2\times20+2y=44$
　　　　　　$2y=4$
　　　　　　　$y=2$

6

	1列目	2列目	3列目
問1　10段目は	0	0	1

問2　$1+2+3=6$　1〜3段の和が6
　　　$20\div3=6\cdots2$　$6\times6+1+2$
　　　　　　　　　　　　　$=36+3=39$

7

問1　A$(-1,2)$　B$(2,8)$より
　　　$a=\dfrac{8-2}{2-(-1)}=\dfrac{6}{3}=2$　$8=2\times2+b$
　　　　　　　　　　　　　　　　　$b=4$
　　　$y=2x+4$

問2　PA:AC$=2:1$より点Cのx座標は
　　　$x=-\dfrac{3}{2}$　$y=2\times\left(-\dfrac{3}{2}\right)+4=1$
　　　$a=\dfrac{1}{\left(-\dfrac{3}{2}\right)^2}=\dfrac{1}{\frac{9}{4}}=\dfrac{4}{9}$

問3　Dのx座標は$y=\dfrac{4}{9}x^2$と
　　　$y=2x+4$の交点なので連立方程式で
　　　求める　$\dfrac{4}{9}x^2=2x+4$　$4x^2-18x-36=0$
　　　$2x^2-9x-18=0$　$x=\dfrac{9\pm\sqrt{81+4\times2\times18}}{2\times2}$
　　　$x=\dfrac{9\pm\sqrt{225}}{4}=\dfrac{9\pm15}{4}=-\dfrac{6}{4},\dfrac{24}{4}$
　　　$x>0$より$\dfrac{24}{4}=6$　$y=\dfrac{4}{9}\times6^2=16$
　　　点D$(6,16)$

鵬学園

国語　●解答と解説

【解答】

一

問1

ア	イ	ウ	エ
たずさ（わる）	孤独	疎通	崩壊

オ	カ	キ	ク
粉々	か（わす）	はしばし	人柄

問2
（読み方）（じっぷん・じゅうぷん）
短文：私は十分で家に着いた。

問3 エ　　**問4** ウ　　**問5** ⑥ ア　◎ エ

問6 電話だけでは真意が伝わらないこと。

問7 考え方や言葉が違う五十六億人の人間をまとめていくことは大変なことだから。

（別解）世界には五十六億もの人間がいて、それぞれ考え方や言葉が異なっているから。

問8 エ　　**問9** 拝見し

問10
(1) 書は言を尽くさず、言は意を尽くさず
(2) 冬から春に例えてイメージしやすくする効果
(3) 話し言葉
（別解）講演での話

二

問1 ① やう　③ かはいそう

問2 葬式

問3
(1) 【詩　2　】
(2) 作者は昭和五年に亡くなっていて「現代かなづかい」の実施は昭和二十一年だから。

（別解）現代かなづかいの使用を勧める内閣訓示が、前に筆者は亡くなっているから。

問4 エ

問5
(1) 人間の世話になっている。
(2) エ

問6 私は魚です。金子さんが、私達の気持ちを汲み取ってくれている人間がいて嬉しく思います。私達魚の気持ちを考えてくれてありがとう。私達魚を美味しく食べてもらえたら有難いです。

【配点】
一　問7　5点　他3点×19
二　問3(2)　7点　問6　10点　他3点×7

【解説】

鵬学園の国語
複数の文章を関連付けて答える形式
23・21年度「随筆」「古典」　22年度「短歌・和歌」
23年度「論説文」「詩」
記述「十五〜八十字」複数題
八十字の感想文。古典は大問出題なし。
知識　23年度：書き下し文　22年度：表現技法　21年度：係り結び、敬語
語彙　23年度：四字熟語、「吟味」「ともらい」

一　論説文

キーワードで要点把握。
言葉とは何…言葉は社会の基盤
ニュース　情報
言葉は刃物、言葉は魔物
表情　真意　相手の気持ち…問6
ニュース…大切…実におもしろい
地球上　五十六億人　考え方　言葉　違う
それをまとめていくことは大変…問7

2　「じっぷん」「じゅうぷん」正式な読み。口語的には「じゅっぷん」と発音しているが「じっぷん」が正しい。

3　「疑心暗鬼」（ありもしない鬼の姿が見えるように）何でもない事まで恐ろしくなること。

4　「吟味」物事を念入りに調べること。また、念入りに調べて選ぶこと。

6　③の次の行「言葉を交わしながら、相手の表情を見ながら真意を探ろう」を参考にする。電話だけでは表情が見えず、真意がわかりにくいということが「まずい」と考えられる。

二　詩と資料文

4　「適当でないもの」を答える点に注意。
6　「あなたは『魚』」「作者に感想を伝える」という条件を押さえる。

理科 ●解答と解説

【解答】

1	問1	H_2		問2	水上置換法
	問3	(例) 水素は水に溶けにくいから。			
	問4	400cm³	問5	400cm³	問6	600cm³

2	問1	中和		問2	$H^+ + OH^- → H_2O$
	問3	塩	問4	A		
	問5	1：1		問6	6：1

3	問1	並列回路	問3	
	問2	イ、ウ		

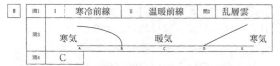

4	問1	陰極線	問2	(例) 電極C側に曲がる。
	問3	(例) U字型磁石を、真空放電管をはさむように置く。	問4	電子

5	問1	(あ) 生産者	(い) 消費者	(う) 分解者
	問2	(オ)	問3	25000 匹

6	問1	(あ) スライドガラス	(い) カバーガラス
		(う) えつき針	(え) 空気
	問2	(イ)	問3 (ウ)	問4 (ア)

7	問1	露点	問2	100%	問3	11.5g
	問4	(例) 湿度は下がる。		問5	①	

8	問1	Ⅰ 寒冷前線	Ⅱ 温暖前線	問2	乱層雲
	問3	寒気　　暖気　　寒気			
	問4	C			

【配点】

1 問1 2点 問2 2点 問3 2点 問4 2点
　 問5 2点 問6 3点
2 問1 2点 問2 2点 問3 2点 問4 2点
　 問5 2点 問6 3点
3 問1 3点 問2 3点 問3 4点
4 問1 3点 問2 4点 問3 4点 問4 3点
5 問1 2点×3 問2 3点 問3 3点
6 問1 1点×4 問2 3点 問3 3点 問4 3点
7 問1 2点 問2 3点 問3 3点 問4 3点 問5 2点
8 問1 2点×2 問2 2点 問3 3点 問4 3点

【解説】

1 [水素の性質]

問3 水に溶けない（溶けにくい）気体は水上置換法で集めた方が、上方置換法や下方置換法よりも空気の混ざらない状態で集めることができる。

問4 グラフから、実験で用いた塩酸50㎤にはマグネシウム0.40gがちょうど反応し、水素が400㎤発生することがわかる。したがって、塩酸50㎤にマグネシウムを0.80g加えても、マグネシウムは0.40gしか反応せず、水素は400㎤しか発生しない。

問5 塩酸を100㎤にマグネシウム0.40g加えても、塩酸は50㎤しか反応せず、水素は400㎤しか発生しない。

問6 塩酸100㎤にはマグネシウムが0.80g反応すると考えられる。したがって、塩酸100㎤にはマグネシウム0.60gがすべて反応し、このとき発生する水素をx (㎤) とすると、マグネシウムと水素について、
$0.60 : x = 0.40 : 400$　∴ $x = 600$

2 [塩酸と水酸化ナトリウムの中和]

問5 水酸化ナトリウムが電離して生じるナトリウムイオンの数と水酸化物イオンの数は同じであり、塩化水素が電離して生じる水素イオンの数と塩化物イオンの数も同じである。Bは中性なので、水酸化ナトリウム水溶液20㎤中の水酸化物イオンの数と塩酸30㎤中の水素イオンの数は同じだったといえる。よって、水溶液B中のナトリウムイオンの数と塩化物イオンの数も同じ。

問6 水酸化ナトリウム20㎤中のナトリウムイオンの数と、塩酸30㎤中の塩化物イオンの数をN（個）とすると、水酸化ナトリウム40㎤中のナトリウムイオンの数は2N（個）、塩酸10㎥中の塩化物イオンの数は$\frac{N}{3}$（個）になるので、$2N : \frac{N}{3} = 6 : 1$。

3 [電流回路]

問1 アとエは並列回路、イとウは直列回路。

問2 並列回路は電流の流れる道筋が複数あるので、1つが途切れても、残りには電流が流れる。

4 [陰極線]

問2 陰極線は－の電気をもつ電子の流れなので、＋極側に引かれる。

問3 図の奥から手前へ向かう磁界をつくれば、陰極線の電子はフレミングの左手の法則により、上向きに力を受ける。

5 [生態系]

問2 （エ）についてはどの程度の自由なのかで判断が分かれるだろう。ここでは、標識個体と非標識個体が均一に存在できるという意味でとらえ、前提として必要と判断した。

問3 魚Xの個体数をx（匹）とすると、
$x : 2000 = 1000 : 80$　∴ $x = 25000$

6 [プレパラート]

問3 （エ）は染色体を観察したいので、酢酸カーミン液または酢酸オルセイン液で赤色に染色する。

7 [飽和水蒸気量]

問2 気温20℃での飽和水蒸気量が17.2g/㎥だから、
$\frac{17.2}{17.2} \times 100 = 100$ （%）

問3 気温25℃での飽和水蒸気量が23g/㎥だから、
$23 \times 0.50 = 11.5$ （g/㎥）

問4 湿度は飽和水蒸気量に対する水蒸気の割合である。気温が高くなると飽和水蒸気量が大きくなるので、湿度は小さくなる。

8 [低気圧と前線]

問3 西側（左側）では、寒気が暖気の下に潜り込むように進む。東側（右側）では、暖気が寒気の上に乗り上がるように進む。

問4 寒冷前線と温暖前線にはさまれた南側には暖気がある。

鵬学園

社会 ●解答と解説

【解答】

<table>
<tr><td rowspan="2">1</td><td rowspan="2">問1</td><td>(a)</td><td colspan="2">紫外線</td><td>(b)</td><td colspan="2">オゾン層</td><td>(c)</td><td>フロン</td></tr>
<tr><td>(d)</td><td colspan="2">地球温暖</td><td>(e)</td><td colspan="2">ダイオキシン</td><td></td><td></td></tr>
</table>

	問2	ウ
	問3	電気自動車
	問4	風力発電

2	問1	① ケ	② コ	③ シ	④ ク
		⑤ ス	⑥ ア	⑦ イ	⑧ カ
		⑨ キ	⑩ エ		

	問2	豪族の持つ土地と人々を国が直接支配する。
	問3	唐	問4	宋銭(絹織物)
	問5	モンゴル軍は長距離移動ができる。統率力の高い騎兵隊を持っていたから。

3　日本が発展途上国に対して行う援助の一つがODAである。その中で技術指導などを青年海外協力隊が担っている。農業の技術指導を行う時、現地の人と共に汗を流し人と人との結びつきも強めていく。このことが大切であり、求められることの一つである。

4	問1	エイサー	問2 (2)	首里	(3)	さんご礁
	問3 (4)	ア	(5)	キ		

問4　沖縄は梅雨や台風の時期に集中して雨が降る。その多量の水のほとんどが、川が短いためすぐに海に流れていってしまうから。

5	問1 (1)	司法	(2)	三審	(3)	衆議院
	問2	ウ	問3	ア		

問4　法律や国の行為が憲法に違反していないかどうかを判断する権限が裁判所にはある。

| | 問5 | エ |

【配点】
1　問1～問4　3点×8
2　問1 問3 問4 2点×12　問2 問5 4点×2
3　8点×1
4　問1～問3 2点×5　問4 4点×1
5　問1～問3 問5 3点×6　問4 4点×1

【解説】
1　問1　地上から20～30km上空にはオゾン層(b)があり、これは太陽からの有害な紫外線(a)を吸収するバリアの役割を果たしている。このオゾン層を破壊し、地球の生態系を脅かすのがフロンガス(c)である。フロンガスは身近な例では、スプレーのガス、クーラーや冷蔵庫の冷媒などがある。近年その規制は進んでいる。化石燃料の大量燃焼や森林破壊などにより、二酸化炭素の排出量が急増し、このガスが地球を覆っている。これが温室のような効果をもたらし、地球温暖化(d)が進む。またゴミを焼却するとき、有害な化学物質のダイオキシン(e)は、がんや不妊を引き起こす危険性が指摘されている。　問2　京都議定書(1997年)ではアメリカの離脱や先進国と途上国間の利害対立が課題になった。
2　問1　①邪馬台国の女王であった卑弥呼は倭30余りの国々を従えていた。②3世紀後半から7

世紀にかけてつくられた大王や豪族の墓を古墳と呼ぶ。③仏教は6世紀の半ば百済から伝わった。④聖徳太子は天皇中心の中央集権政治を目指した。⑤645年、中大兄皇子と中臣鎌足らが蘇我氏を倒した。⑥710年、奈良に都を作った(平城京)。⑦794年、桓武天皇が都を京都に移した(平安京)。⑧藤原氏が摂政・関白を独占した。⑨平清盛は太政大臣となり政治の実権を握った。⑩源頼朝が鎌倉幕府初代の将軍となった。　問4　⑨の平清盛が行った貿易は日宋貿易。この貿易で日本からの輸出品には、硫黄、刀剣、漆器、金などがあり、質問の「輸入品」には宋銭、絹織物、陶磁器、香料などがあった。これらのなかのどれかを書けば正解。　問5　チンギス・ハンの築いたモンゴル帝国は、やがてアジアからヨーロッパにまたがる大帝国へと発展した。
3　問1　発展途上国の経済発展や福祉の充実を図るために、先進国の各政府は様々な援助を行っている。青年海外協力隊は、日本の政府開発援助のひとつで、技術協力を主な仕事にしている。また、政府機関では手の届きにくい細やかな支援活動は、非政府組織・NGOを通して行われたりしている。
4　問1　この絵は沖縄の伝統芸能のエイサー。お盆の時期、現世に戻ってくる先祖の霊を送迎するため、踊りながら町を練り歩く。　問2　(2)　首里城は那覇市にある旧琉球王国の王城で、2000年に世界遺産に登録された。ここは沖縄の歴史と文化の象徴であったが、2019年の火災により正殿はほぼ全焼した。現在、復興に向けて工事が進んでいる。(3)　沖縄のさんご礁は、波から島を守るとともに、観光資源としても重要である。　問3　沖縄は1972年、アメリカから日本に返還された。
5　問1　立法権は法律を作る権限で、国会に属する。行政権は法律に従って政治を行う権限で、内閣に属する。(1)の司法権は、法律に従って社会の秩序を守る権限のことで、裁判所に属する。(2)　第一審の判決に不服な場合には「控訴」し、第二審の判決に不服な場合には「上告」する。三審制の目的は、裁判を公正、慎重に行い、裁判の誤りを防いで人権を守るためである。　問2　アの簡易裁判所は、軽い事件をすみやかに処理する。イの地方裁判所は、主に第一審を扱う。ウの家庭裁判所は、家庭事件や少年事件を扱う。エの高等裁判所は、最上位の下級裁判所で、主に第二審を扱う。
問4　裁判所は、国会と内閣に対して違憲審査権を持っている。この権限は、下級裁判所も持つが最高裁判所が最終的な決定権を持つので、最高裁判所は「憲法の番人」とも呼ばれる。

英語 ●解答と解説

【解答・配点】

[1] ③×5	①	ウ	②	ウ	③	イ	④	エ	⑤	ウ
[2] ③×5	①	Friday	②	hungry	③	breakfast	④	welcome	⑤	course
[3] ③×4	①	ア	②	エ	③	ア	④	イ		
[4] ③×2	①	ウ	②	エ						

[5] ③×6	問1	① Those	② newest	③ sitting
	問2	④ ride	⑤ no	⑥ walk

[6] 22点	問1	エ ③点		
	問2	（いつの日か）お父さんの作業現場へ行くこと ③点		
	問3	（ エ ）→（ ウ ）→（ ア ）→（ イ ）③点		
	問4	(1) ウ ③点 (2) イ ③点 (3) ア ③点		
	問5	She wants to make a lot of people happy. ④点		

[7] ③×4	①	I (would like to climb the mountain) some day.
	②	They say the (morning view seen from the top is) very beautiful.
	③	There is (a girl who is as old as) me.
	④	(All the teachers and students meet in front of) the school building.

【解説】

[1] アクセントの位置

① ア tar後　イ cide後　ウ lan前　エ tel後
② ア fa前　イ some前　ウ self後　エ base前
③ ア read中　イ nese後　ウ oth中　エ por中
④ ア dif前　イ eve前　ウ cal前　エ noon後
⑤ ア dic 1番目　イ tel 1番目　ウ la 3番目
　エ Jan 1番目

[2]

① next Friday 次の金曜日
② hungry 空腹の
③ for breakfast 朝食に
④ You're welcome. どういたしまして。
⑤ of course もちろん

[3]

①A:この歌が好きなんです。聴いてみません？
　B:はい。（＝聴いてみます。）
②A:私は宿題がたくさんあるから、今日一緒に
　　サッカーができない。
　B:それなら次の月曜日はどう？
　A:それはいい。（＝来週の月曜日、一緒にサッカーが
　　できます。）
③A:すみません。図書館への道を教えてくれますか。
　B:申し訳ないけどできません。（＝図書館への
　　行き方を知りません。）

④A:英語を習うことはあなたにとって難しいですか。
　B:いいえ、そうは思いません。（＝英語を学ぶことは
　　私にとって難しくありません。）

[4]

（1段落2文目）200年以上前に、キャプテンクックが初めてオーストラリア大陸に訪れたとき、飛び回っているおかしな動物を見た。クックはそれの名前を尋ねたら、そこに住んでいる男性が「Kangaroo」と答えたのだという人がいる。
（2段落1文目）しかし、もっと多くの人は、もう一つのストーリーが正しいのだという。

[5]

① school buses を指すので those（それら）にする。
② the newest of all「すべての中で一番新しい」
③ friends sitting near me「私の近くに座っている友達」
④ ride a bike「自転車に乗る」
⑤ my school has no school buses「私の学校にはスクールバスがない」
⑥ walk to school「学校へ歩く（歩いて学校へ行く）」

[6]

問1　2段落4～5行目 She didn't have any ～「彼女は、全く将来の夢や計画がなかった。」とあるので、エ。
問2　この that は、前の文（の一部）の内容を指す。
問3　ア～エの訳
ア　Mai は彼女の父の職場に行った。そして父を見てワクワクした。
イ　Mai は彼女の将来について考え始めた。
ウ　Mai は彼女の先生が将来について尋ねたとき、何も言えなかった。
エ　Mai はほとんど毎日、Shota とテレビゲームをした。
問5　模範解答の和訳：彼女はたくさんの人々を幸せにしたい。

[7]

① would like to ～　「～したい」
② seen see の過去分詞　「～される」
③ who は関係代名詞で、前の名詞(girl)を修飾する。
　as 原級 as は「同じぐらい～」
④ all the teachers and students すべての先生と生徒。in front of「～の前で」

数学 ●解答と解説

【解答】

1. 各2点

(1)	-1	(2)	0	(3)	$-6-6\sqrt{3}$
(4)	$\dfrac{7}{3x^2y}$	(5)	300		

2. 各2点

(1)	$6x^2+13x-5$	(2)	$16x^2-1$	(3)	$9x^2+30xy+25y^2$
(4)	x^4-y^4	(5)	$x^2+4y^2+9z^2+4xy+12yz+6zx$		

3. 各3点

(1)	$(x+2y)(x-2y)$	(2)	$(x+2)(x-21)$	(3)	$(x-5)(y-3)$
(4)	$4(x+5)(y+1)$	(5)	$2xy(x+y)(x-y)$		

4. 各3点

(1)	④	(2)	②	(3)	③	(4)	③	(5)	②

5. 各5点

(1)	$x=85°$	(2)	$x=203°$

6. 各5点

(1)	$\begin{cases}2x+y=2\\x-y=13\end{cases}$	(2)	-8

7. 各5点

(1)	$90°$	(2)	$81°$	(3)	$106°$

8. 各5点

(1)	$y=x$	(2)	-1	(3)	27

【配点】

1, 2　2点×10　3, 4　3点×10　5, 6, 7, 8　5点×10

【解説】

1. (1)　与式 $=-(-1)^4=-1$

(2)　与式 $=-9(11-24+13)=-9\times0=0$

(3)　与式 $=3+3\sqrt{3}-9-9\sqrt{3}=-6-6\sqrt{3}$

(4)　与式 $=\dfrac{21y^2\times8x\times4}{32x^3\times9y^3}=\dfrac{7}{3x^2y}$

(5)　与式 $=(17+3)(17-2)=20\times15=300$

2. (1)　与式 $=6x^2-2x+15x-5=6x^2+13x-5$

(2)　与式 $=(4x)^2-1^2=16x^2-1$

(3)　与式 $=(3x)^2+2\times3x\times5y+(5y)^2$
$\qquad=9x^2+30xy+25y^2$

(4)　与式 $=(x^2+y^2)(x^2-y^2)=x^4-y^4$

(5)　与式 $=x^2+4y^2+9z^2+2\times x\times2y$
$\qquad\quad+2\times2y\times3z+2\times3z\times x$
$\qquad=x^2+4y^2+9z^2+4xy+12yz+6zx$

3. (1)　与式 $=(x+2y)(x-2y)$

(2)　与式 $=(x-21)(x+2)$

(3)　与式 $=x(y-3)-5(y-3)=(x-5)(y-3)$

(4)　与式 $=4x(y+1)+20(y+1)=(y+1)(4x+20)$
$\qquad=4(y+1)(x+5)$

(5)　与式 $=2xy(x-y)^2+4xy^2(x-y)$
$\qquad=(x-y)\{2xy(x-y)+4xy^2\}$
$\qquad=2xy(x-y)(x-y+2y)$
$\qquad=2xy(x-y)(x+y)$

4. (1)　$\sqrt{2}=1.414\cdots\qquad\sqrt{200}=14.14\cdots$
その中の整数は　$14-1=13$ 個

(2)　$42\times6\times\dfrac{1}{3}=84\ \text{cm}^3$

(3)　$a=4\times8=32$

(4)　$200=2^3\times5^2$　指数＋1 の積より
$(3+1)\times(2+1)=4\times3=12$ 個

(5)　$\dfrac{10\,\text{m}}{1秒}\times\dfrac{1\,\text{km}}{1000\,\text{m}}\times\dfrac{3600秒}{1時間}=\dfrac{36\,\text{km}}{1時間}$

5. (1)　$\angle x=45+40=85°$

(2)　$\angle x=360-(84+40+33)=203°$

6. (1)　$\begin{cases}2x+y=2&-①\\x-y=13&-②\end{cases}$　①＋② $3x=15$

(2)　$x=5$

$5-y=13\quad y=-8$

7. 正十角形　正八角形　正六角形

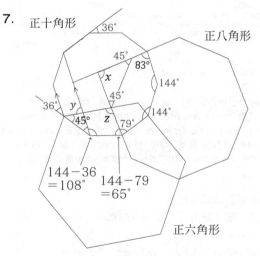

(1)　正八角形の1つの外角は $360°\div8=45°$
$\angle x=180-(45+45)=90°$

(2)　正十角形の1つの外角は $360°\div10=36°$
$\angle y=45+36=81°$

(3)　上の図より
$540-(90+83+144+144)=79°$
$144-79=65°$
$Z=360-(81+108+65)=106°$

8. (1)　$a=\dfrac{6-(-3)}{6-(-3)}=\dfrac{9}{9}=1$
$6=1\times6+b=0\qquad y=x$

(2)　$a=\dfrac{-3-(-6)}{-3-0}=\dfrac{3}{-3}=-1$

(3)　$\dfrac{6\times3}{2}+\dfrac{6\times6}{2}=9+18=27$

国語 ●解答と解説

【解答・配点】

一 30

		1		2		3		4		5	
A		びみょう		くちょう		しっせい		おさ		せっしゅ	
B		寛厳		売却		廃業		通訳		欧米	
C		畜		五		ア		イ		エ	

二 20

問一	ウ		問二	(1)		青森県からの脱出
	(2)		とにかく都会に出たいから。	問三		りょうけん(読み方)(どうか)
問四			仙台は東北の中で唯一「東京の風を感じられる場所」から。			
問五		東京	問六	(1)		宝塚歌劇団宙組の仙台公演
	(2)		「私」が宝塚歌劇団に入れると信じられる思いがかかりだと			

三 22

問一	A	ウ	B	ア		問二	防御を目的とした攻撃
問三		母親と子どもとても強い結びつき					
問四		オス…生育った場所から大きく離れて(新たな場所で)生活する。					
		メス…慣れ親しんだ母親の生育場所周辺にとどまって生活する。					
問五		エ	問六		自分と同じ血縁をもつ子を残そうとしているから。		
問七		ウ					

四 18

問一	①	エ	②	ア	③	ウ
問二		口昔からあった家はまれにしかない(稀に)しかない。				
		口昔会った(見た)人は二、三十人(ぎりぎり)わずか一人二人になっている。				
問三		泡と結び(の比喩)	問四		ウ

五 10　問題名を書かずに、書き始めること。

【配点】

一　2点×15＝30点　二　問一・問二　2点×3＝6点
　問三・問四　3点×2＝6点　問五　2点　問六　3点×2＝6点
三　問一・問二　2点×4＝8点　問三　3点　問四　2点×2＝4点
　問五　2点(完答)　問六　3点　問七　2点　四　問一　2点×4＝8点
　問二　3点×2＝6点　問三・問四　2点×2＝4点　五　10点

【解説】

日本航空石川の国語

大問五題　知識　小説文　論説文　古文　作文
百五十～二百字　自由記述～三十字　十題程度

一　知識…漢字　慣用句　四字熟語　敬語　文学史
文法(品詞　文節　文の成分)
配点が30点あり　知識対策必要

二　小説
「キーワード」に線を引いて読もう
宝塚歌劇団
私は既に二十歳になっていた
宝塚…年齢制限
青森脱出
仙台…東京の風を感じられる場所…問4
東北脱出　都会に出たい
仙台公演…問6 (1)
呪いにかかった…問6 (2)

三　論説
「キーワード」で全体像をつかむ
クマ
防御を目的とした攻撃
母親の防衛本能…問二
母親と子どものとても強い結びつき…問三
オス…育った場所から大きく離れる
メス…慣れ親しんだ周辺にとどまる
血縁を少しでも残そう

四　古文
河の流れは絶えることなく流れ、しかも元と同じ水ではない。よどみに浮かぶ泡は一方では消え一方ではでき、長くとどまってはない。世の中の人と住居も同じようなものだ。玉を敷いた美しい都のうちに棟を並べ、甍の高さを競い合っている高貴な人や賤しい人の住まいは永遠に無くならなそうだが、これを「本当か？」と尋ねてみると、昔からあった家は稀である。あるいは去年焼けて今年建てた、あるいは大きな家がほろんで小家になる。住む人も同じ。場所は変わらず、人は多いといっても昔見た人は二、三十人のうちわずかに一人二人、朝に死んで夕方に生まれる、水のその泡に似ている。私にはわからない。生まれ死んでいく人々がどこから来てどこへ去るか。またわからない。仮の宿にすぎない。誰のために心を悩ませ、何によって目を喜ばせるのか。その主人のその住居が無常を争う様子は、言ってみれば朝顔の露と変わらない。あるいは露が落ちて花残る。残るといっても、朝日とともに枯れる。あるいは花がしぼみ、露が消えない。消えないといっても、夕方まで持たない。

五　作文
次のことを守ろう。
1、原稿用紙の書き方の約束に従う。
2、出題の注意・条件。
3、字数制限。
4、できるだけ漢字を使う。
ただし自信のない漢字は別の言葉に置き換える。
お勧め3ステップの型
1　序論「体験」(過去)
2　本論「意見」(近い未来＝高校→将来)
3　結論「まとめ」
22 23年「あなたが誇る日本文化」
21年「最も達成感を得た出来事」
21年「百年後の生活様式はどのように変化しているか」
19 20年「誰かのため役立つ自分のところ」
19年「外国人に日本文化を紹介する」

英語 ●解答と解説

【解答】

1 [A]

(1)	(2)	(3)	(4)	(5)
ウ	ア	ウ	イ	ウ

[B]

(1)	(2)	(3)	(4)	(5)
F	T	F	F	T

[C]

Rin (agrees / disagrees) because (the longer you spend with pet, the more you will love him).

Saki (agrees / disagrees) because (spending time with old animals gives you an opportunity to think about the value of life).

Yuto (agrees / disagrees) because (pet houses at school are not safe and nice places for them).

Kota (agrees / disagrees) because (it may be hard for those who are suffering great damage to take care of school pets).

2

(1) There is some dancing boys in front of the station.
~~is~~ are

(2) Do you want I to carry your bag?
~~I~~ me.

(3) They have already took many photos of the animals there.
~~took~~ taken

(4) He often need to take various kinds of medicine.
~~need~~ → needs

(5) She is belonging in the tennis club.
~~belonging~~

3

問1 提案：学園祭でレモネードスタンドをすること。
依頼：明日のミーティングに参加できないので、他のメンバーにその提案を伝えてほしい。

問2	a	問3	エ

問4 生のレモンを絞り、砂糖と水を加える。

問5 メンバー一人一人が友達を誘い、誰が何をするか決める。

4 (省略)

【配点】

大問1　A,B　各2点，C各3点　大問2　各3点　大問3　各4点
大問4　問4　5点，他　各3点

【解説】

1 [A](1)提出日は次の月曜日。まだ「4日あるよ」と言っている。

(2)カフェでの会話：女性は12ドルの Healthy Vegetable Sandwich を食べたかったが、その日10ドルしか持っていなかった。男性にカードか電子マネーを使えると聞き、Healthy Vegetable Sandwich を食べることにした。

(3) Chris が昨晩のパーティに Jessica を誘わなかった。用事があると思ったからだ。

(4)東京に行くには新幹線と飛行機どちらがいいか女性が聞いている。新幹線は2時間14分，飛行機は1時間50分以上で天気次第。空港まで30分かかるが、駅は5分と聞き、女性は他の方法がいいのではないかと思っている。

(5) 次の駅は Kuroyuri です。左側のドアが開きます。Kuroyuri の次は Akadama です。Seaside line, the Mountain line……… the Fukutoshin subway line へは次の駅でお乗り換えです。

[B] 次の内容がスピーチの内容に合っていない。

(1) ほとんどの生徒が家でペットを飼っていない。

(3) school pets がだんだん人気になっている。

(4) 学校の隣人が週末に先生たちが school pets の世話をするのを手伝う。

2 (1) 主語は' some dancing boys' なので be 動詞は are。

(2) want me to ～　「私に～してほしい」

(3) have already taken 「すでに撮った」have + 過去分詞

(4) 主語が he（三人称単数）で現在の文なので、need（動詞）に s をつける。

(5) belong は進行形にできない動詞。"She belongs to the tennis club." も正しい英文だが、「誤りは1問につき1語」なので不可。

3 問2　(a) は lemonade stand がアメリカで一般的だということを指し、それ以外は lemonade stand を指す。

問3　（あ）の後で、「ほしいものを買うために lemonade stand をする子供もいれば、他の理由でする子供もいる。」と言い、友達が UNICEF に送金したことを話している。

4 (省略)

英語 ●放送による問題

令和5年度リスニング問題スクリプト

ただいまから放送による問題をはじめます。

[A] (1)～(4)の対話，(5)のアナウンスを聞いて，内容に最も近い選択肢をア～ウから1つ選び，それぞれ記号で答えなさい。対話とアナウンスは1回だけ放送されます。

(1)

M: Good morning, Liz! Why don't we go watching a movie after school? I have two free tickets!

W: I really want to go with you, but I have to finish the homework of Mr. Lakefield's lesson.

M: He said we have to submit it by Next Monday morning. We still have *four* days!

W: I know, but I want to finish it as soon as possible! I have club activities this weekend.

(2)

W: This cafe looks good. Which menu is your favorite?

M: Well, I always eat this Healthy Vegetable Sandwich.

W: How much does it cost? I have only ten dollars.

M: It costs twelve dollars. How about this Red Hot Chili Chicken Roll? It costs eight!

W: I don't eat hot food.

M: Actually, you can pay by credit card or by e-money.

W: Oh, good! I'll have Healthy Vegetable Sandwich!

(3)

M: Good morning, Amanda.

W: Hi, Chris! I really enjoyed the party last night!

M: Yeah, it was great! I hope we can hold that kind of party again!

W: But I didn't see Jessica. I heard you didn't invite her to the party.

M: No. I thought she had something to do.

(4)

M: Good morning, Ma'am. Where would you like to go?

W: Umm… I want to go to Tokyo. Which do you think is better, by train or by airplane?

M: Well, it's up to you, but Shinkansen is cheaper and more punctual.

W: How long does it take?

M: Two hours and fourteen minutes by Shinkansen, and one hour and fifty minutes or more by airplane. It depends on the weather.

W: Time is money! I'll fly to Tokyo! Take me to the airport, please.

M: OK, but let me tell you one more thing.

It takes thirty minutes to go to the airport from here.

The nearest Shinkansen station is in five minutes.

W: Uh oh. It seems better for me to take the other way.

(5)   This is an Canny Line train bound for Miyuki. We will be stopping at Kuroyuri, Takasago, and Kikuichi stations before arriving at Miyuki Station terminal.

Please switch off your mobile phone when you are near the priority seats. In other areas, please set it to silent mode and refrain from talking on the phone.

The next station is Kuroyuri. The doors on the left side will open. The stop after Kuroyuri will be Akadama. Please change for the Seaside line, the Mountain line, the City line, the Onden subway line, and the Fukutoshin subway line at the next station.

Thank you.

[B] 学校教育に詳しい佐藤さんのスピーチを聞き，次の文がスピーチの内容に合っていれば T を、そうでなければ F を書きなさい。
スピーチは 2 回放送されます。

Are you familiar with school pets?　School pets are animals that are taken care of as a part of education at school.

The Japanese government has encouraged elementary schools to have animals since more than 100 years ago.　They believe that animal care has a positive impact on children.　They say spending time with animals helps students develop kindness and notice how precious life is.　Some of you might have taken care of small animals like rabbits or hamsters at elementary school.　You usually have some groups in class and take turns taking care of your class pet.　You clean the pet house, give some water and food.　Some like to hold their pet, and others get excited to see their pet eating a piece of vegetable.　You must be careful when you touch small animals.　You must watch them carefully to know their health condition or feelings because they don't talk.　You not only study animal behaviors but learn kindness and the value of life.

Today many teachers still agree that children learn a lot by spending time with animals, but more and more schools decide not to have school pets for some reasons.　School pets need to be taken care of every day.　If you forget to give him water or food, your rabbit will soon get weaker.　If you don't clean his house often, he can get sick.　Who should go to school for pet care on weekends or holidays, students, their parents, teachers, or neighbors?　Are you happy to do the work during a whole summer for your classmates instead of going on a family trip?　Are there any volunteers who are ready to help you?　It's not easy to find people who can give daily care while school is closed.　Also, it's almost impossible for students or even teachers to give enough good care to the animals.　Nobody is an animal specialist at school.　There is a school nurse to help you when you feel sick or get hurt in P.E. class.　However, there is no one to see what's going on with your rabbit even when he is weaker and doesn't eat much.　Sometimes school pets die before seeing an animal doctor.　It must be an unexpected shocking experience for most school children.

Having school pets surely has some benefits, but today many teachers don't think it's the best and the only way to teach the importance of life.

[C] [B]のスピーチを聞いた翌日の授業で行われた Yuto, Rin, Saki, Kota の 4 名の生徒のディスカッションを聞いて、次の問いに答えなさい。なお，最初の話者は Yuto です。ディスカッションは 2 回放送されます。

Yuto:　Good morning, everyone.　We listened to Ms. Sato's speech about school pets yesterday.　What do you think about having animals at school?　Rin, can you go first?

Rin:　Sure.　I think it's a great idea, and every child should experience animal care.　The longer you spend with your pet, the more you will love him.　Then you will work harder to make him happier, and that will make you kinder.　I remember that I felt calm and relaxed with our rabbit in my arms when I was in elementary school.

Yuto:　Rin, you seem to have good memories with your school pets.　However, just like Ms. Sato said, animals sometimes get sick and of course they get old.　Rabbits are the most popular school pet, and they live much shorter than us.　They usually live for about six years.　It's not rare that they naturally die from old age.

Saki:　Taking care of weak or old animals teaches us a lot.　These days not many of us live with our grandparents.　Old age and death are something we only watch on TV or read in books, and we don't talk about them often.　Spending time with old animals gives you an opportunity to think about the value of life.

Rin:　I completely agree with you, Saki.

Kota:　You have a point, Saki.　Nobody can live forever.　The same is true of all living things.
　　　　What do you think, Yuto?　Do you think elementary schools should have animals?

Yuto:　No.　I don't think schools can offer a comfortable environment to animals.　Small animals like rabbits have to be kept in the suitable temperature.　When you have rabbits at home, you usually have your pet house in a room with an air conditioner on.　However, schools often have pet houses outside school buildings.　You cannot say pet houses at school are safe and nice places for them.　Recently, it is surprisingly hot in summer, and we have sudden heavy snow almost every year.　For rabbits, it is too hot in summer and too cold in winter.

Rin:　That's true.　Are there any other opinions, Kota?

Kota:　I'm also worried about natural disasters like earthquakes, typhoons, or floods.　It may be hard for those who are suffering great damage to take care of school pets.　According to the web article I read yesterday, some school pets died after the Great East Japan Earthquake in 2011.　Animals like rabbits easily die in a several days if they don't have enough water or food.　I was very shocked to learn the sad story.

Saki:　I've never heard such a sad story, Kota.
　　　　It seems that we've run out of time, so I guess we'll finish here.

以上で放送を終わります。解答を続けてください。

数学 ●解答と解説

【解答】

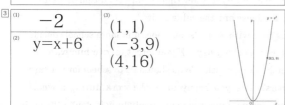

①		ア	1	イ	$\dfrac{\sqrt{3}}{4}$	(2)	ウ	$\dfrac{-5+\sqrt{77}}{2}$
(1)								
(3)	エ	24	オ	$\dfrac{1}{6}$		(4)		$\dfrac{2}{9}$
(5)	キ	9	ク	7.5				

②	5月の牛肉弁当　261個
	鮭弁当　　　　39個

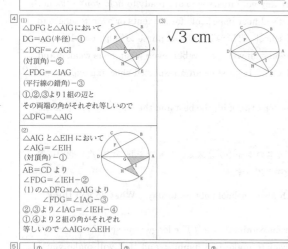

③
(1)	−2	(3)	(1,1)
(2)	y＝x＋6		(−3,9)
			(4,16)

④
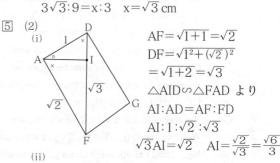

(1) △DFGと△AIGにおいて
DG＝AG（半径）−①
∠DGF＝∠AGI
（対頂角）−②
∠FDG＝∠IAG
（平行線の錯角）−③
①,②,③より1組の辺と
その両端の角がそれぞれ等しいので
△DFG≡△AIG

(3) $\sqrt{3}$ cm

(2) △AIGと△EIHにおいて
∠AIG＝∠EIH
（対頂角）−①
$\overparen{AB}＝\overparen{CD}$ より
∠FDG＝∠IEH−②
(1)の△DFG≡△AIG より
∠FDG＝∠IAG−③
②,③より∠IAG＝∠IEH−④
①,④より2組の角がそれぞれ
等しいので△AIG∽△EIH

⑤
(1)	①	ア	②	イ	③	カ
(2)	(i)	AF＝$\sqrt{2}$ m	DF＝$\sqrt{3}$ m	AI＝$\dfrac{\sqrt{6}}{3}$ m	(ii)	$\sqrt{3}$ m²

【配点】

① ③(1)(2)　4点×10
② ③(3)④⑤　5点×12

金沢大学附属

【解説】

① (2) ウ $(x-1)^2＝7(2-x)$　$x^2-2x+1＝14-7x$
$x^2+5x-13＝0$　$x＝\dfrac{-5\pm\sqrt{25-4\times(-13)}}{2}$
$x＝\dfrac{-5\pm\sqrt{77}}{2}$　値の大きい方は $\dfrac{-5+\sqrt{77}}{2}$

(3) エ $\sqrt{6n}$ より　nは6の倍数
n＝24のとき $\sqrt{n+25}＝\sqrt{24+25}＝\sqrt{49}＝7$
すなわち最小の自然数n＝24

(5) キ 第3四分位数が10より
$\dfrac{x+11}{2}＝10$　x＋11＝20　x＝9

ク 第1四分位数は $\dfrac{2+3}{2}＝2.5$
四分位範囲は10−2.5＝7.5

② 5月の牛肉弁当をx個、鮭弁当をy個とする
6月の牛肉弁当は(x−33)個　鮭弁当は(y+18)個
$\begin{cases}(x-33+y+18)＝\dfrac{95}{100}(x+y)−① \\ x-33＝4(y+18)−②\end{cases}$

① 20(x+y−15)＝19(x+y)
20x+20y−300＝19x+19y
x+y＝300−③
② x−33＝4y+72　x−4y＝105−④
③−④　5y＝195　y＝39　x＝261

③ (2) A(a, a²)＝(−2, 4)
$\dfrac{9-4}{3-(-2)}＝\dfrac{5}{5}＝1$
4＝1×(−2)+b　b＝6　y＝x+6

(3) 直線ABと平行な線を書いて求める。
直線ABの傾きは1
原点0を通り傾きが1の直線 y＝x
$\begin{cases}y＝x^2 & x^2＝x & x^2-x＝0 \\ y＝x & x(x-1)＝0 & x＝0,1\end{cases}$
点P＝(1, 1)
また切片6から0と同じ距離を上にとると
切片が12　y＝x+12とy＝x²との交点
$x^2＝x+12$　$x^2-x-12＝0$
(x−4)(x+3)＝0　x＝4,−3
残りの点P＝(−3,9) (4,16)

④ (3) DF＝BFより△DGF≡△BGFとなる
∠DGF＝∠BGF　また $\overparen{AB}＝\overparen{CD}$ より
∠AGB＝∠CGD　よって
∠AGB＝∠BGC＝∠CGD＝60°
∠DFG＝90° なので
△DFGは1：2：$\sqrt{3}$ の直角三角形
DG＝6よりFG＝3、DF＝$3\sqrt{3}$
(1)より FG＝IG＝3　IE＝6−3＝3
△DFE∽△HIEより
$3\sqrt{3}：9＝x：3$　x＝$\sqrt{3}$ cm

⑤ (2)
(i)
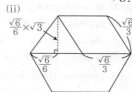

AF＝$\sqrt{1+1}＝\sqrt{2}$
DF＝$\sqrt{1^2+(\sqrt{2})^2}$
　＝$\sqrt{1+2}＝\sqrt{3}$
△AID∽△FAD より
AI：AD＝AF：FD
AI：1：$\sqrt{2}$：$\sqrt{3}$
$\sqrt{3}$AI＝$\sqrt{2}$　AI＝$\dfrac{\sqrt{2}}{\sqrt{3}}＝\dfrac{\sqrt{6}}{3}$

(ii)

直線DFから各頂点
までの距離が$\dfrac{\sqrt{6}}{3}$
となる正六角形の
面積を求める。

正三角形の面積＝$\dfrac{\sqrt{6}}{3}×\dfrac{\sqrt{6}}{3}×\sqrt{3}×\dfrac{1}{2}＝\dfrac{\sqrt{3}}{6}$
正三角形×6＝$\dfrac{\sqrt{3}}{6}×6＝\sqrt{3}$ m²

国語 ●解答と解説

【解答】

一

問一　人は生れながらにして貴賤貧富の別なし

問二　賢人と愚人との違いは学ぶと学ばざるとによって出来る。難しい仕事をする人は身分が高くなり、尊敬され、家も豊かになる。そのもとは学問の力があるかないかである。

問三　2

問四　身分重き人　2・4　　身分軽き人　1・3

二

問一　a　3　　b　1　　c　5

問二　2・4

問三　1・2

問四　1

問五　祖母に「士族は町人とはちがう」と言われ続け、（雪は白く、火は熱いというように同じものだ）ことが、違うからなら「士族はえらい」としか思えないということ。

問六　3

（問五別解）信夫は士族の子と町人の子とにどういう違いがあるのか自分ではわからないが、同じであることは認めたくないこと。

二（右欄）問七

まれこのバスは虎雄の低いとに違うしら町人の子信夫が高校へ落ちると事が起こった。信夫は「土族の子スを父にいて地下へ突き落されたと感じた」というやりとりで落ちた。「スデイタ」という文にそのデスを保って信夫が高いと信じていた。信夫の胸をついて「いしケ」とコレしかと信夫はコ二人のシ士族を保って虎雄が出来という。

（問七別解）士族の生まれである信夫は、士族は偉いという優越感を抱いている。しかし父貞行から士族と町人の子の違いはなく、その違いは身分からくるものだと言われ、その違いを自分で答えることもできなかった。今まで当然と思っていた価値観が揺らぎ、スデイタという父の言葉と、それが生まれてくるそのスデイタをひっくり返しそうなほど衝撃を受け、頭や心の葛藤が描かれている。信夫は素直に受け止めようとしている。

三　（省略）

【配点】

一　問一　9点　他4点×3　21
二　問五　9点　問七　10点　他3点×7　40
三　問四　9点×2　他3点×7　39点

【解説】

金大附属の国語

23年度　三つの大問を「福沢論吉」で繋いだユニークな出題形式である。

大問三題　古文、論説文、小説文

作文　21年度23年度200字、22年度100字×2つ

記述　字数指定なく「わかりやすく説明」。一行20〜25文字×行数。50〜80字×4問。

一　論説文

「キーワード」に線を引いて読もう
天は人の上に人を造らず人の下に人を造らず
6行目「賢人と愚人との別は〜」…問二
8行目「心を用い心を配する仕事はむつかしく…力役はやすし」…問四
11行目「学問の力あるとなきに〜」…問二
12行目「人は生まれながらにして〜」…問一
問三　「雲泥の差」類語「月とすっぽん」

二　小説文

「キーワード」に線を引いて読もう
士族　信夫　父貞行　祖母トセ
町人　虎雄　父六さん
信夫「町人の子なんかに落とされたりしない」
祖母「永野家は士族。町人の子とはちがう」
貞行「天は人の上に人を造らず」
士族はえらいと当然のように思ってきた信夫…問五
信夫（ほんとうに人間はみんな同じなのか）
…価値観は揺れ始めている…問六
唇をきりりとかみしめ
謝罪するほどの気持ちにはなれない
貞行…六さんと虎雄に深く頭を垂れた
父の姿は信夫の胸に深くきざまれ、一生忘れることができなかった
問五　祖母の言葉と信夫の気持ちを文中から探す。
問六　「口に関する描写」「信夫の価値観は揺れ始めているもののまだ覆っていない」この二点がポイント。

三　論説文（省略）

理科 ●解答と解説

【解答】

1

問1　③

問2　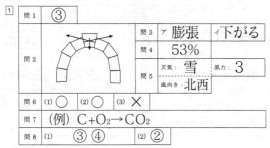

問3	ア 膨張	イ 下がる
問4	53%	
問5	天気：雪　風力：3	
	風向き：北西	

問6　(1) ○　(2) ○　(3) ×

問7　(例) $C + O_2 \rightarrow CO_2$

問8　(1) ③④　(2) ②

2

問1　ア (b)　イ いて座　ウ 黄道

問2　(例)地球からみて太陽の方向にある星座が、その日の星座になる。

3

問1　③　問2　70km/h　問3　118m

問4　(1) ×　(2) ×　(3) ○

4

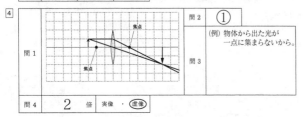

問2　①

問3　(例)物体から出た光が一点に集まらないから。

問4　2 倍　実像・⑩虚像⑩

5 [火成岩]

問1　ア はん状　イ 等粒状　ウ 石英　エ 急

問2　(白) 流紋岩 → 安山岩 → 玄武岩 (黒)

問3　①

6

問1　金 酸素 硫酸銅　問2　(例)銀　(例)マグネシウム

問3　$NaCl \rightarrow Na^+ + Cl^-$

問4　循環　問5　ポリエチレンテレフタラート　問6　沈む

問7　イ 使用　ウ 資源

7

問1　蒸留

問2

ア 2	イ 3	ウ 2	エ 4
オ 1	カ 3	キ 2	ク 3

問3　(例)必要な空気を x(L) とする
$$5 : \frac{1}{5}x = 1 : 3 \qquad x = 75 \qquad \therefore 75L$$

8

問1　①　④　⑤　問2　54匹　問3　⑤　⑥

問4　(例)ヒトによって移入された

9

問1　イカ エビ ウニ　問2　純系

問3

例) ⑥	めしべ
①	葉緑体
②	道管
④	孔辺細胞

問4　③　⑤

【配点】

1　問1 2点　問2 2点　問3 1点×2　問4 2点
　　問5 完答2点　問6 完答2点　問7 2点　問8 1点×2

2　問1 2点×3　問2 2点

3　問1 2点　問2 3点　問3 3点　問4 2点×3

4　問1 3点　問2 2点　問3 3点　問4 1点×2

5　問1 2点×4　問2 2点　問3 2点

6　問1 2点　問2 1点×2　問3 2点　問4 2点　問5 2点
　　問6 2点　問7 1点×2

7　問1 2点　問2 ア～エ 2点　オ～ク 2点　問3 3点

8　問1 完答2点　問2 2点　問3 完答2点　問4 2点

9　問1 2点　問2 2点　問3 1点×3　問4 完答2点

【解説】

1 [小問総合]

2 [地球の公転と四季の星座]

3 [速さと運動]

問2　図1のグラフから、速さが70km/hのとき、空走距離が約20m、制動距離が約40mと読み取れる。

問3　図1のグラフから、速さが90km/hのとき、空走距離が約25m、制動距離が約68mと読み取れる。ただし、図1は1.0秒での空走距離なので、2.0秒での空走距離は約50mと考えられる。よって、$50 + 68 = 118$（m）。

4 [レンズと像]

問4　レンズから10cmのところに大きさ10cmの物体を置いたときの像は、解説図①のようになる。

解説図①

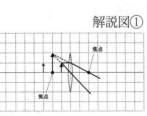

5 [火成岩]

6 [物質の性質]

問5　ポリエチレンテレフタレートでもよい。

7 [アルコールの性質]

問2　アを1とし、イ～エをa、b、cとする。両辺の原子の数を比較すると、炭素原子について $1 = b \cdots$ ①、水素原子について $4 = 2c \cdots$ ②、酸素原子について $1 + 2a = 2b + c \cdots$ ③。①、②、③を解いて、$a = \frac{3}{2}$、$b = 1$、$c = 2$。

したがって、$CH_4O + \frac{3}{2}O_2 \rightarrow CO_2 + 2H_2O$。

化学反応式の係数は整数だから、両辺を2倍して、$2CH_4O + 3O_2 \rightarrow 2CO_2 + 4H_2O$。

同様に、オを1とし、カ～クを x、y、z とすると、$2 = y$、$6 = 2z$、$1 + 2x = 2y + z$。これらを解いて、$x = 3$、$y = 2$、$z = 3$。

問3　問2からエタノールと酸素の体積比は1：3。必要な空気をx(L)とすると、空気に含まれる酸素は $\frac{1}{5}x$(L) と表されるので、
$$5 : \frac{1}{5}x = 1 : 3 \qquad x = 75$$

8 [自然と人間]

9 [生物融合]

社会 ●解答と解説

【解答】

①

問1	(1)	敗戦後全国で食料不足は深刻であった。アメリカから大量の小麦が輸入され、主食としてのパンが定着していった。
	(2)	米：① 　肉類：③
問2	X：⑥ 　Y：⑤	
問3	(1) ⑥ 　(2) 〔2〕〔3〕〔4〕	
問4	(1) ア：紀伊 　イ：日本 　ウ：追い込み漁	
	(2) 天候不順で品質、供給量が落ちても別の産地のもので調整する	

②

問1	X：台風の大型化 　Y：森林の衰退
問2	人間が病原体を持っている野性生物と接触する機会が増加
問3	② 　問4 ④

③

問1	③ 　問2 ア：スラブ 　イ：ゲルマン
問3	アメリカ陸軍が広告で兵士を募集すると多くの男性が戦場へ行き、兵器工場では代わりに女性労働者が増えていった。
問4	
問5	(解答省略)
問6	(1) ④ 　(2) ②
問7	④

④

問1	C	問2	国王	問3 ③
問4	②			
問5	中国最後の清王朝の最後の皇帝であったから。			
問6	平清盛			
問7	中国の皇帝から日本の王として認めてもらい、地位を高めるため。			
問8	④	問9 ③	問10 ②	

⑤

問1	(1) ②	(2) ④	(3) ③			
問2	(1) ③	(2) ①				

⑥

問1	(1) アメリカでは主たる二つの政党が議席を得ている。ドイツでは得票の少ない政党も議席を得ている。日本の小選挙区比例代表並立制の基では、過半数を獲得している第1党が政局を堅実に運営できる一方、第2党以下は政党が多数存在し、少数意見も反映されやすくなる。
	(2) ①
問2	(1) ③ 　(2) ④
問3	国が行う仕事を増やすと企業活動は活発になり、労働者の賃金は上がる。それは買い物などの消費の増加につながる。

【配点】

① 問1(1) 問4(2) 3点×2　問1(2)〜問4(1) 2点×9
② 問1 問3 問4 2点×4　問2 3点×1
③ 問1 問2 問4 問6 問7 2点×6　問3 問5 3点×3
④ 問1〜問4 問6 問8〜問10 2点×8　問5 問7 3点×2
⑤ 問1 問2 2点×5
⑥ 問1(1) 問3 3点×2　問1(2)〜問2(2) 2点×3

【解説】

① **問1** 近年米の消費量は減少傾向、肉類は食の欧米化により増加傾向にある。　**問2** Xはセンターピボット方式の大規模なかんがい農業の写真。スプリンクラーのついたかんがい装置で散水するので、円形になっている。Yはオリーブの木の写真。地中海周辺の緯度と経度を探す。　**問3** (1) Aは生産額をもとに算出した食料自給率が非常に高い。これはグラム単価の高い畜産業が盛んな宮崎県、鹿児島県である。Bは供給カロリーの方が高い。これは米の生産量が多い北海道、秋田である。　(2) 資料3のグラフは、為替が「円高」ではなく「円安」に推移している点に注意。

② **問2** 人間、接触、感染症のまん延の3つの用語から類推して書く。　**問3** 組み合わせは、①フランス、②スペイン、③日本、④サウジアラビア、⑤カナダとなる。　**問4** 中国は世界の「工場」なので、生産ベース排出量が圧倒的に多い。従って図2のグラフでは、マイナスに大きく振れている④が中国である。

③ **問2** ロシア人、セルビア人、ウクライナ人はスラブ民族。ドイツ、オーストリアの大部分はゲルマン系言語の人々が住んでいる。　**問4** 資料Rには、大政翼賛会と書いてある。この成立は1940年なので、日中戦争がはじまる1937年より前に

だされたものではない。　**問6** 資料Aでは社説で「軍備縮小」を支持しているが、資料Bでは「政府が強硬ならんことを切望する」と開戦の論調になっている。

④ **問1** ナポレオンはフランスの政治家。1804年に皇帝に就いた。溥儀は清朝最後の皇帝。ルイ14世はフランスの国王。フランスの絶対王政を確立した。徽宗は北宋の第8代皇帝。芸術を愛した。
問10 天智天皇の弟は、天武天皇。672年の壬申の乱で天智天皇の子どもの大友皇子を倒し即位した。天武天皇は、天皇中心の政治の基礎を固めた人物。

⑤ **問1** 様々な宗教は独自の教え、戒律を持っている。ヒンドゥー教では牛は神聖な動物。イスラム教では、豚肉は食べない。キリスト教は食に関してはおおむね規制はない。　**問2** 地鎮祭に公金が使われることが、信教の自由に反するかどうかが争点の裁判である。

⑥ **問1(1)** アメリカ下院の選挙は小選挙区が基本であり、ドイツの連邦議会の選挙は、得票数に応じて議席が公平に反映される比例代表制が基本である。日本の選挙制度は、小選挙区と比例代表制の両方を取り入れている制度である。　(2) 憲法改正の発議は国会議員によってなされるが、各議院の3分の2以上の賛成が必要である。図2の第1党単独では56%であり、足らない。仮に参議院で発議の議員数に達していたとしても、この衆議院では単独で発議できないことになる。　**問3** 財政政策では好景気（好況）の時は、公共事業への支出を減らし増税する。不景気（不況）の時は、公共事業への支出を増やし減税する。

英語 ●解答と解説

【解答・配点】

問題番号	小計	設問		正解	配点
1	10点	1		ウ	2点
		2		エ	2点
		3		イ	2点
		4		ア	2点
		5		エ	2点
2	15点	1		ア	3点
		2		ウ	3点
		3		エ	3点
		4		イ	3点
		5		ア	3点
3	24点	問1	(1)	イ	3点
			(2)	ウ	3点
			(3)	エ	3点
			(4)	ア	3点
			(5)	ア	3点
			(6)	ウ	3点
		問2	(1)	ウ	3点
			(2)	オ	3点

問題番号	小計	設問		正解	配点
4	15点	1	3番目	エ	3点
			5番目	カ	
		2	3番目	ウ	3点
			5番目	カ	
		3	3番目	イ	3点
			5番目	イ	
		4	3番目	イ	3点
			5番目	ウ	
		5	3番目	エ	3点
			5番目	ウ	
5	15点	問1	(1)	ウ	3点
			(2)	エ	3点
			(3)	イ	3点
		問2		イ	3点
		問3		ア	3点
6	21点	問1		ア	3点
		問2		イ	3点
		問3		ウ	3点
		問4		ウ	3点
		問5		ア	3点
		問6		イ	3点
		問7		イ	3点

【解説】

1　1. nobody can answer「誰も答えられない」, we don't know who can answer「答えられる人を知らない」
2. be interested in ～「～に興味がある」, my brother's hobby「私の兄（弟）の趣味」
3. I have never been to ～「私は～に行ったことがない」, This is my first visit「これは私の初めての訪問だ」
4. show me how to use「私に使い方を示す」, it is impossible for A to ～「～することは、Aにとって不可能だ」
5. I wish I could speak「(私が) 話せたらいいのに」

2　1. A：昨日、私は学校を休んだ。宿題あった？　B：英語の宿題があったと思う。　A：それは何？　B：(ノートを見てみるね。)
2. A：… 新しいシューズ？ B：昨日買ったばかり。まだきれい。どう？ A：(似合ってるよ。) 色が好き。
3. A：今週末、予定ある？ B：ない。家にいるだけ。A：週末はよく家で過ごすの？ B：(たいていそうだよ) 外出するのは好きじゃない。
4. A：冬休み何してた？ B：シドニーに行った。キレイだったよ。行ったことある？ A：ないけど (行けたらと思う) …
5. A：動物園気に入った？ B：最高。パンダ大好き。今日連れて行ってくれてありがとう。A：いえいえ。(来月、もう一度行く?) B：いいね。…

3　問1 (1) These consoles can be found「ゲーム機は、世界中の多くの家で見つけられる」(2) in the past「過去に」 (3) to watch「見るために」 (4) against other player「他のプレイヤーに対抗して」
(5)【文法】can + 動詞の原形 (6) original features and ideas「オリジナルの機能とアイデア」

4　1. Do (you mean the new restaurant which opened) last weekend?「先週末にオープンした新しいレストランのことを言っているのですか。」
2. You've been reading「あなたはずっと読んでいる」

3. take them into the house「衣類を家に取り入れる」
4. Don't wait for me if I'm late.「私が遅れても、待たないで」
5. I think we have to ask him to tell us again.「私たちは彼にもう一度言うように頼まなければならないと思う。」

5　(大意)　KakeruとJudyは夜の外食行動について、小中学生の子供を持つ300件の家族に調査した。表1より、月曜日に外食するのは1%。木曜日は水曜日の半分。日曜日に10%の家族が外食。金曜日か土曜日には70%以上で、金曜日は土曜日よりも割合が高い。

なぜ、多くの家族が、土曜日より金曜日を選ぶのだろう。多くの大人と子供は土曜日と日曜日が休みだ。だから、平日の仕事や学校を終えたごほうびとして外食するのだ。

表2では、外食する様々な理由が分かる。回答の60%以上が両親とだけ関係がある。普段は親が料理をし、他の家族は手伝う。その結果、親が料理を作れないときに外食する。「気分転換」の割合は「家族が遅く帰宅した」のほぼ半分だ。

ほとんどの子供がもう少し頻繁に外食したいが、約50%の親が多すぎると思っていることも分かる。親は出費のことを気にしている。

6　〈1段落〉英語は世界中の多くの分野で使われている。様々な国の人々とコミュニケーションを取るために (例えばビジネスで)、英語を学ぶことはさらに重要になってきている。しかしながら、私の友達の中には、聞いたり読んだりするのが上手だが、話したり書いたりするのが苦手な人がいる。将来、私は正確に英語を話したり書いたりしたい。〈2段落〉英語を上達させる効果的な方法は、至る所で英語を使うことだと思う。学校では、[1. 英語の授業を受けているときだけ英語は使われる。] そしてそれで十分だとは思わない。そのような理由で、放課後に私はいつも先生や友達とコミュニケーションを取るために、英語を使うようにしている。〈3段落〉読書は私の英語を上達させるもう一つの方法だ。[2. 私は家や図書館でたくさんの英語の本を読んでいる。] …読書を通して、私は英語を [3. 話すことと、書くことにおいて] 正確に使う方法も学んでいる。〈4段落〉テレビ、ラジオ、webサイト、ソーシャルメディアは、私の英語を上達させる、他の良い方法だ。彼らがテレビやラジオで英語を話すのと同じぐらい自然に、私は英語を話したい。[4. Webサイトやソーシャルメディアは、「自然に」書かれた英語を学ぶための、本当に良い方法だ]。…〈5. 段落〉[ところで]、私の母と祖母は30年前にこの国に来た。(後略)

数学 ●解答と解説

【解答・配点】

問題番号	配点	設問		正解	配点
1	40点	(1)	ア	9	5点
		(2)	イ	3	5点
			ウ	7	
		(3)	エ	1	3点
			オ	2	
			カ	5	2点
		(4)	キ	1	5点
			ク	4	
		(5)	ケ	1	5点
			コ	3	
			サ	2	
			シ	5	
		(6)	ス	2	3点
			セ	7	
			ソ	2	2点
			タ	8	
		(7)	チ	1	5点
			ツ	9	
		(8)	テ	4	2点
			ト	1	3点
			ナ	3	
2	20点	(1)	ア	2	3点
			イ	5	
			ウ	5	3点
			エ	2	
		(2)	オ	−	3点
			カ	1	
			キ	5	3点
			ク	1	4点
			ケ	2	
		(3)	コ	1	4点
			サ	5	
			シ	2	
3	20点	(1)	ア	7	6点
			イ	7	
		(2)	ウ	1	4点
			エ	6	
			オ	4	4点
			カ	3	
			キ	6	
			ク	4	6点
4	20点	(1)	ア	2	4点
			イ	3	
		(2)	ウ	3	4点
			エ	2	
			オ	9	
		(3)	カ	7	4点
			キ	3	
		(4)	ク	7	4点
			ケ	1	
			コ	7	
			サ	6	

【解説】

1 (4) $y=-\dfrac{3}{x}$ に $x=1$ を代入　$y=-3$

$x=3\rightarrow y=-1$　$(1,-3)$ $(3,-1)$

$a=\dfrac{-3-(-1)}{1-3}=\dfrac{-2}{-2}=1$

$(1+3)\times a=1$　$4a=1$　$a=\dfrac{1}{4}$

(5)

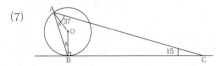

この樹形図より $\dfrac{13}{25}$

(6) 小さい方から並べると

12,16,17,24,25,29,30,33,35,40

$\dfrac{25+29}{2}=27$（メジアン）

範囲 $40-12=28$

(7)

OBを結ぶ。∠OAB＝∠OBA＝xとする

$2x+90+15+37=180$　$2x=38$　$x=19°$

(8) DからABに垂線を引き交点をEとする。△ACDより

AD:DC=2:1よって AD=2×2=4

△DAEより AD:AE=2:1

$AE=4\times\dfrac{1}{2}=2$　$EB=3-2=1$

$DE=2\times\sqrt{3}=2\sqrt{3}$

△DEBより $(2\sqrt{3})^2+1^2=BD^2$

$BD^2=12+1=13$　　$BD=\sqrt{13}$

2 (3) (i) 四角形OAPB＝△AOP＋△BOP

$\triangle AOP=\dfrac{1}{2}\times t\times 5$　$\triangle BOP=\dfrac{1}{2}\times t\times\dfrac{5}{2}$

$\dfrac{5}{2}t+\dfrac{5}{4}t=45$　$10t+5t=180$

$15t=180$　$t=12$

(ii) AB⊥OBより　ABを軸として点Oを対称移動した点Dをとる。

点Dは $\left(\dfrac{5}{2}\times 2,\dfrac{5}{2}\times 2\right)=(5,5)$ となる。

△ABD≡△ADOより ∠PAB＝∠OAB

ADを通る直線の式は $a=\dfrac{5-10}{5-(-5)}=\dfrac{-5}{10}=-\dfrac{1}{2}$

$5=-\dfrac{1}{2}\times 5+b$　$b=\dfrac{15}{2}$　よって $t=\dfrac{15}{2}$

3 (2) 野菜A200gの可食部の重さをxg　廃棄部の重さをygとする。可食部1gあたりの食物繊維は $\dfrac{2.7}{100}$ g

$\begin{cases}\dfrac{2.7}{100}x+\dfrac{7.7}{100}y=3.6\times 2\\ x+y=200\end{cases}$

これを解いて、x＝164g　y＝36g

廃棄部 100gあたりのエネルギーをzとすると

$\dfrac{54}{100}\times 164+\dfrac{z}{100}\times 36=45\times 2$　z＝4

4 (2) △CNMを底面積、CGを高さとする

$\dfrac{3\times 3}{2}\times 2\times\dfrac{1}{3}=3cm^3$

三角錐 C−BJK　△BCJを底面積とする

$\dfrac{2\times 1}{2}\times\dfrac{2}{3}\times\dfrac{1}{3}=\dfrac{2}{9}cm^3$

(3)

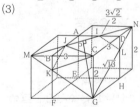

G−CMNからK−CJM、L−NICをひいて求める。

K−CJMの底面積△MCJ、高さBKとする

$\dfrac{3\times 1}{2}\times\dfrac{2}{3}\times\dfrac{1}{3}=\dfrac{1}{3}cm^3$

L−NICも同じ $\dfrac{1}{3}$ になる

よって $3-\dfrac{1}{3}\times 2=\dfrac{9}{3}-\dfrac{2}{3}=\dfrac{7}{3}cm^3$

(4) △GNMから△LNI、△KJMを引いて求める。

△GMNは二等辺三角形なのでGからMNに垂線をひき、交点をPとする

△CPGでCP＝$2\sqrt{2}\times\dfrac{3}{4}=\dfrac{3\sqrt{2}}{2}$

$PG^2=\left(\dfrac{3\sqrt{2}}{2}\right)^2+2^2$　$PG=\dfrac{\sqrt{34}}{2}$

$MN=3\sqrt{2}$　$\triangle GNM=3\sqrt{2}\times\dfrac{\sqrt{34}}{2}\times\dfrac{1}{2}=\dfrac{3\sqrt{17}}{2}$

△LNI∽△GNMより　相似比1:3より

面積比は $1^2:3^2=1:9$

よって $\triangle LNI=\dfrac{3\sqrt{17}}{2}\times\dfrac{1}{9}=\dfrac{\sqrt{17}}{6}$

したがって $\dfrac{3\sqrt{17}}{2}-\dfrac{\sqrt{17}}{6}\times 2=\dfrac{7\sqrt{17}}{6}cm^2$

国語 ●解答と解説

【解答・配点】

問題番号 1（30点）

	問1①	問1②	問1③	問1④	問2	問3	問4	問5	問6	問7
配点	2点	2点	2点	2点	2点	4点	4点	4点	4点	4点
正解	エ	ウ	イ	エ	ア	ア	ウ	ア	ウ	エ

問題番号 2（40点）

	問1①	問1②	問1③	問2(a)	問2(b)	問3	問4 A	問4 B	問4 C	問5	問6	問7	問8
配点	2点	2点	2点	2点	2点	4点	3点	3点	3点	4点	4点	4点	5点
正解	イ	ウ	ア	イ	エ	ウ	エ	ア	イ	ア	イ	エ	エ

問題番号 3（30点）

	問1(a)	問1(b)	問2	問3	問4	問5	問6	問7
配点	2点	2点	4点	5点	4点	4点	4点	5点
正解	エ	イ	イ	ウ	ウ	エ	ア	エ

【解説】

石川高専の国語の特徴

高専を目指す生徒の中には「国語が苦手」の人も少なくないかと思われる。以下を参考に、練習をお勧めする。

- ●文章が長い。ページをめくりながら、文章と設問を行き来することに慣れよう。
- ●四択マークシート式。選択肢を短時間で読み取らなければいけない。選択肢内の「キーワード」を本文と照らし、消去法で絞り込む「決断」も大切。
- ●時間配分が大切（一問一分三〇秒平均のイメージ）
  - 1 文学的評論文：古典含む 最大十五分
  - 2 科学的評論文 最大十五分
  - 3 小説文 最大十五分
- ●知識問題 文法「れ」「ない」の識別

1 文学的評論

よく観察し強いところ弱いところを知る
気になるところがあれば走らせてはならない…問3
「馬乗り」の馬乗りだるところ
きわめて合理的な判断…尻の据わりの悪い人と気の荒い馬…落馬を体験的に知っている…問4
聖人の戒めに適っている…失敗は油断から生まれる
…当たり前のこと…自然と行動となって…問5
慎重にことを運ぶ…あえてしない…積極性に勝る…べき時を知る…問6
わざわいを招く…慢心…自らを持たざる者…道の追究…問7
問2「並ぶものがない」「気が立っている」

2 科学的評論文

数十年周期 気候変動
農業生産量 許容範囲…人口…生活水準 持続可能
穀物備蓄…底を尽き…出生率調整 間に合わず…問5
予測も対応も難しい
気候がよい時代や災害がない時代…状態に過適
人口や生活水準を野放図に拡大なければ…
気候の悪化や災害に対処できた可能性あり…問6
気候・環境が悪化して災害が起きてからではなく…
平時…環境悪化・災害に備え・適応力

3 小説

キーワードで内容把握
「僕」大学生 藤巻先生（気象学） 息子和也
先生「あれ（和也の絵）はなかなかしたもの」
僕「本…お返しします」
先生は目を輝かせた 堰を切ったように語りだす
先生はおざなりな生返事 奥さんも困惑顔
父親にほめられた和也…笑顔 あんな笑顔 初めて
和也「おれのことなんか興味がない」
暗い目つきで僕を見据えた…落胆…問4
妙に落ち着かない気分…問5
曹実に思い出す「幸せそうな母をはじめて見た」
「なにを考えているんだか…わからない」
「わからない人だよ、きみのお父さんは」
だからこそ、おもしろい…問6
父と息子の横顔は似ている…現状はうまくいっていないが、きずなで結ばれている…問7

理科 ●解答と解説

【解答・配点】

問題番号	(配点)	設問		正解	(配点)
1	16点	問1	ア	2	2点
			イ	0	
		問2	ア	イ	2点
		問3	イ		2点
			エ		
		問4	イ		2点
		問5	イ		2点
		問6	ウ		2点
		問7	ア		2点
		問8	①	ア	2点
			②	キ	
2	15点	問1	ア		2点
			ウ		2点
		問2	オ		4点
		問3	イ		3点
		問4	ク		4点
3	17点	問1	ア	2	3点
			イ	0	
			ウ	0	
		問2	カ		2点
		問3	ケ		2点
		問4	エ		2点
		問5	ア	0	4点
			イ	7	
			ウ	1	
		問6	ウ		4点

問題番号	(配点)	設問			正解	(配点)
4	15点	問1		①	ウ	3点
				②	カ	3点
		問2	1		ア	3点
			2	観測される時間帯	イ	3点
				月の形	カ	
		問3			エ	3点
5	17点	問1			エ	3点
		問2			イ	3点
		問3	1		イ	3点
			2		イ	
		問4			ア	4点
6	20点	問1			ウ	3点
		問2			ア	3点
					エ	
		問3			エ	4点
		問4			ウ	3点
		問5	ア		6	3点
			イ		0	
		問6	数値		オ	4点
			単位		ク	

【解説】

1 [小問総合]

問1 $340×6=2040 (m)≒2.0 (km)$

問2 面Aを斜めから見れば光は屈折するが、面Aを垂直に見るので光が屈折しない。

問3 塩酸を電気分解すると、陽極に塩素、陰極に水素が発生する。

問5 植物は種子をつくる植物とつくらない植物に分けられる。種子をつくる植物は子房の有無によって被子植物と裸子植物とに分けられ、被子植物は子葉の数によって単子葉類と双子葉類とに分けられる。

問6 体細胞分裂では、元の染色体が図2のように自分のコピーをつくり、それが分かれて両側に集まり新しい核になる。

問7 冬は西高東低の気圧配置になりやすく、日本付近には縦じまの等圧線がみられる。

2 [植物のはたらき]

問2 葉の表からの蒸散量をx、葉の裏からの蒸散量をy、茎からの蒸散量をzとすると、$a＝x＋y＋z、b＝y＋z、c＝x＋z$と表される。したがって、$2a－(b+c)＝2(x+y+z)－\{(y+z)＋(x+z)\}＝x+y$

問3 蒸散量のピークの後に茎における流量のピークがきている。

問4 水やりが十分に行われなかったので、根からの水の吸収が少なく、そのため、日射量が多くても光合成が行われなかったと考えられる。

3 [力と運動]

問1 0.2sから0.6sの0.4s間に80cm移動しているので、$\frac{80}{0.4}＝200 (cm/s)$

問5 点Qの高さは点Pの高さと同じになる。点P、点Qの高さをhとすると、特別な直角三角形の辺の比から、$PB=2h、CQ=\sqrt{2}h$。よって、$\frac{\sqrt{2}}{2}＝\frac{1.41}{2}＝0.705≒0.71倍$

問6 斜面CQは斜面PBより傾きが急なので、斜面CQ上での速さの増え方は、斜面PB上での速さの増え方より大きい。また、一定の割合で速さが増えるので、点Qからの距離は時間の2乗に比例する。

4 [月と金星]

問1 月食は地球の影に月が入ることで起きる。

問2 1 日食は太陽と地球の間に月が入ることで起きるので、月が図1の位置から約90°回転すると日食が起きる。 2 地球から図1の月を見ると、日の出のころに南の空に見え、太陽の光を受けて月の東側(左側)が光って見える。

問3 地球がXからYまで移動する間、地球から見た金星は常に太陽の左奥にあるので、金星は左側が少し欠けた形になる。

5 [溶解度]

問1 60℃での溶解度が約110gなので、$\frac{110}{100+110}×100＝52.3…≒52 (\%)$。

問2 水80gに硝酸カリウム26gを溶かした水溶液は、水100gに硝酸カリウムを、$26×\frac{100}{80}＝32.5 (g)$溶かした水溶液と同じ濃度になる。図のグラフから、硝酸カリウムの溶解度が32.5gである水温を読み取ると、約20℃。

問3 2 20℃の水100gにはミョウバンが約11g溶ける。したがって、ろ液中にはミョウバンが約11gと塩化ナトリウムが1g溶けている。

問4 20℃のときにはミョウバンが溶け残っているが、温度が上がると残っていたミョウバンが少しずつ溶けていくので、濃度は濃くなる。約53℃になるとミョウバンがすべて溶けるので、その後は温度が上がっても濃度は変化しない。

6 [融合問題]

問1 最も多いのは窒素(N_2)である。

問3 $1m^3＝1000L$だから、呼気$1m^3$中の二酸化炭素は$40×1000＝40000 (mL)$、すなわち、$40000cm^3$。したがって、濃度は40000ppm。

問5 LEDに加わる電圧が2.1Vのとき、LEDに流れる電流は20mA。したがって、抵抗は、$3.3－2.1＝1.2 (V)$で20mA流れるものであればよい。$\frac{1.2}{0.02}＝60 (Ω)$。

問6 センサーの値が1000mAを越えたのは約30分間($＝1800$秒間)。したがって、$1.2×0.02×1800＝43.2 (J)$。

石川県高校入試 2024

2023(令和5)年7月20日　第1刷発行

●

発行／北國新聞社

〒920-8588　金沢市南町2番1号

TEL／076(260)3587(出版局直通)

©Hokkoku Shimbunsya 2023,Printed in Japan

禁無断転載·複製　ISBN978-4-8330-2288-0